交通事故における
医療費・施術費問題
［第3版］

江口　保夫
江口　美葆子　共著
古笛　恵子

保険毎日新聞社

◆ はじめに ◆

　本書初版が刊行されてから30年近くなり、平成も終わろうとしている。

　昭和の終わり初版刊行当時、医療費単価は各県、各病医院、各診療所ばらばらで、当然のごとく１点10円ないし30円以上がそれぞれ請求され、裁判所さえもそれに準ずる認定を行うほどであった。その不合理を是正するべく長年にわたり日本医師会と自動車保険料率算定会（現損害保険料率算出機構）間において交渉が続けられていたが、話し合いは乖離するばかりで歩み寄ることは到底不可能な状態であった。

　そのような時、たまたま筆者が医療費単価１点10円という画期的な平成元年１点10円判決を得ることができたことは、われながら大いなる貢献であったと思う。

　この判決が出た当初は日本医師会および各医療機関においては晴天霹靂のごとく、騒然となったものであったが、その後、日本医師会において急遽譲歩するようになり、両者間において「診療報酬基準案」なるものが成立するに至った。

　「この画期的判決をぜひ関係者全員に披露すべきである」と保険毎日新聞社編集長山田佳男氏から執筆を依頼されて、『交通事故における医療費単価と濃厚治療』という本書初版を刊行したのである。

　しかし、その後も、日本医師会による上記合意案は各医療機関を拘束するものではないとして、基準案に従わない医療機関も多く、依然として従来どおり１点単価25円ないし30円以上を主張している地域もあった。

　そこで、今度はより直接的に、相当因果関係が認められる損害としての医療費を争ったところ、「Ｓ市内の慣行が存在するという事情をもって、健康保険法に基づく基準を修正すべき合理的な事情と認めることはできない」と判示する平成23年１点10円判決を得たのである。

　それでも、いまだ25円、30円の請求を行う医療機関がある。

　また、柔道整復師の施術料についても、健康保険料金以上の高額な請求や、必要以上に多部位にわたり施術して高額化させているものがあるのが現状であり、不正請求も社会問題化している。

　他方、民法改正、消費者契約法などの消費者保護立法の改正もなされている。診療契約の当事者である被害者は、消費者として、契約締結にあたり重要な事実について情報提供を受ける権利があることは当然である。

　交通事故における傷病への健康保険の活用は、別冊判例タイムズ38号や厚生労働省の通知をふまえ広く理解されつつあるが、それでも、「交通事故でも健康保険が使えるか」という問いはなくなっていない。

i

医療費・施術費問題は、平成元年１点10円判決により解決の緒に就いた。

　それから30年の時がすぎ、平成が終わろうとしているが解決にはたどり着いていない。次の時代に持ち越すべき問題ではない。

　平成元年１点10円判決以降の裁判例、消費者契約法の問題、健康保険をめぐる問題などあらゆる争点につき、損害賠償実務に携わる関係者間で問題状況を共有すべく整理することにした。こうして、公正妥当な立場から、被害者の真の救済を図るべく本書の改訂を決めた次第である。

　なお、第３版の出版にあたり、弁護士鈴木諭先生、古笛恵子先生に多大なご協力を得たことに感謝の意を表する。また、保険毎日新聞社の井口成美殿のご努力に対しお礼を申し上げる。

　　平成31年２月

江口　保夫

江口美葆子

◆凡　例◆

① 法令名等の略記

個人情報保護法	個人情報の保護に関する法律
自賠法	自動車損害賠償保障法
車両法	道路運送車両法
道交法	道路交通法
独占禁止法	私的独占の禁止及び公正取引の確保に関する法律

② 判例表示および判例集等

最一判平成18年3月30日民集60巻3号1242頁	最高裁判所第一小法廷平成18年3月30日判決　最高裁判所民事判例集第60巻第3号1242頁
刑録	大審院刑事判決録
刑集	最高裁判所刑事判例集
交民集	交通事故民事裁判例集
判時	判例時報
判タ	判例タイムズ
判評	判例評論
自保ジャ	自動車保険ジャーナル

③ その他

自賠責保険	自動車損害賠償責任保険
自賠責共済	自動車損害賠償責任共済
保障事業	自動車損害賠償保障事業

◆目　　次◆

はじめに

凡　　例

Ⅰ　医療費をめぐる法的関係　　　　1

1　はじめに ———————————————————— 2
　(1)　多数の関係者 ……………………………………… 2
　(2)　5つの法的関係 ……………………………………… 2
2　患者と医療機関の関係（診療契約）———————————— 4
　(1)　準委任契約 ……………………………………… 4
　(2)　診療契約の当事者 ……………………………… 4
　　①　医療機関／4
　　②　患　　者／5
　　③　加害者／5
　　④　公的医療保険の保険者／5
　(3)　当事者の義務 ………………………………………… 9
　　①　医療機関の義務／9
　　　(ⅰ)　善管注意義務・9
　　　(ⅱ)　説明義務（インフォームド・コンセント）・9
　　　(ⅲ)　報告義務・9
　　　(ⅳ)　診療録の開示義務・10
　　　(ⅴ)　医師法による医師の義務・11
　　②　患者の義務／17
　　　(ⅰ)　協力義務・17
　　　(ⅱ)　診療報酬（医療費）支払義務・17
　(4)　平成元年1点10円判決における診療契約の一般論 ………………… 18
　(5)　消費者契約法による規制 ……………………………… 20
　　①　消費者契約／20
　　②　事業者の行為／21
　　　(ⅰ)　不実告知・21
　　　(ⅱ)　断定的判断の提供・22
　　　(ⅲ)　不利益事実の不告知・22
　　③　条項の無効／23
3　被害者と加害者の関係（損害賠償責任）———————— 25

（1）　損害賠償責任 ……………………………………………… 25

　（2）　損害賠償の範囲 ……………………………………………… 26

4　被保険者と保険者の関係（保険契約）————————— 28

　（1）　被保険者による保険金請求 ……………………………… 28

　（2）　保険金の請求の時期 ……………………………………… 28

5　被害者と保険者の関係（直接請求権）————————— 30

　（1）　被害者による直接請求権 ………………………………… 30

　（2）　示談代行制度 ……………………………………………… 31

　（3）　損害賠償額の請求の時期 ………………………………… 32

6　保険者と医療機関の関係（一括払い）————————— 34

　（1）　医療費の直接支払い ……………………………………… 34

　（2）　一括払い ……………………………………………………… 34

　（3）　一括払いの法的性質 ……………………………………… 34

　　①　大阪高裁平成元年 5 月12日判決／35

　　②　東京地裁平成23年 5 月31日判決／36

　　③　千葉地裁平成15年10月27日判決／37

　　④　名古屋高裁平成17年 3 月17日判決／38

　（4）　一括払いにおける念書 …………………………………… 39

　　①　鳥取地裁米子支部平成28年11月29日判決／40

　（5）　一括払いと不当利得返還請求権 ……………………… 41

　　①　医療機関の不当利得／41

　　②　非債弁済／41

Ⅱ　診療契約による報酬　　45

1　自由診療における診療報酬額 ———————————— 46

　（1）　報酬額の決定 ……………………………………………… 46

　（2）　診療報酬額の特徴 ………………………………………… 46

　（3）　報酬額についての誓約書 ……………………………… 47

　　①　1 点25円誓約書の問題点／47

　　②　誓約書の効力／47

　　③　患者の合理的意思／50

　（4）　加害者の誓約書 …………………………………………… 51

2　平成元年10円判決による診療報酬額 ———————— 53

　（1）　事案の概要 ………………………………………………… 53

　（2）　本判決の要旨 ……………………………………………… 53

　　①　診療行為の妥当性の判断基準／53

目　次

　　　　　（i）　診療契約と報酬・*53*
　　　　　（ii）　医師の裁量権・*54*
　　　　　（iii）　A・Bに対する治療行為の妥当性・*55*
　　　②　診療報酬の単価についての当事者の合意／*55*
　　　③　1点単価を20円ないし30円とする診療報酬額の当否／*55*
　　　　　（i）　健康保険診療における報酬額の決定・*55*
　　　　　（ii）　自由診療における報酬額の決定・*55*
　　　　　（iii）　交通事故医療に対する日本医師会意見の当否・*56*
　　　　　（iv）　薬　剤　料・*57*
　　　　　（v）　薬剤料を除くその他の医療費・*57*
　　(3)　**不当利得債権の発生** ……………………………………… 58
　　(4)　**慣行料金および協定料金と独占禁止法** ……………… 58
　　(5)　**健康保険診療と自由診療の診療内容の比較** …………… 59
　　(6)　**非債弁済の問題** ………………………………………… 60
　　(7)　**本件10円判決と被害者保護** ……………………………… 61
　　(8)　**事故と因果関係のない損害金を支払った場合の調整** ………… 62
　3　健康保険診療 ──────────────────── 63
　　(1)　**健康保険診療** …………………………………………… 63
　　(2)　**療養給付の費用** ………………………………………… 64
　　(3)　**一部負担金** ……………………………………………… 65
　　(4)　**健康保険診療における診療報酬** ……………………… 66
　　　①　健康保険診療における高額診療／*66*
　　　②　運動器リハビリテーション料／*67*

Ⅲ　損害賠償の対象となる医療費　　71

　1　医療費問題 ──────────────────── 72
　　(1)　**相当因果関係** …………………………………………… 72
　　(2)　**損害賠償基準** …………………………………………… 72
　　(3)　**過剰・濃厚診療と高額診療** …………………………… 73
　　(4)　**平成元年1点10円判決の位置付け** …………………… 73
　　(5)　**平成23年・平成25年1点10円判決** ………………… 74
　2　交通事故被害者の健康保険診療（健保適用）──────── 75
　　(1)　**医療費算定の基準** ……………………………………… 75
　　(2)　**健保適用をめぐる経緯** ………………………………… 75
　　　①　健康保険法／*75*
　　　②　昭和43年10月12日厚生省通達／*76*

③　日本医師会全理事会決定／77

④　運輸省の反論／77

⑤　自賠責保険審議会答申／78

⑥　日本医師会「自賠法関係診療に関する意見」／78

⑦　伊藤文夫「自賠責保険における医療費問題の推移と現状」／80

⑧　江口保夫「高額診療費」／80

(3)　**健康保険診療の活用** ……………………………………… 82

①　東京地裁交通訴訟研究会／82

②　自動車事故等による傷病の保険給付の取扱いに関する通知／83

③　消費者契約法の観点／86

(4)　**健康保険診療拒否の違法性** ………………………… 86

(5)　**健保使用一括払い（健保一括）問題** …………… 88

①　医療側の主張／88

②　一部負担金の趣旨／89

③　公法上の義務／89

④　契約上の義務／90

(6)　**人身傷害保険一括払い（人傷一括）問題** ………… 91

①　傷害保険／91

②　健康保険診療／92

3　自賠責基準 ———————————————————— 93

(1)　**平成元年 1 点10円判決の影響** ………………… 93

(2)　**三者合意の内容** ………………………………………… 94

(3)　**独占禁止法と自賠責基準** …………………………… 94

①　独占禁止法 8 条／94

②　地域医療機関の料金設定／95

(4)　**自賠責基準の意義** …………………………………… 96

Ⅳ　医療費に関する裁判例　　　99

1　平成元年 1 点10円判決後の裁判例 ————————— 100

(1)　**札幌地裁平成 5 年 3 月19日判決** ……………… 100

(2)　**福岡高裁平成 8 年10月23日判決** ……………… 100

(3)　**福岡高裁宮崎支部平成 9 年 3 月12日判決** ……… 101

(4)　**山形地裁平成13年 4 月17日判決①** …………… 103

(5)　**山形地裁平成13年 4 月17日判決②** …………… 103

2　平成23年 1 点10円判決 —————————————— 105

(1)　**平成元年 1 点10円判決以後** ……………………… 105

(2)　東京地裁医療集中部の判断 ……………………………………………… *105*
　　(3)　不当利得返還 …………………………………………………………… *106*
3　平成25年 1 点10円判決 ━━━━━━━━━━━━━━━━━━━━━ *112*
　　(1)　東京地裁交通専門部の判断 ……………………………………………… *112*
　　(2)　支払いの中止 …………………………………………………………… *112*
4　裁判例の示す基準 ━━━━━━━━━━━━━━━━━━━━━━━ *119*
　　(1)　健保基準 ………………………………………………………………… *119*
　　(2)　健保基準修正の合理的事情 …………………………………………… *119*

Ⅴ　高額診療に関する学説　　121

1　平成元年 1 点10円判決以前 ━━━━━━━━━━━━━━━━━━ *122*
　　(1)　五木田和次郎（五木田病院長）………………………………………… *122*
　　(2)　伊藤文夫（自動車保険料率算定会（現：損害保険料率算出機構））… *122*
　　(3)　座談会「自動車事故における医療費をめぐる諸問題」………………… *123*
　　(4)　塩崎勤（東京地裁民事27部判事）……………………………………… *124*
　　(5)　西原道雄（神戸大学法学部教授）……………………………………… *125*
　　(6)　西三郎（東京都立大学教授）…………………………………………… *126*
　　(7)　渡辺富雄（昭和大学医学部教授）……………………………………… *127*
　　(8)　シンポジウム「交通事故と医療費問題」……………………………… *127*
　　(9)　第112回国会議事録 …………………………………………………… *129*
　　(10)　江口保夫（弁護士）……………………………………………………… *129*
2　平成元年 1 点10円判決以降 ━━━━━━━━━━━━━━━━━━ *131*
　　(1)　山田卓生（横浜国立大学教授）………………………………………… *131*
　　(2)　山下丈（広島大学法学部教授）………………………………………… *131*
　　(3)　船越忠（浜松市医師会理事）…………………………………………… *132*
　　(4)　浅野直人（福岡大学教授）……………………………………………… *134*
　　(5)　山上賢一（高知医科大学教授）………………………………………… *134*
　　(6)　岩村正彦（東京大学教授）……………………………………………… *135*
　　(7)　原田啓一郎（駒澤大学准教授）………………………………………… *136*
　　(8)　江口保夫（弁護士）……………………………………………………… *137*
　　(9)　羽成守（弁護士）………………………………………………………… *138*
　　(10)　木ノ元直樹（弁護士）…………………………………………………… *139*
　　(11)　伊藤文夫（損害保険料率算出機構）…………………………………… *140*
3　平成23年・平成25年 1 点10円判決以降 ━━━━━━━━━━━━ *141*
　　(1)　加藤智章（北海道大学教授）…………………………………………… *141*
　　(2)　丸山一朗（損害保険料率算出機構）…………………………………… *141*

(3) 坂東司郎（弁護士） ……………………………………………… *142*

(4) 八島宏平（損害保険料率算出機構） ………………………… *144*

VI　医行為と医業類似行為　　147

1　医行為 ——————————————————————— *148*

2　医業類似行為 ——————————————————— *149*

  (1)　医業類似行為 ………………………………………………… *149*

  (2)　法律に基づく医業類似行為 ………………………………… *150*

  (3)　法律に基づかない医業類似行為 …………………………… *151*

3　柔道整復 ————————————————————— *152*

  (1)　柔道整復師による施術費 …………………………………… *152*

  (2)　柔道整復師 …………………………………………………… *152*

  (3)　施術の制限 …………………………………………………… *153*

  (4)　脱臼、骨折における医師の同意、応急手当 …………… *158*

  (5)　施術の内容 …………………………………………………… *159*

    ①　整復法／*161*

    ②　固定法／*162*

    ③　後療法／*162*

  (6)　柔道整復師の施術費をめぐる社会問題 ………………… *162*

VII　損害賠償の対象となる施術費　　163

1　施術費問題 ————————————————————— *164*

  (1)　相当因果関係 ………………………………………………… *164*

  (2)　損害賠償実務 ………………………………………………… *164*

  (3)　過剰・濃厚施術と高額施術 ………………………………… *164*

  (4)　施術費算定の基準 …………………………………………… *165*

2　施術費に関する裁判官講演 ——————————— *168*

  (1)　損害としての施術費 ………………………………………… *168*

  (2)　近藤宏子裁判官（「赤い本」平成6年版） ………………… *168*

    ①　施術費の必要性・相当性／*168*

    （i）　医師による指示がある場合・*168*

    （ii）　医師による指示がない場合・*168*

    ②　医療行為の治療費の相当性／*169*

  (3)　片岡武裁判官（「赤い本」平成15年版） ………………… *169*

① 東洋医学の施術費を損害として請求できる要件／169

（i） 施術の必要性・169

（ii） 施術の有効性・170

（iii） 施術内容の合理性・170

（iv） 施術期間の相当性・170

（v） 施術費の相当性・170

② 医師の指示が原則として必要であると考える理由／170

（i） 医師による診断の必要性・170

（ii） 医師による治療の必要性・170

（iii） 施術効果の判定の困難性と限界・170

（iv） 施術自体の多様性・170

（v） 施術の問題点・170

③ 施術の有効性／171

④ 施術期間の相当性／171

（i） 柔道整復・171

⑤ 柔道整復師の施術費の算定基準／172

（i） いわゆる保険基準説・172

（ii） いわゆる割合説・172

(4) 吉岡透裁判官（「赤い本」平成30年版）……………………………… 172

① 施術費の請求が認められる要件（その1）／172

② 施術費の請求が認められる要件（その2）／172

（i） 必要かつ相当な施術行為であること・172

（ii） 医師の指示がある場合、ない場合・173

（iii） 問題のある事案・173

（iv） 総合的な検討・174

③ 必要かつ相当な施術行為の費用と認められない場合の損害の範囲／174

（i） 保険基準説・174

（ii） 割　合　説・174

④ 小　　　括／174

Ⅷ　施術費に関する裁判例　177

1　平成22年以前 ──────────────────────── 178

(1)　東京地裁平成14年2月22日判決 ……………………………… 178

(2)　千葉地裁平成15年10月27日判決 ……………………………… 179

(3)　東京高裁平成16年8月31日判決（控訴棄却）／（原審）東京地裁
平成16年3月29日判決 ……………………………………… 180

(4) 大阪高裁平成22年 4 月27日判決／（原審）神戸地裁平成21年10月
21日判決 ……………………………………………………………… *181*

(5) 東京地裁平成22年 5 月11日判決 …………………………………… *183*

2 近時の裁判例 ——————————————————————— *189*

(1) 横浜地裁平成28年 1 月28日判決 …………………………………… *189*

(2) 大阪地裁平成28年11月10日判決 …………………………………… *190*

(3) 大阪高裁平成30年 3 月20日判決／（原審）神戸地裁尼崎支部平成
29年10月30日判決 ……………………………………………………… *191*

IX 施術費に関する学説 193

(1) 丸山一朗（損害保険料率算出機構）………………………………… *194*

(2) 三浦潤（関西大学教授）……………………………………………… *194*

資　料 197

1 柔道整復師の施術に係る療養費の算定基準の実施上の留意事項
等について ——————————————————————————— *198*

2 行政刷新会議ワーキングチーム「事業仕分け」第2WG ————— *215*

3 平成21年度決算検査報告／会計検査院 ———————————— *217*

判例索引／*224*

事項索引／*226*

著者紹介

I

医療費をめぐる法的関係

Ⅰ　医療費をめぐる法的関係

1　はじめに

(1)　多数の関係者

　交通事故において受傷した患者の医療費や施術費をめぐる問題、いわゆる「医療費・施術費問題」は、損害賠償実務においては日々遭遇する極めて悩ましい問題である。そこには、加害者、被害者、保険会社、医療機関、健康保険や労災など公的社会保険とあらゆる関係者が登場する。

　それら関係者の間の法的関係を整理して正しく理解しないと、医療費・施術費問題を解決することなどおよそ不可能である。

　ときどき、次のような相談を受けることがある。

- 医療機関から、治療費を支払わない保険会社を訴えられないか
- 加害者、保険会社から、高額請求をする医療機関に債務不存在確認訴訟を提起できないか
- 関係ない被害者の知らないところで解決できないか

　しかし、これこそが、医療費をめぐる法律関係が整理できていない証左である。

(2)　5つの法的関係

　交通事故で受傷した被害者が医療機関で受診する。そこには、被害者が患者として医療機関と診療契約を締結する。これが、第1の法的関係である（以下、**図表1**参照）。

　患者として医療費を負担した被害者は、加害者に対して、それを損害として賠償請求する。これが、第2の法的関係である。

　加害者が対人賠償責任保険・自賠責保険の被保険者である場合、加害者として被害者に損害を賠償した被保険者は、保険者である保険会社に、それを保険金として請求する。これが、第3の法的関係である。

　直接請求権が認められている場合、被害者が直接、加害者を被保険者とする責任保険の保険者である保険会社に医療費相当の損害を請求することもできる。これが、第4の法的関係である。

　任意対人賠償責任保険の保険会社から医療機関に直接、医療費が支払われることもある。これが、第5の法的関係である。

1 はじめに

図表1 医療費をめぐる法的関係

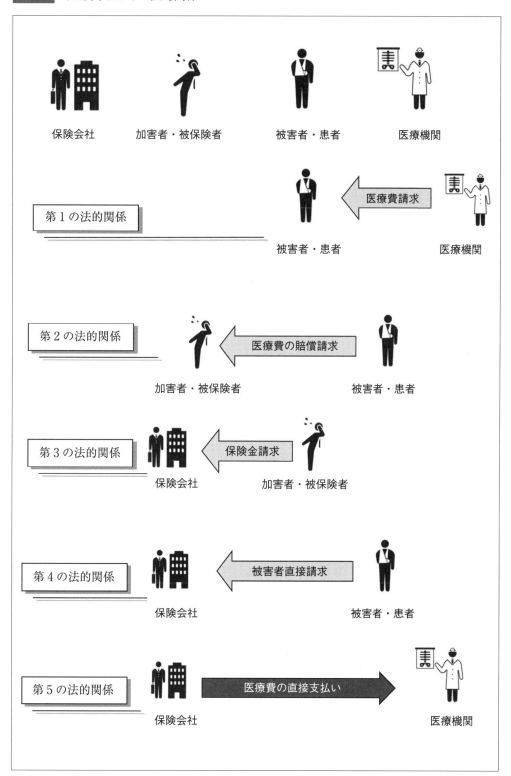

Ⅰ　医療費をめぐる法的関係

2　患者と医療機関の関係（診療契約）

(1)　準委任契約

被害者である患者と医療機関の間には、診療契約が存在する。

診療契約の法的性質は、患者の病的症状の医学的解明とともに、その適切な治療を目的とする準委任契約であると解するのが一般的である。

> **民法**
> **（委任）**
> **第643条**　委任は、当事者の一方が法律行為をすることを相手方に委託し、相手方がこれを承諾することによって、その効力を生ずる。
> **（準委任）**
> **第656条**　この節の規定は、法律行為でない事務の委託について準用する。

そのほかには、請負契約説、請負と準委任の混合した混合契約説、事務管理説などもあるが、診療は、診断、投薬、手術、そのほかの治療といった総合的な行為全体を含むので、仕事の完成を目的とする請負には馴染みにくいし、事務管理も診療の一場面を示すにすぎないと批判されるところである。

もっとも、準委任契約といっても委任の規定をすべてそのまま適用するのではなく選択的に適用するという意味では、委任に近い無名契約ともいえる。

(2)　診療契約の当事者

①　医療機関

病院や診療所が単純に契約当事者となるわけではない。契約法理に従い、当事者となるのは、病院の開設者が個人の開業医の場合は個人の医師、医療機関での診療の場合は病院開設者である。すなわち、医療法人・学校法人・社会福祉法人等であればその法人、公立病院であれば国や地方公共団体が契約当事者となる。この場合、担当医師は契約当事者の履行補助者となる。

> **医療法**
> **第1条の5**　この法律において、「病院」とは、医師又は歯科医師が、公衆又は特定多数人のため医業又は歯科医業を行う場所であって、20人以上の患者を入院させるための施設を有するものをいう。病院は、傷病者が、科学的でかつ適正な診療

> を受けることができる便宜を与えることを主たる目的として組織され、かつ、運
> 営されるものでなければならない。
> 2　この法律において、「診療所」とは、医師又は歯科医師が、公衆又は特定多数人
> のため医業又は歯科医業を行う場所であって、患者を入院させるための施設を有
> しないもの又は19人以下の患者を入院させるための施設を有するものをいう。

②　患　者

　医療機関と診療契約を締結する相手方、反対当事者は、患者である。

　古くは、診療契約は患者に利益をもたらす契約であるから、行為能力の制限による取消しを認める必要がないので、契約当事者である患者は、意思能力さえ認められれば行為能力は不要であるといわれたこともあった。

　なるほど、診療を求めるという意味では、患者に利益をもたらすといえる。しかし、それと同時に、患者は診療報酬を支払う義務を負う。特に、自由診療における報酬額に関してなどは、行為能力が制限されている者を保護する必要性が極めて高い。よって、ここでは、通常の契約と同様に考えることで足りる。

　むしろ、医療機関と患者の関係性からすると、通常の契約以上に、真意に基づく合意に至っているのかについて厳密な判断が求められる（後記47頁参照）。

　また、診療契約も、消費者と事業者との間で締結される消費者契約であるから、消費者契約法の規制が及ぶことも当然である（後記20頁参照）。

③　加 害 者

　加害者の加害行為により生じた傷病の治療であっても、加害者は、診療契約の当事者ではない。あくまでも、医療機関と診療契約を締結する当事者、いわば、診療報酬額を支払う義務を負うのは、患者である。

　本来、加害者は診療契約の当事者ではなく、診療報酬を支払う義務を負わないのである。よって、特別の事情によって、債務負担を求める場合が認められるとしても、医療機関において債務負担を求めるに値する十分な説明がなされ、加害者がそれを十分に納得したうえ、真意に基づき、あえて債務を負担したと認められる客観的な事情が備わっていなければ、診療契約に関して加害者に法的義務を負わせることは困難であろう。その意味において、昨今、交通事故の加害者を連帯保証人とする医療機関の対応は問題が大きい（後記51頁参照）。

④　公的医療保険の保険者

　国民皆保険、皆年金制度が採用されているわが国において、医療に関して生じる負担を社会保険として保障する制度が、公的医療保険（国民健康保険・後期高齢者医療制

I 医療費をめぐる法的関係

図表2 医療保険

根拠法	種類		保険者	被保険者
健康保険法	職域保険（被用者保険）	健康保険	組合管掌健康保険（組合健保）	大企業のサラリーマンと扶養家族
			全国健康保険協会（協会けんぽ）	中小企業等のサラリーマンと扶養家族
		船員保険	全国健康保険協会	船員と扶養家族
		共済保険	各種共済組合	国家公務員、地方公務員、私学教職員、独立行政法人職員等と扶養家族
国民健康保険法	地域保険	国民健康保険	市区町村	自営業の人や被用者保険に加入していない年金生活者、非正規雇用者等
高齢者の医療の確保に関する法律	後期高齢者医療制度		後記高齢者医療広域連合会（都道府県ごとに設置）	75歳以上の高齢者や65歳〜74歳で一定の障害状態にあって広域連合の認定を受けた人

度、健康保険・共済）である（**図表2**参照）。病院に行くには健康保険証を持参するのが当然のこととなっているほど広く浸透している社会保障制度である。

　保険給付（保険法2条1号）には現物給付と現金給付があるが、健康保険における保険給付も、「療養」などの現物給付と「療養費」などの現金給付に分けられる。

　「療養」などの医療給付は現物給付である。すなわち、健康保険証を提示すると3割負担で診察、治療を受けられるのは、健康保険組合に7割分の現金給付を受けているというわけではない。診察、治療などの「療養」といった医療サービスの提供を受けていることにほかならない。

　これに対し、健康保険を使って柔道整復師やあん摩マッサージ指圧師などの施術を受けた場合は、現金給付である療養費の支給を受けたことになる。

　療養給付と療養費は、保険給付としては別ものである（**図表3**参照）。

健康保険法
（療養の給付）
第63条
1　被保険者の疾病又は負傷に関しては、次に掲げる療養の給付を行う。
　一　診察
　二　薬剤又は治療材料の支給

> 三　処置、手術その他の治療
> 四　居宅における療養上の管理及びその療養に伴う世話その他の看護
> 五　病院又は診療所への入院及びその療養に伴う世話その他の看護
>
> **（療養費）**
> **第87条**
> 1　保険者は、療養の給付若しくは入院時食事療養費、入院時生活療養費若しくは保険外併用療養費の支給（以下この項において「療養の給付等」という。）を行うことが困難であると認めるとき、又は被保険者が保険医療機関等以外の病院、診療所、薬局その他の者から診療、薬剤の支給若しくは手当を受けた場合において、保険者がやむを得ないものと認めるときは、療養の給付等に代えて、療養費を支給することができる。

保険者と医療機関との間には公法上の権利義務関係が生じる。

もとより、保険者と保険医療機関との間にどのような公法上の権利義務関係が生ずるかとはかかわりなく、患者と医療機関との間に直接成立する診療契約については、自由診療の場合と異なるものではない。

この点、古い医療事故訴訟における判示ではあるが、東京地裁昭和47年1月25日判

図表3　保険診療の流れ

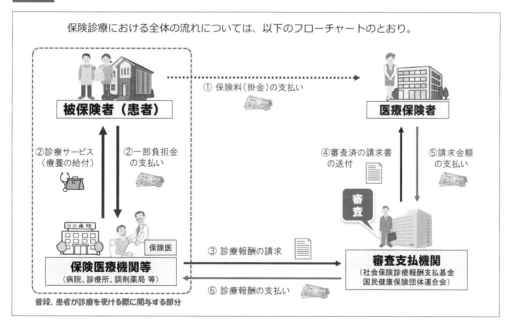

厚生労働省ホームページより。

Ⅰ　医療費をめぐる法的関係

決[1]は、社会保険診療においては、医療機関と直接診療契約が締結され、被保険者と保険者との公法上の法律関係と相容れないものではないことを確認している。

■東京地判昭和47年1月25日判タ277号185頁■

……国民健康保険法上の被保険者は、自己の意思で療養取扱機関を自由に選択できること（同法第36条第3項）、療養を受けた被保険者は療養取扱機関に対し直接一部負担金の支払義務を負うこと（同法第42条第1項）、療養取扱機関は所在地の都道府県知事に申し出ることにより他の都道府県区域内の被保険者に対しても療養をする義務を負うこと（同法第37条第5項）等、同法各条の法意と保険診療開始後、当該療養取扱機関において治療に従事する医師が保険診療における療養の給付では支給することのできない薬剤ないし治療材料を使用する必要を認めた場合、いわゆる自由診療への切替えが行われうること等を併せ考えると、保険診療において保険者と療養取扱機関との間にどのような公法上の権利義務関係が生ずるかとはかかわりなく、保険診療の被保険者である患者と療養取扱機関との間には、診療に関する合意によって直接診療契約が締結されると見るべきものであって、それは、被保険者が別途保険者に対しても何らか公法上の法律関係に立つことと相容れないものではない。そしてこの診療契約は、診療を目的とする準委任契約と解される……

　なお、福岡高裁宮崎支部平成9年3月12日判決[2]は、医療費の支払いとのアプローチにより、保険者を要約者、医療機関を諾約者、被保険者を受益者とする第三者のためにする契約と構成している。このような構成も、医療機関と患者との関の診療契約と相容れないものではない。

■福岡高宮崎支判平成9年3月12日判時1611号77頁■

（中略）
　そこで、この段階で、控訴人と被控訴人との間の診療契約の性格について検討する。
　診療契約は、患者と医療機関との間に締結される諾成、双務、有償契約であって、医療機関は患者に対して、その疾病、傷害を治療して健康の回復増進を図る義務を負い、患者はこれに対して、診療費を支払う義務を負うものと解される、これに対し、社会保険診療は、保険者を要約者、医療機関を諾成者、被保険者（患者）を受益者とする第三者のためにする契約であり、患者が社会保険による診療を受けるためには、その旨の意思表示を行う必要があり、原則として、その際に被保険者証を医療機関に提出する必要がある（保険医療機関及び保険医療養担当規則3条）。

1）東京地判昭和47年1月25日判タ277号185頁。
2）福岡高宮崎支判平成9年3月12日判時1611号77頁。

> **民法**
> **（第三者のためにする契約）**
> **第537条**　契約により当事者の一方が第三者に対してある給付をすることを約した
> 　ときは、その第三者は、債務者に対して直接にその給付を請求する権利を有する。
> （2020年改正後：2　前項の契約は、その成立の時に第三者が現に存しない場合又は
> 　第三者が特定していない場合であっても、そのためにその効力を妨げられない。）
> 　2　（2020年改正後：3）　前項（2020年改正後：第1項）の場合において、第三者の
> 　権利は、その第三者が債務者に対して同項の契約の利益を享受する意思を表示し
> 　た時に発生する。

(3)　当事者の義務

①　医療機関の義務

(i)　善管注意義務

医療機関は、単に診察、治療にあたれば免責されるのではなく、善良なる管理者の注意義務をもって治療行為を施すことが要求される。

> **民法**
> **（受任者の注意義務）**
> **第644条**　受任者は、委任の本旨に従い、善良な管理者の注意をもって、委任事務を
> 　処理する義務を負う。

医療機関の注意義務の基準については、未熟児網膜症事件最高裁判決が「診療当時のいわゆる臨床医学の実践における医療水準」と判示しており、これが以後の裁判実務の基準となっている[3]。

(ii)　説明義務（インフォームド・コンセント）

患者の自己決定権を保障するため、処置の性質、危険性の程度、他の方法との優劣などの医学的情報を説明する義務である。

アメリカの医療裁判で形成されたインフォームド・コンセント（informed consent）が日本にも取り入れられ、日本医師会生命倫理懇談会報告書（1990年1月）に「説明と同意」と翻訳されたが、その前提となる説明義務は、アメリカの概念導入を待つまでもなく、診療契約から当然に認められる医師の義務である。

(iii)　報告義務

医療機関は、患者に求められた場合は、受任者として治療状況等を報告する義務がある。患者が、医療機関に対し、報告を求める権利については、代理人により行使す

3）最判昭和57年3月30日判時1039号66頁・判タ468号76頁。

I　医療費をめぐる法的関係

ることも可能である。

　よって、保険会社が、被害者の同意書に基づき、被害者の診断書や診療報酬明細書
を受領したり、治療状況の説明を受けることは、患者に代わって患者の権利を行使し
ているものと説明できる。

　なお、医療機関が患者の求めるカルテや検査結果の閲覧に応じることも、この報告
義務に求められている。もとより、昨今は、個人情報保護法を理由に、よりストレー
トに開示を求められることが一般的である。

> **民法**
> **（受任者による報告）**
> **第645条**　受任者は、委任者の請求があるときは、いつでも委任事務の処理の状況を
> 　報告し、委任が終了した後は、遅滞なくその経過及び結果を報告しなければなら
> 　ない。

ⅳ　診療録の開示義務

　個人情報保護法は、「個人情報取扱事業者」に対し、「保有個人データ」の開示を規
定している（個人情報保護法28条）。

　「個人情報取扱事業者」とは、個人情報データベース等を事業の用に供している者（個
人情報保護法2条5項）であるから、医療機関は、個人情報取扱事業者である。診療録、
看護記録、その他の医療記録はもとより、個人を特定できる画像、検体ラベル、紹介
状なども「個人情報」であり、診療に関する記録全体が、患者の「個人データ」であ
るから、患者は、権利として開示を求めることができる。理由や目的を明らかにする
必要はない。医療機関は、義務として開示に応じなければならず、開示の理由や目的
によって、あるいは、患者が理由や目的を明らかにしないからといって開示を拒むこ
とはできない。

> **個人情報保護法**
> **（開示）**
> **第28条**　本人は、個人情報取扱事業者に対し、当該本人が識別される保有個人デー
> 　タの開示を請求することができる。
> 2　個人情報取扱事業者は、前項の規定による請求を受けたときは、本人に対し、
> 　政令で定める方法により、遅滞なく、当該保有個人データを開示しなければなら
> 　ない。ただし、開示することにより次の各号のいずれかに該当する場合は、その
> 　全部又は一部を開示しないことができる。
> 　一　本人又は第三者の生命、身体、財産その他の権利利益を害するおそれがある
> 　　場合
> 　二　当該個人情報取扱事業者の業務の適正な実施に著しい支障を及ぼすおそれが

ある場合

三　他の法令に違反することとなる場合

3　個人情報取扱事業者は、第1項の規定による請求に係る保有個人データの全部又は一部について開示しない旨の決定をしたとき又は当該保有個人データが存在しないときは、本人に対し、遅滞なく、その旨を通知しなければならない。

4　他の法令の規定により、本人に対し第2項本文に規定する方法に相当する方法により当該本人が識別される保有個人データの全部又は一部を開示することとされている場合には、当該全部又は一部の保有個人データについては、第1項及び第2項の規定は、適用しない。

　診療録の開示に手数料を徴求することは可能であるが、実費から考えて合理的な範囲に限られる。手数料名目にてあまりにも高額な費用を請求することは、事実上開示の拒否とみなされ個人情報保護法違反の問題となる。

> **個人情報保護法**
>
> （手数料）
>
> 第33条　個人情報取扱事業者は、第27条第2項の規定による利用目的の通知を求められたとき又は第28条第1項の規定による開示の請求を受けたときは、当該措置の実施に関し、手数料を徴収することができる。
>
> 2　個人情報取扱事業者は、前項の規定により手数料を徴収する場合は、実費を勘案して合理的であると認められる範囲内において、その手数料の額を定めなければならない。

(v)　医師法による医師の義務

　なお、診療契約に基づいて契約当事者である患者に対して負う義務ではないが、医師は、医師法に基づき、行政上の要請から、行政に対する義務つまり公法上の義務が課せられている。公法上の義務が直ちに診療契約の当事者間に効力を及ぼすものではないが、公法上の義務に違反することは、診療契約当事者間における契約上の義務の解釈にも影響を及ぼすので、ここで整理しておく。

ア　応招義務・診療義務

　医師は、正当な事由が認められなければ、診察、治療等を拒否することはできない。患者の最も重要な法益である生命、身体の安全を預かる医師であるからこそ、契約締結の自由は認められない。

> **医師法**
>
> 第19条
>
> 1　診療に従事する医師は、診察治療の求があった場合には、正当な事由がなければ、これを拒んではならない。

I　医療費をめぐる法的関係

　ここでの正当事由については、古くから、「それぞれの具体的な場面において社会通念上健全と認められる道徳的な判断によるべき」との行政解釈がなされているが、次のような通知もある。

▶病院診療所の診療に関する件

昭和24年 9 月10日

医発第752号

各都道府県知事あて厚生省医務局長通知

　最近東京都内の某病院において、緊急収容治療を要する患者の取扱に当たり、そこに勤務する一医師が空床がないことを理由として、これが収容を拒んだために、治療が手遅れとなり、遂に本人を死亡するに至らしめたとして問題にされた例がある。診療に従事する医師又は歯科医師は、診療のもとめがあった場合には、これに必要にして十分な診療を与えるべきであることは、医師法第一九条又は歯科医師法第一九条の規定を俟つまでもなく、当然のことであり、仮りにも患者が貧困等の故をもって、十分な治療を与えることを拒む等のことがあってはならないことは勿論である。

　病院又は診療所の管理者は自らこの点を戒めるとともに、当該病院又は診療所に勤務する医師、歯科医師その他の従業者の指導監督に十分留意し、診療をもとめる患者の取扱に当っては、慎重を期し苟も遺憾なことのないようにしなければならないと考えるので、この際貴管内の医師、歯科医師及び医療機関の長に対し左記の点につき特に御留意の上十分右の趣旨を徹底させるよう御配意願いたい。

記

一　患者に与えるべき必要にして十分な診療とは医学的にみて適正なものをいうのであって、入院を必要としないものまでをも入院させる必要のないことは勿論である。

二　診療に従事する医師又は歯科医師は医師法第一九条及び歯科医師法第一九条に規定してあるように、正当な事由がなければ患者からの診療のもとめを拒んではならない。而して何が正当な事由であるかは、それぞれの具体的な場合において社会通念上健全と認められる道徳的な判断によるべきであるが、今ここに一、二例をあげてみると、

　㈠　医業報酬が不払であっても直ちにこれを理由として診療を拒むことはできない。

　㈡　診療時間を制限している場合であっても、これを理由として急施を要する患者の診療を拒むことは許されない。

　㈢　特定人例えば特定の場所に勤務する人々のみの診療に従事する医師又は歯科医師であっても、緊急の治療を要する患者がある場合において、その近辺に他の診療に従事する医師又は歯科医師がいない場合には、やはり診療の求めに応

　　　　じなければならない。

　㈣　天候の不良等も、事実上往診の不可能な場合を除いては「正当の事由」には
　　　該当しない。

　㈤　医師が自己の標榜する診療科名以外の診療科に属する疾病について診療を求め
　　　られた場合も、患者がこれを了承する場合は一応正当の理由と認め得るが、
　　　了承しないで依然診療を求めるときは、応急の措置その他できるだけの範囲の
　　　ことをしなければならない。

三　大病院等においては、受付を始めとし、事務系等の手続が不当に遅れたり、或
　　いはこれらのものと医師との連絡が円滑を欠くため、火急を要する場合等におい
　　て、不慮の事態を惹起する虞があり、今回の例もかくの如きものに外ならないの
　　であるから、この点特に留意する必要がある。

　報酬不払いや診療時間外が正当事由となり得ないのであるから、交通事故の被害者
が健康保険での治療を求めた場合、それを拒むことは、医師法19条1項にも違反する
ことになる。

　イ　診断書等交付義務

　診察した医師は、診断書の交付が求められた場合、正当な事由がなければ、これを
拒むことはできない。

> **医師法**
> **第19条**
> 　2　診察若しくは検案をし、又は出産に立ち会った医師は、診断書若しくは検案書
> 　　又は出生証明書若しくは死産証書の交付の求があった場合には、正当の事由がな
> 　　ければ、これを拒んではならない。

　ここでの正当事由については、詐欺などの犯罪に用いられる場合はもとより、予後
不良の疾患、精神疾患など治療上の支障となる場合などがあげられている。

　交通事故の被害者が健康保険で治療を行った場合、診断書の作成を拒否することは、
医師法19条2項にも違反することになる。

　また、医療費問題とも関連して、交通事故被害者に対し、1通4万円、5万円など
と不当に高額な診断書（特別なものではなく、自賠責保険診断書や警察提出用などである）
作成料を求める事案が問題となり、裁判において争点となっている事案もある。事実
上、診断書の作成の拒否とみなし得る場合は、医師法19条2項違反も問題となり得る。

　ウ　無診察治療等の禁止

　医師は、診察しないで治療をし、診断書や処方箋を交付してはならない。無診察と
は、通院していない場合はもとより、医療機関に訪れていても、医師が診察を行わず、

Ⅰ　医療費をめぐる法的関係

処方箋の交付するような場合も含まれる。

> **医師法**
> **第20条**　医師は、自ら診察しないで治療をし、若しくは診断書若しくは処方せんを交付し、自ら出産に立ち会わないで出生証明書若しくは死産証書を交付し、又は自ら検案をしないで検案書を交付してはならない。但し、診療中の患者が受診後二十四時間以内に死亡した場合に交付する死亡診断書については、この限りでない。

エ　異状死体等の届出義務

　医師は、死体、4か月以上の死産児を検案して異状あると認めた場合は、警察署に届ける義務がある。

　「異常死」の意義については、平成6年に日本法医学会が提示した「異常死ガイドライン」では、診療行為に関連した予期しない死亡およびその疑いがあるもの、死因が明らかでないものも含めているが、臨床諸学会は異なる見解も示している。最高裁平成16年4月13日判決は、自らが診療行為における業務上過失致死等の責任を問われる場合でも届出義務を負い、それは憲法38条1項自己負罪拒否特権に反するものでないことを明らかしている。

■最二判平成16年4月13日刑集58巻4号247頁■

　……本件届出義務は、警察官が犯罪捜査の端緒を得ることを容易にするほか、場合によっては、警察官が緊急に被害の拡大防止措置を講ずるなどして社会防衛を図ることを可能にするという役割をも担った行政手続上の義務と解される。そして、異状死体は、人の死亡を伴う重い犯罪にかかわる可能性があるものであるから、上記のいずれの役割においても本件届出義務の公益上の必要性は高いというべきである。他方、憲法38条1項の法意は、何人も自己が刑事上の責任を問われるおそれのある事項について供述を強要されないことを保障したものと解されるところ（最高裁昭和27年（あ）第838号同32年2月20日大法廷判決・刑集11巻2号802頁参照）、本件届出義務は、医師が、死体を検案して死因等に異状があると認めたときは、そのことを警察署に届け出るものであって、これにより、届出人と死体とのかかわり等、犯罪行為を構成する事項の供述までも強制されるものではない。また、医師免許は、人の生命を直接左右する診療行為を行う資格を付与するとともに、それに伴う社会的責務を課するものである。このような本件届出義務の性質、内容・程度及び医師という資格の特質と、本件届出義務に関する前記のような公益上の高度の必要性に照らすと、医師が、同義務の履行により、捜査機関に対し自己の犯罪が発覚する端緒を与えることになり得るなどの点で、一定の不利益を負う可能性があっても、それは、医師免許に付随する合理的根拠のある負担として許容されるものというべきである。

2　患者と医療機関の関係（診療契約）

　　以上によれば、死体を検案して異状を認めた医師は、自己がその死因等につき診療行為における業務上過失致死等の罪責を問われるおそれがある場合にも、本件届出義務を負うとすることは、憲法38条１項に違反するものではないと解するのは相当である。

　なお、医療法では、病院等の管理者に、医療事故が発生した場合は遅滞なく、医療事故調査・支援センターに報告し、遺族に説明しなければならないと規定されている。

医療法

第６条の10　病院、診療所又は助産所（以下この章において「病院等」という。）の管理者は、医療事故（当該病院等に勤務する医療従事者が提供した医療に起因し、又は起因すると疑われる死亡又は死産であって、当該管理者が当該死亡又は死産を予期しなかつたものとして厚生労働省令で定めるものをいう。以下この章において同じ。）が発生した場合には、厚生労働省令で定めるところにより、遅滞なく、当該医療事故の日時、場所及び状況その他厚生労働省令で定める事項を第６条の15第１項の医療事故調査・支援センターに報告しなければならない。

２　病院等の管理者は、前項の規定による報告をするに当たっては、あらかじめ、医療事故に係る死亡した者の遺族又は医療事故に係る死産した胎児の父母その他厚生労働省令で定める者（以下この章において単に「遺族」という。）に対し、厚生労働省令で定める事項を説明しなければならない。ただし、遺族がないとき、又は遺族の所在が不明であるときは、この限りでない。

オ　処方箋交付義務

　医師は、治療上薬剤の投与が必要であると認めた場合、患者や看護にあたっている者が必要としない旨の申告があった場合や、医師法に規定されている例外を除き、処方箋を交付しなければならない。

医師法

第22条　医師は、患者に対し治療上薬剤を調剤して投与する必要があると認めた場合には、患者又は現にその看護に当っている者に対して処方せんを交付しなければならない。ただし、患者又は現にその看護に当っている者が処方せんの交付を必要としない旨を申し出た場合及び次の各号の一に該当する場合においては、この限りでない。

一　暗示的効果を期待する場合において、処方せんを交付することがその目的の達成を妨げるおそれがある場合

二　処方せんを交付することが診療又は疾病の予後について患者に不安を与え、その疾病の治療を困難にするおそれがある場合

三　病状の短時間ごとの変化に即応して薬剤を投与する場合

四　診断又は治療方法の決定していない場合

Ⅰ　医療費をめぐる法的関係

> 　五　治療上必要な応急の措置として薬剤を投与する場合
> 　六　安静を要する患者以外に薬剤の交付を受けることができる者がいない場合
> 　七　覚せい剤を投与する場合
> 　八　薬剤師が乗り組んでいない船舶内において薬剤を投与する場合

カ　保健指導義務

　医師は、保健の向上に必要な指導を行う義務がある。なお、医療法には、医療の担い手としての医師等に、良質かつ適切な医療を行うこと、適切な説明を行い、医療を受ける者の理解を得ることに努める義務も規定されている。

> **医師法**
> **第23条**　医師は、診療をしたときは、本人又はその保護者に対し、療養の方法その他保健の向上に必要な事項の指導をしなければならない。

> **医療法**
> **第1条の4**　医師、歯科医師、薬剤師、看護師その他の医療の担い手は、第1条の2に規定する理念に基づき、医療を受ける者に対し、良質かつ適切な医療を行うよう努めなければならない。
> 2　医師、歯科医師、薬剤師、看護師その他の医療の担い手は、医療を提供するに当たり、適切な説明を行い、医療を受ける者の理解を得るよう努めなければならない。
> 3　医療提供施設において診療に従事する医師及び歯科医師は、医療提供施設相互間の機能の分担及び業務の連携に資するため、必要に応じ、医療を受ける者を他の医療提供施設に紹介し、その診療に必要な限度において医療を受ける者の診療又は調剤に関する情報を他の医療提供施設において診療又は調剤に従事する医師若しくは歯科医師又は薬剤師に提供し、及びその他必要な措置を講ずるよう努めなければならない。
> 4　病院又は診療所の管理者は、当該病院又は診療所を退院する患者が引き続き療養を必要とする場合には、保健医療サービス又は福祉サービスを提供する者との連携を図り、当該患者が適切な環境の下で療養を継続することができるよう配慮しなければならない。
> 5　医療提供施設の開設者及び管理者は、医療技術の普及及び医療の効率的な提供に資するため、当該医療提供施設の建物又は設備を、当該医療提供施設に勤務しない医師、歯科医師、薬剤師、看護師その他の医療の担い手の診療、研究又は研修のために利用させるよう配慮しなければならない。

キ　診療録記載・保存義務

　医師は、診療をしたときは、「遅滞なく」、「診療に関する事項」を診療録に記載しな

ければならない。

　診療録の法定保存期間は5年間である。その起算点については、健康保険診療について規定した保険医療機関及び保険医療養担当規則により、「完結の日」から5年間と規定されていることもあり、医師法に関しても、当該患者に対する当該診療行為が完了した日から5年と解するのが一般的である。

医師法

第24条　医師は、診療をしたときは、遅滞なく診療に関する事項を診療録に記載しなければならない。

2　前項の診療録であって、病院又は診療所に勤務する医師のした診療に関するものは、その病院又は診療所の管理者において、その他の診療に関するものは、その医師において、5年間これを保存しなければならない。

保険医療機関及び保険医療養担当規則

（帳簿等の保存）

第9条　保険医療機関は、療養の給付の担当に関する帳簿及び書類その他の記録をその完結の日から3年間保存しなければならない。ただし、患者の診療録にあっては、その完結の日から5年間とする。

　なお、診療録以外の診療に関する記録については、医療法21条～22条の3、医療法施行規則20条により保存期間2年、健康保険診療における診療録以外の療養給付に関する帳簿、書類は、保険医療機関及び保険医療養担当規則9条により保存期間3年である。

②　患者の義務

（ⅰ）　協力義務

　自己の身体症状や家族状況などの情報を提供することなど医療機関の治療行為に協力する義務があるといわれることがあるが、これに違反したからといって直ちに損害賠償責任を負うなど、具体的効果を伴うというほどの法的拘束力がある義務とはいいにくい。

（ⅱ）　診療報酬（医療費）支払義務

　委任契約は有償とは限らないが、医療費のうち「モノ」に相当する費用部分は民法650条により、また、技術料に相当する報酬部分は慣習法上、当然に患者は支払義務を負うといわれている。もっとも、診療行為が無料だと思って診療を受ける人はいないので、患者が医療費を払う黙示の合意が成立しているとか、技術料に限らずすべて慣習法上患者は診療費の支払義務を負うともいわれる。いずれにしても、患者が医療費

I　医療費をめぐる法的関係

を支払う義務があることに変わりはなく、説明の違いにすぎない。

民法
（受任者の報酬）
第648条
1　受任者は、特約がなければ、委任者に対して報酬を請求することができない。
（受任者による費用等の償還請求等）
第650条
1　受任者は、委任事務を処理するのに必要と認められる費用を支出したときは、委任者に対し、その費用及び支出の日以後におけるその利息の償還を請求することができる。

　ここで、費用は、委任事務を処理するのに必要と認められるものでなければならない（民法650条1項）。診療報酬の額について、通常は個別具体的に逐一明示の契約はなされないのが慣行であるが、その場合は一般的に社会通念上妥当な額であることが当然の前提として要請されている。このことは、モノに相当する部分のみならず、技術料にも該当するし、同条に患者の診療費支払義務の根拠を求めない見解からも帰結される。すなわち、医師の診療行為であっても、医療水準に照らして必要性・相当性に欠ける部分については債務の本旨に従った履行ではないので、診療報酬を請求できない。

　なお、診療報酬支払義務が認められる患者は、その必要性・相当性を調査することができる。つまり、患者自身は診療行為としてどういうものが行われ、その根拠は何かを医師に照会、質問する権利を有している。

(4)　平成元年1点10円判決における診療契約の一般論

　医療費・施術費問題を語る場合、最も重要な判決が、東京地裁平成元年3月14日判決[4]、いわゆる1点10円判決である（なお、事案は異なるが、平成23年、25年にも1点10円と判示する判決が出ているので、これを平成元年1点10円判決という）。

　平成元年1点10円判決は、損害賠償に関する争いではない。自由診療において、患者は医療機関にいくら支払わなければならないのか、診療契約に基づく診療報酬額が争点となり、患者が支払うべき診療報酬額を超えて支払った保険会社に対し、医療機関が不当利得として返還することを認めたものである。

■東京地判平成元年3月14日判時1301号21頁■

　　医師と患者との間において締結されるいわゆる診療契約は、医師が、善良なる管理者

4）東京地判平成元年3月14日判時1301号21頁・判タ691号51頁。

の注意をもって、診療当時のいわゆる臨床医学の実践における医療水準に従い、患者の病的症状の医学的解明をするとともに適切な治療行為を施すことを債務の内容とする準委任契約であり、医師が右委任の趣旨に従った事務処理、すなわち適切な診療を行った場合に、これにつき患者に対する診療報酬請求権が発生するものと解すべきである。そして、右報酬の額については、医師は患者との間において自由に合意することができ、その内容が公序良俗に違反する等の特段の事情の存しない限り、医師は、患者に対し、右合意に基づく報酬額を請求することができるが、報酬の額についてのかかる有効な合意が存しない場合には、裁判所が報酬として、診療行為の内容に即応した相当な額を決定すべきものである。

　ところで、医師の施した診療行為の中に、医療水準に照らし必要適切といえず合理性に欠ける部分が存するときには、当該部分は、前記注意義務に違反するものであって、債務の本旨に従った履行とはいえず、医師は、患者に対し、その部分についての報酬を請求しえないものと解すべきであるが、他方、医師の診療行為は、専門的な知識と経験に基づき、個々の患者の個体差を考慮しつつ、刻々と変化する病状に応じて行われるものであるから、特に臨床現場における医師の個別的判断を尊重し、医師に診療についての一定の裁量を認める必要があるというべきである。また、医療水準といっても一義的なものではなく、医学の進歩等に伴い、ある診療行為の有効性・妥当性については、見解の対立が存する場合があるのであって、その見解がいずれも医学界においてある程度共通の認識と理解を得られているものとして医療水準の範囲内にあるといえる限り、そのいずれを採用するかは医師の裁量に委ねられているというべきである。更に、交通事故による受傷や突発的な発作の発生等の緊急の事態においては、患者の症状を完全に把握するための種々の検査の実施あるいは可能な診療方法の選択についての十分な検討のための時間的余裕が与えられないままに、一応の病的状態を推測して迅速かつ適切な処置をとることを要請されることがあるのであるから、その後の臨床経過から事後的に見て、診療行為の中に必ずしも必要不可欠とはいえない部分が存在するとしても、診療当時の状況に照らし、医師の推測が根拠を欠き、不合理であるといえない限り、当該診療行為を不適切なものと断ずべきではない。思うに、医師にこのような裁量と主体性を認めないとすれば、自己への責任追及と負担を避けようとする余り、医師が消極的診療に終始し、医療の萎縮をもたらし、却って適正な診療を期待しえないこととなるおそれすらあるからである。

　したがって、医師の施した診療行為が必要適切なものであるか否かを審査するに当たっては、事後的にいかなる診療行為が必要であったかを客観的・一義的に判断し、それ以外の部分を不必要不適切であったとすべきではなく、診療当時のいわゆる臨床医学の実践における医療水準に照らし、診療当時の患者の具体的な状況に基づいて客観的に判断して、適応を有する病状も存在しないのにこれを存在するとして治療するなど当該治療行為が合理性を欠く診断に基づいてなされたものであるとき、あるいは当該治療ないし検査行為が、これを支持する見解が存在しないばかりでなく、独自の先進的療法とし

Ⅰ　医療費をめぐる法的関係

> てもこれを肯認する余地もなく明らかに合理性を欠くときなど、当該診療行為が医師の有する裁量の範囲を超えたものと認められる場合に限り、必要適切なものとはいえない過剰な診療行為とすべきであると解するのが相当である。

　平成元年1点10円判決では、

① 　診療契約に基づき、医療機関が、「適切な診療を行った場合」に、患者に対する診療報酬支給権が発生する。

② 　診療報酬の額については、契約自由の原則からすると自由に合意することができるが、公序良俗に違反するなどの特段の事情があれば合意の効力は否定される。

③ 　「有効な合意」がなければ、裁判所が、「診療行為の内容に即応した相当な額」を決定する。

という一般論が明らかにされている。

　そのうえで、当該事案においては、医療機関と患者との間に「有効な合意」が認められなかったことから、裁判所が、「診療行為の内容に即応した相当な額」を決定した結果として、診療報酬額は1点10円が妥当となったのである。

⑸　消費者契約法による規制

①　消費者契約

　診療契約も、消費者契約法による規制を受ける「消費者契約」である。自由診療である歯科インプラントや美容医療については消費者契約法に違反する事例も多く、適格消費者団体から医療機関に対し、消費者契約法に違反する診療契約書の条項、院内規程の使用差止請求がなされた例も報告されている。

　交通事故の被害者である患者と診療契約を締結する場合であっても、消費者契約法の規制が及ぶことは当然である。具体的に問題となる場面については後述する（後記22頁～参照）。

> **消費者契約法**
> **（定義）**
> **第2条**　この法律において「消費者」とは、個人（事業として又は事業のために契約の当事者となる場合におけるものを除く。）をいう。
> 　2　この法律（第43条第2項第二号を除く。）において「事業者」とは、法人その他の団体及び事業として又は事業のために契約の当事者となる場合における個人をいう。
> 　3　この法律において「消費者契約」とは、消費者と事業者との間で締結される契約をいう。

> 4 この法律において「適格消費者団体」とは、不特定かつ多数の消費者の利益の
> ためにこの法律の規定による差止請求権を行使するのに必要な適格性を有する法
> 人である消費者団体（消費者基本法（昭和四十三年法律第七十八号）第8条の消
> 費者団体をいう。以下同じ。）として第13条の定めるところにより内閣総理大臣の
> 認定を受けた者をいう。

② 事業者の行為

消費者契約法4条により、事業者が、次のような行為を行った場合、消費者は、消費者契約の申込みまたはその承諾の意思表示を取り消すことができる。

> **消費者契約法**
> **（消費者契約の申込み又はその承諾の意思表示の取消し）**
> **第4条** 消費者は、事業者が消費者契約の締結について勧誘をするに際し、当該消費者に対して次の各号に掲げる行為をしたことにより当該各号に定める誤認をし、それによって当該消費者契約の申込み又はその承諾の意思表示をしたときは、これを取り消すことができる。
> 　一　重要事項について事実と異なることを告げること。　当該告げられた内容が事実であるとの誤認
> 　二　物品、権利、役務その他の当該消費者契約の目的となるものに関し、将来におけるその価額、将来において当該消費者が受け取るべき金額その他の将来における変動が不確実な事項につき断定的判断を提供すること。　当該提供された断定的判断の内容が確実であるとの誤認
> 2　消費者は、事業者が消費者契約の締結について勧誘をするに際し、当該消費者に対してある重要事項又は当該重要事項に関連する事項について当該消費者の利益となる旨を告げ、かつ、当該重要事項について当該消費者の不利益となる事実（当該告知により当該事実が存在しないと消費者が通常考えるべきものに限る。）を故意に（2019年改正後：故意又は重大な過失によって）告げなかったことにより、当該事実が存在しないとの誤認をし、それによって当該消費者契約の申込み又はその承諾の意思表示をしたときは、これを取り消すことができる。ただし、当該事業者が当該消費者に対し当該事実を告げようとしたにもかかわらず、当該消費者がこれを拒んだときは、この限りでない。

(i) 不実告知

「重要事項について事実と異なることを告げること（消費者契約法4条1項1号）」である。

契約締結にあたり、重要事項について、事実でないことを告げ、消費者がそれを事実と誤認して契約の申込み、承諾をしたならば、これを取り消すことができる。ここ

でいう「事実でないこと」とは、主観的に事実でないと認識していることは必要ではない。客観的に事実でなければ、「事実でないこと」に該当する。

　なお、重要事項についても、消費者契約法４条５項で規定されている。平成28年改正により、４条５項三号として、「消費者の生命、身体、財産その他の重要な利益」に関する事情が追加されている。

消費者契約法
（消費者契約の申込み又はその承諾の意思表示の取消し）
第４条
　5　第１項第一号及び第２項の「重要事項」とは、消費者契約に係る次に掲げる事項（同項の場合にあっては、第三号に掲げるものを除く。）をいう。
　一　物品、権利、役務その他の当該消費者契約の目的となるものの質、用途その他の内容であって、消費者の当該消費者契約を締結するか否かについての判断に通常影響を及ぼすべきもの
　二　物品、権利、役務その他の当該消費者契約の目的となるものの対価その他の取引条件であって、消費者の当該消費者契約を締結するか否かについての判断に通常影響を及ぼすべきもの
　三　前二号に掲げるもののほか、物品、権利、役務その他の当該消費者契約の目的となるものが当該消費者の生命、身体、財産その他の重要な利益についての損害又は危険を回避するために通常必要であると判断される事情

　診療契約の締結にあたり、医療機関側の医師や職員が、重要事項について事実でないことを告げ、それを真実と誤解して、診療契約が締結されたならば、患者が取り消すことは可能である。

　医療機関において受付の職員が、交通事故による治療には健康保険は使えないと虚偽の説明をしたので、患者が、自由診療契約に応じた場合、不実の告知として自由診療契約を取り消すことが可能である。

　(ⅱ)　断定的判断の提供

　「物品、権利、役務その他の当該消費者契約の目的となるものに関し、将来におけるその価額、将来において当該消費者が受け取るべき金額その他の将来における変動が不誠実な事項につき断定的判断を提供すること（消費者契約法４条１項２号）」。

　(ⅲ)　不利益事実の不告知

　「当該消費者に対してある重要事項または当該重要事項に関連する事項について当該消費者の利益となる旨を告げ、かつ、当該重要事項について当該消費者の不利益となる事実（当該告知により当該事実が存在しないと消費者が通常考えるべきものに限る）を故意に（2019年改正後：故意または重大な過失によって）告げなかったこと（消費者契

約法4条2項）」である。

　厚生労働省より、日本医師会に対し、自動車事故等による傷病の保険給付の取扱いに関する通知が出されているとおり（「犯罪被害や自動車事故等による傷病の保険給付の取扱いについて」保保発0809第4号平成23年8月9日）（後記84頁）、自動車事故の場合、加害者不明の轢き逃げや、加害者が自賠責保険に加入していない場合はもとより、加害者が自賠責保険に加入していても、速やかに支払いが行われない場合等、被害者でもある被保険者に一時的に重い医療費の負担が生じる場合も考えられるので、医療保険の保険者は、被保険者が医療保険を利用する事が妨げられないようにする必要がある。このことは、保険者のみならず、現に患者に対する診療を担う医療機関も同様である。

　その意味において、最も重要な法益である生命、身体にかかわる診療の場面においては、健康保険が利用できることを故意（あるいは重大な過失によって）に告げなかった場合は、不利益事実の不告知に該当すると考えられるであろう。

③　条項の無効

　消費者契約法は、事業者の損害賠償の責任を免除する条項（2019年改正後：条項等）（8条）、消費者の解除権を放棄させる条項（2019年改正後：条項等）（8条の2）、消費者が支払う損害賠償の額を予定する条項等（9条）とともに、消費者の利益を一方的に害する条項（10条）を無効としている。

　患者の利益を制限する、義務を加重するなど、医療機関にとってのみ利益となる内容の契約条項は無効となる。

> **消費者契約法**
> **（消費者の利益を一方的に害する条項の無効）**
> **第10条**　消費者の不作為をもって当該消費者が新たな消費者契約の申込み又はその承諾の意思表示をしたものとみなす条項その他の法令中の公の秩序に関しない規定の適用による場合に比して消費者の権利を制限し又は消費者の義務を加重する消費者契約の条項であって、民法第1条第2項に規定する基本原則に反して消費者の利益を一方的に害するものは、無効とする。

　消費者契約法10条では、任意規定によれば消費者が本来有しているはずの権利を制限し、本来負うこととなる義務を加重し、かつ、信義則（民法1条2項）に反する程度に一方的に消費者の利益を害する場合は、条項そのものを無効とする規定である。

　消費者契約法8条や9条で規定する場合以外の場面について包括的に規定したものである。

I　医療費をめぐる法的関係

　診療契約においても、誓約書などが徴求されることがあるが、そこに、患者あるい
は関係者の利益を一方的に害する条項があれば無効となる。

3 被害者と加害者の関係（損害賠償責任）

(1) 損害賠償責任

　加害者は被害者に対して損害賠償責任を負う。その責任原因としては、運行供用者責任（自賠法3条）、不法行為責任（民法709条）、使用者責任（715条）、債務不履行責任（民法415条）などによる構成が可能である。

　いずれにしても、加害者による加害行為と相当因果関係が認められる範囲の被害者の損害について、加害者は被害者に対する賠償責任を負う。

自賠法

（自動車損害賠償責任）

第3条　自己のために自動車を運行の用に供する者は、その運行によって他人の生命又は身体を害したときは、これによって生じた損害を賠償する責に任ずる。ただし、自己及び運転者が自動車の運行に関し注意を怠らなかったこと、被害者又は運転者以外の第三者に故意又は過失があったこと並びに自動車に構造上の欠陥又は機能の障害がなかったことを証明したときは、この限りでない。

民法

（不法行為による損害賠償）

第709条　故意又は過失によって他人の権利又は法律上保護される利益を侵害した者は、これによって生じた損害を賠償する責任を負う。

（使用者等の責任）

第715条　ある事業のために他人を使用する者は、被用者がその事業の執行について第三者に加えた損害を賠償する責任を負う。ただし、使用者が被用者の選任及びその事業の監督について相当の注意をしたとき、又は相当の注意をしても損害が生ずべきであったときは、この限りでない。

2　使用者に代わって事業を監督する者も、前項の責任を負う。

3　前2項の規定は、使用者又は監督者から被用者に対する求償権の行使を妨げない。

（債務不履行による損害賠償）

第415条　債務者がその債務の本旨に従った履行をしないときは、債権者は、これによって生じた損害の賠償を請求することができる。債務者の責めに帰すべき事由によって履行をすることができなくなったときも、同様とする。

I　医療費をめぐる法的関係

> （2020年改正後）
>
> 1　債務者がその債務の本旨に従った履行をしないとき又は債務の履行が不能であるときは、債権者は、これによって生じた損害の賠償を請求することができる。ただし、その債務の不履行が契約その他の債務の発生原因及び取引上の社会通念に照らして債務者の責めに帰することができない事由によるものであるときは、この限りでない。
> 2　前項の規定により損害賠償の請求をすることができる場合において、債権者は、次に掲げるときは、債務の履行に代わる損害賠償の請求をすることができる。
> 　一　債務の履行が不能であるとき。
> 　二　債務者がその債務の履行を拒絶する意思を明確に表示したとき。
> 　三　債務が契約によって生じたものである場合において、その契約が解除され、又は債務の不履行による契約の解除権が発生したとき。

(2)　損害賠償の範囲

　不法行為における損害賠償の範囲は、大正15年の富貴丸事件[5]以来、債務不履行における損害賠償の範囲を規定した民法416条を準用（類推適用）して、「相当因果関係」の認められる範囲に限定するのが判例の立場であるといわれている。

> 民法
>
> （損害賠償の範囲）
>
> 第416条　債務の不履行に対する損害賠償の請求は、これによって通常生ずべき損害の賠償をさせることをその目的とする。
> 2　特別の事情によって生じた損害であっても、当事者がその事情を<u>予見し、又は予見することができた</u>（2020年改正後：予見すべきであった）ときは、債権者は、その賠償を請求することができる。

　現行実務における損害賠償額は、圧倒的多数を占める交通事故訴訟事件を中心として定型化・基準化されている。具体的には、被害者保護の立場から、公益財団法人日弁連交通事故相談センター東京支部が毎年発行している『民事交通事故訴訟損害賠償額算定基準』（赤い本）、公益財団法人日弁連交通事故相談センターが隔年で発行している『交通事故損害額算定基準』（青本）が裁判実務に与える影響は大きい。

　他方、自賠責実務は、従来より国土交通省から支払基準について通達が出され、各保険会社はその内容を自社の損害査定要項として事業方法書に位置付け、内閣総理大臣の認可を得るという形態を採ってきた。平成14年制度改正によって、自賠法上に支払基準の根拠規定が設けられ（自賠法16条の3）、保険会社は、国土交通大臣および内閣

5）大民刑連判大正5年5月22日民集5巻386頁。

3　被害者と加害者の関係（損害賠償責任）

総理大臣が定める支払基準に従って保険金等を支払わなければならないこととなった[6]。

　なお、最高裁第一小法廷平成18年3月30日判決[7]および最高裁平成24年10月11日判決[8]は、被害者請求についても加害者請求についても、自賠法16条の3が規定する支払基準は裁判所を拘束するものではないことを判示したが、医療費問題におけるこれまでの扱いに影響を及ぼすものではない。

■最一判平成18年3月30日民集60巻3号1242頁■

　　法16条の3第1項は、保険会社が被保険者に対して支払うべき保険金又は法16条1項の規定により被害者に対して支払うべき損害賠償額（以下「保険金等」という。）を支払うときは、死亡、後遺障害及び傷害の別に国土交通大臣及び内閣総理大臣が定める支払基準に従ってこれを支払わなければならない旨を規定している。法16条の3第1項の規定内容からすると、同項が、保険会社に、支払基準に従って保険金等を支払うことを義務付けた規定であることは明らかであって、支払基準が保険会社以外の者も拘束する旨を規定したものと解することはできない。支払基準は、保険会社が訴訟外で保険金等を支払う場合に従うべき基準にすぎないものというべきである。そうすると、保険会社が訴訟外で保険金等を支払う場合の支払額と訴訟で支払を命じられる額が異なることがあるが、保険会社が訴訟外で保険金等を支払う場合には、公平かつ迅速な保険金等の支払の確保という見地から、保険会社に対して支払基準に従って支払うことを義務付けることに合理性があるのに対し、訴訟においては、当事者の主張立証に基づく個別的な事案ごとの結果の妥当性が尊重されるべきであるから、上記のように額に違いがあるとしても、そのことが不合理であるとはいえない。

　　したがって、法16条1項に基づいて被害者が保険会社に対して損害賠償額の支払を請求する訴訟において、裁判所は、法16条の3第1項が規定する支払基準によることなく損害賠償額を算定して支払を命じることができるというべきである。

■最判平成24年10月11日判時2169号3頁■

　　法16条1項に基づいて被害者が保険会社に対して損害賠償額の支払を請求する訴訟において、裁判所は、法16条の3第1項が規定する支払基準によることなく損害賠償額を算定して支払を命じることができるというべきである（最高裁平成17年（受）第1628号同18年3月30日第一小法廷判決・民集60巻3号1242頁）。そして、法15条所定の保険金の支払を請求する訴訟においても、上記の理は異なるものではないから、裁判所は、上記支払基準によることなく、自ら相当と認定判断した損害額及び過失割合に従って保険金の額を算定して支払を命じなければならないと解するのが相当である。

──────────
6 ）伊藤文夫＝佐野誠編『自賠責保険のすべて〔12訂版〕』（保険毎日新聞社、2014）。
7 ）最一判平成18年3月30日民集60巻3号1242頁。
8 ）最判平成24年10月11日判時2169号3頁。

Ⅰ　医療費をめぐる法的関係

4　被保険者と保険者の関係（保険契約）

(1)　被保険者による保険金請求

　保険者と保険契約者の間の保険契約に基づき、事故を起こした加害者が当該保険契約の被保険者となる場合、加害者は被保険者として、保険者に対して保険金を請求することができる。

　自賠責保険の場合は自賠法15条に基づき、任意対人賠償責任保険の場合は約款に基づき請求することになる[9]。

> 自賠法
> （保険金の請求）
> **第15条**　被保険者は、被害者に対する損害賠償額について自己が支払をした限度においてのみ、保険会社に対して保険金の支払を請求することができる。

> 自動車保険普通保険約款[10]
> **第2条（保険金を支払う場合—対人賠償）**
> ⑴　当会社は、対人事故により、被保険者が法律上の損害賠償責任を負担することによって被る損害に対して、この賠償責任条項および基本条項に従い、保険金を支払います。
> ⑵　当会社は、1回の対人事故による⑴の損害の額が自賠責保険等によって支払われる金額(注)を超過する場合に限り、その超過額に対してのみ保険金を支払います。
> 　　(注)　被保険自動車に自賠責保険等の契約が締結されていない場合は、自賠責保険等によって支払われる金額に相当する金額をいいます。

(2)　保険金の請求の時期

　被保険者が保険金を請求できるのは、自賠責保険の場合は、「被害者に対する損害賠償額について自己が支払をした限度においてのみ」である。すなわち、被保険者が、

---

9 ）大塚英明＝古笛恵子編著『交通事故事件対応のための保険の基本と実務』（学陽書房、2018）97頁・122頁。
10）損害保険料率算出機構『自動車保険標準約款』（2017年5月）より。以下同じ。

現に被害者に対する賠償義務を尽くした場合に限って保険金請求が認められる先履行主義が採用されている。なお、任意対人賠償責任保険については、一般条項において保険金の支払時期に関する規定が設けられているが、保険法22条2項の先履行主義が適用されることは当然である。

保険法
（責任保険契約についての先取特権）

第22条 責任保険契約の被保険者に対して当該責任保険契約の保険事故に係る損害賠償請求権を有する者は、保険給付を請求する権利について先取特権を有する。

2 被保険者は、前項の損害賠償請求権に係る債務について弁済をした金額又は当該損害賠償請求権を有する者の承諾があった金額の限度においてのみ、保険者に対して保険給付を請求する権利を行使することができる。

自動車保険普通保険約款
第23条（保険金の請求）

(1) 当会社に対する保険金請求権は、次の時から、それぞれ発生し、これを行使することができるものとします。

　① 賠償責任条項に係る保険金の請求に関しては、被保険者が損害賠償請求権者に対して負担する法律上の損害賠償責任の額について、被保険者と損害賠償請求権者との間で、判決が確定した時、または裁判上の和解、調停もしくは書面による合意が成立した時

(2) 被保険者または保険金を受け取るべき者が保険金の支払を請求する場合は、次の書類または証拠のうち、当会社が求めるものを当会社に提出しなければなりません。ただし、③の交通事故証明書(注1)については、提出できない相当な理由がある場合を除きます。

　③ 公の機関が発行する交通事故証明書(注1)

　(注1) 人の死傷を伴う事故または被保険自動車と他の自動車との衝突もしくは接触による物の損壊を伴う事故の場合に限ります。

(3) 被保険者に保険金を請求できない事情がある場合で、かつ、保険金の支払を受けるべき被保険者の代理人がいないときは、次に掲げる者のいずれかがその事情を示す書類をもってその旨を当会社に申し出て、当会社の承認を得たうえで、被保険者の代理人として保険金を請求することができます。

第24条（保険金の支払時期）

(1) 当会社は、請求完了日(注1)からその日を含めて30日以内に、当会社が保険金を支払うために必要な次の事項の確認を終え、保険金を支払います。

　(注1) 被保険者または保険金を受け取るべき者が前条(2)および(3)の規定による手続を完了した日をいいます。

I　医療費をめぐる法的関係

5　被害者と保険者の関係（直接請求権）

(1)　被害者による直接請求権

　本来、責任保険契約においては第三者的立場にある被害者は、保険者に対する請求権を有するものではない。被害者には、責任保険契約について先取特権が認められているのみである（保険法22条1項）。

保険法
（責任保険契約についての先取特権）
第22条
1　責任保険契約の被保険者に対して当該責任保険契約の保険事故に係る損害賠償請求権を有する者は、保険給付を請求する権利について先取特権を有する。

　しかし、自動車事故の分野に限っては、特別に直接請求権が規定されている。
　自賠責保険の場合は自賠法16条に基づき、任意対人賠償責任保険の場合は約款に基づき請求することになる。あくまでも、被害者が請求するのは、「損害賠償額」であって保険金ではない[11]。

自賠法
（保険会社に対する損害賠償額の請求）
第16条　第3条の規定による保有者の損害賠償の責任が発生したときは、被害者は、政令で定めるところにより、保険会社に対し、保険金額の限度において、損害賠償額の支払をなすべきことを請求することができる。
2　被保険者が被害者に損害の賠償をした場合において、保険会社が被保険者に対してその損害をてん補したときは、保険会社は、そのてん補した金額の限度において、被害者に対する前項の支払の義務を免れる。
3　第1項の規定により保険会社が被害者に対して損害賠償額の支払をしたときは、保険契約者又は被保険者の悪意によって損害が生じた場合を除き、保険会社が、責任保険の契約に基づき被保険者に対して損害をてん補したものとみなす。
4　保険会社は、保険契約者又は被保険者の悪意によって損害が生じた場合において、第1項の規定により被害者に対して損害賠償額の支払をしたときは、その支払った金額について、政府に対して補償を求めることができる。

---

11)　大塚＝古笛編著・前掲注9）97頁・142頁参照。

30

> **自動車保険普通保険約款**
> **第11条 （損害賠償請求権者の直接請求権—対人賠償）**
> ⑴ 対人事故によって被保険者の負担する法律上の損害賠償責任が発生した場合は、損害賠償請求権者は、当会社が被保険者に対して支払責任を負う限度において、当会社に対して⑶に定める損害賠償額の支払を請求することができます。
> ⑵ 当会社は、次のいずれかに該当する場合に、損害賠償請求権者に対して⑶に定める損害賠償額を支払います。ただし、当会社がこの賠償責任条項および基本条項に従い被保険者に対して支払うべき保険金の額(注)を限度とします。
> 　① 被保険者が損害賠償請求権者に対して負担する法律上の損害賠償責任の額について、被保険者と損害賠償請求権者との間で、判決が確定した場合または裁判上の和解もしくは調停が成立した場合
> 　② 被保険者が損害賠償請求権者に対して負担する法律上の損害賠償責任の額について、被保険者と損害賠償請求権者との間で、書面による合意が成立した場合
> 　③ 損害賠償請求権者が被保険者に対する損害賠償請求権を行使しないことを被保険者に対して書面で承諾した場合
> 　④ ⑶に定める損害賠償額が保険証券記載の保険金額(注)を超えることが明らかになった場合
> 　⑤ 法律上の損害賠償責任を負担すべきすべての被保険者について、次のいずれかに該当する事由があった場合
> 　　ア．被保険者またはその法定相続人の破産または生死不明
> 　　イ．被保険者が死亡し、かつ、その法定相続人がいないこと。
> ⑵ (注) 同一事故につき既に当会社が支払った保険金または損害賠償額がある場合は、その全額を差し引いた額とします。
> ⑶ 前条およびこの条の損害賠償額とは、次の算式によって算出した額とします。
>
> $$\begin{pmatrix} \text{被保険者が損害賠償} \\ \text{請求権者に対して負} \\ \text{担する法律上の損害} \\ \text{賠償責任の額} \end{pmatrix} - \begin{pmatrix} \text{自賠責保険} \\ \text{等によって} \\ \text{支払われる} \\ \text{金額(注)} \end{pmatrix} - \begin{pmatrix} \text{被保険者が損害賠} \\ \text{償請求権者に対し} \\ \text{て既に支払った損} \\ \text{害賠償金の額} \end{pmatrix} = \text{損害賠償額}$$
>
> (注) 被保険自動車に自賠責保険等の契約が締結されていない場合は、自賠責保険等によって支払われる金額に相当する金額をいいます。

⑵ 示談代行制度

　任意対人賠償責任保険に対する直接請求権が認められる被害者については、保険者と折衝、示談、調停、訴訟の手続を行うことができる。これが、示談代行制度である。
　もとより、被害者が直接請求権を有しているからこそ、被害者の損害賠償額の確定

I　医療費をめぐる法的関係

が、保険者自らの法律事務と同視できる。よって、弁護士法72条に違反しないと解されているのである。だからこそ、示談代行は、保険者が被保険者（加害者）に対して保険金の支払責任を負う限度に限られる。

また、自賠責保険に示談代行制度はない。

> **自動車保険普通保険約款**
> **第10条（当会社による解決―対人賠償）**
> ⑴　被保険者が対人事故にかかわる損害賠償の請求を受けた場合、または当会社が損害賠償請求権者から次条の規定に基づく損害賠償額の支払の請求を受けた場合には、当会社は、当会社が被保険者に対して支払責任を負う限度において、当会社の費用により、被保険者の同意を得て、被保険者のために、折衝、示談または調停もしくは訴訟の手続(注)を行います。
> 　(注)　弁護士の選任を含みます。
> ⑵　⑴の場合には、被保険者は当会社の求めに応じ、その遂行について当会社に協力しなければなりません。
> ⑶　当会社は、次のいずれかに該当する場合は、⑴の規定は適用しません。
> 　①　被保険者が損害賠償請求権者に対して負担する法律上の損害賠償責任の額が、保険証券記載の保険金額および自賠責保険等によって支払われる金額(注)の合計額を明らかに超える場合
> 　②　損害賠償請求権者が、当会社と直接、折衝することに同意しない場合
> 　③　被保険自動車に自賠責保険等の契約が締結されていない場合
> 　④　正当な理由がなく被保険者が⑵に規定する協力を拒んだ場合
> 　　(注)　被保険自動車に自賠責保険等の契約が締結されていない場合は、自賠責保険等によって支払われる金額に相当する金額をいいます。

> **弁護士法**
> **（非弁護士の法律事務の取扱い等の禁止）**
> **第72条**　弁護士又は弁護士法人でない者は、報酬を得る目的で訴訟事件、非訟事件及び審査請求、再調査の請求、再審査請求等行政庁に対する不服申立事件その他一般の法律事件に関して鑑定、代理、仲裁若しくは和解その他の法律事務を取り扱い、又はこれらの周旋をすることを業とすることができない。ただし、この法律又は他の法律に別段の定めがある場合は、この限りでない。

⑶　損害賠償額の請求の時期

被害者は、自賠責保険については、「政令で定めるところにより」損害賠償額を請求できる。手続については、自賠法施行令3条に定められている。

任意対人賠償責任保険については、被害者が請求すれば、直ちに損害賠償額が支払われるわけではない。判決の確定、裁判上の和解や調停の成立、被保険者と損害賠償請求権者、つまり、加害者と被害者の間の書面による示談の成立等を待ってはじめて、損害賠償額を、保険者に請求できることになる。

この意味において、いわゆる示談等が成立する前に行っている内払いは、被害者が、約款に基づいて、権利として請求できるものではない。

自賠法施行令
（保険会社に対する損害賠償額の支払の請求）
第3条　法第16条第1項の損害賠償額の支払の請求は、次の事項を記載した書面をもって行わなければならない。

一　請求する者の氏名及び住所

二　死亡した者についての請求にあっては、請求する者の死亡した者との続柄

三　加害者及び被害者の氏名及び住所並びに加害行為の行われた日時及び場所

四　当該自動車の道路運送車両法の規定による自動車登録番号若しくは車両番号、地方税法（昭和二十五年法律第二百二十六号）第446条第3項（同法第1条第2項において準用する場合を含む。）に規定する標識の番号又は道路交通に関する条約の規定による登録番号（これらが存しない場合にあっては、車台番号）

五　保険契約者の氏名及び住所

六　請求する金額及びその算出基礎

Ⅰ　医療費をめぐる法的関係

6　保険者と医療機関の関係（一括払い）

(1)　医療費の直接支払い

　実務上、任意対人賠償責任保険の保険者から、医療機関に対し、被害者である患者の医療費が直接支払われている。一般的には、医療機関から、1か月分の診療に関する診断書と診療報酬明細書が、保険会社に送付され、保険会社から医療機関に直接支払いがなされている。

　これは、「任意保険・自賠責保険一括払い」に基づく、任意対人賠償責任保険の保険者の対応であることから、「一括払い」といわれている。

　保険会社から医療機関に直接支払う、この目に見える現象から、医療機関は、保険会社に対して医療費を請求できる権利を有するかのごとく請求し、保険会社も医療費を支払うべき責任があるかのごとくこれに応じる一方、被害者である患者は、自らには何ら関係ない医療機関と保険会社の間の問題であるかのように誤解している。

　しかし、医療機関と保険者の間には、本来、何の法的関係も認められないはずである。

(2)　一括払い

　任意保険・自賠責保険一括払いは、任意保険と自賠責保険に別個に請求するという二重手間を省く目的で昭和48年8月1日に実施された制度である。任意自動車保険契約（対人賠償責任保険）の保険者である保険会社（いわゆる一括保険会社）が請求者に一括して自賠責保険金相当額および任意保険金相当額を支払った後、自賠責保険金相当額を自賠責保険契約のある保険会社に請求するものである[12]。

(3)　一括払いの法的性質

　一括払いの法的性質については、単なる第三者による弁済ととらえる見解と損害賠償請求権の代位行使ととらえる見解がある。

　第三者による弁済ととらえると、医療機関から保険会社に対する請求権を認めることはできない。

　損害賠償請求権の代位行使ととらえると、一応、民法423条の要件を満たす限りにお

---

12)　伊藤＝佐野編・前掲注6）108頁。

いて、医療機関に権利性が認められそうである。

> **民法**
> **（債権者代位権（2020年改正後：債権者代位権の要件））**
> **第423条**
> 1　債権者は、自己の債権を保全するため（2020年改正後：必要があるときは）、債務者に属する権利（2020年改正後：（以下、「被代位権利」という。））を行使することができる。ただし、債務者の一身に専属する権利（2020年改正後：及び差押えを禁じられた権利）は、この限りでない。

　すなわち、医療機関は被害者に診療報酬請求権を有しており、その被害者は加害者に対して損害賠償請求権を、加害者は保険会社に保険金請求権を有している。

　そうすると医療機関は自己の債権に基づき被害者の損害賠償請求権に代位し、さらに加害者の保険金請求権も被害者に代わって行使して（二重の代位も法的に禁止されていない）保険会社に請求していると見ることができる。ただし、被害者および加害者の無資力が証明されない限り、保険会社は医療機関の請求に応じる義務はなく、また、応じる場合も、加害者が被害者に対して負う賠償責任の範囲内にとどまる。この意味からすると、個別具体的事案として妥当することはあっても、実務上広く行われている一括払いを債権者代位権の行使として説明することは不可能である。

　したがって、一括払いは、単なる第三者の弁済、事実上の立替払いにすぎないといわざるを得ない。

　なお、広島地裁昭和59年8月31日判決[13]は、むち打ち症被害者の入院の長期化に伴い、入院料、血流改善剤の点滴と事故との因果関係など濃厚治療、高額治療が争われた事案であるが、医療機関が、被害者、被害者の保証人、加害者、保険会社を訴えている。代位の代位という極めて複雑な法的関係に基づき、保険会社も被告としている[14]。昨今はこのような訴訟は見当たらない。

①　大阪高裁平成元年5月12日判決

　なお、一括保険会社が医療費について医療機関に一括払いを申し込んだことによって、あるいは一括払いを受け入れたことによって、被害者の診療報酬債務を引き受けたとの主張がなされることもある。しかし、一括払いが正面から争われた大阪高裁平成元年5月12日第1民事部判決[15]は、明確にこれを否定して、事実上の立替払いにすぎないとした。

---

13)　広島地判昭和59年8月31日交民集17巻4号1153頁。
14)　野村好弘「判解」交民集17巻索引・解説号302頁。
15)　大阪高判平成元年5月12日判タ705号202頁（原審神戸地判昭和63年4月22日）。

I　医療費をめぐる法的関係

■大阪高判平成元年5月12日判タ705号202頁■

　　本件は、交通事故の被害者を治療した医師たる控訴人から任意保険会社たる被控訴人
に対して治療費を請求する事案である。医師が当然に保険会社に治療費を請求できる根
拠はないから、本訴請求が成り立つためには、医師が直接保険会社に治療費を請求する
権利をもつことになる何らかの法律上の原因がなければならない。
　　そこで、控訴人は、昨今交通事故の被害者の治療費の支払いに関し任意保険会社と医
療機関との間で行われている一括払いの取り扱い（一括取り扱いともいう。）を挙げ、「一
括払いの合意」により、医療機関は保険会社に対し実際に要した治療費全部を請求する
権利を取得すると主張する。
（中略）
　　しかしながら、任意保険会社は、その法的地位上、被保険者の損害をてん補すれば足
るのであって、被保険者が負担する損害賠償債務の範囲を超えて支払いをなす必要はな
く、また、被保険者に対する義務の履行として損害のてん補をすれば足るのであって、
第三者に対して直接損害賠償義務を負担する理由はないといわねばならない。現に本件
にあらわれた全証拠によっても、被控訴人が被保険者の負担する損害賠償債務の範囲を
超えて支払いをなす旨約し、また医療機関自体に直接損害賠償義務を負担する旨意思表
示したと認めるに足りるものはない。このことと、原判決及び当判決において認定した
事実関係に照らせば、昨今交通事故の被害者の治療費の支払に関し任意保険会社と医療
機関との間で行われている「一括払い」なるものは、保険会社において、被害者の便宜
のため、加害者の損害賠償債務の額の確定前に、加害者（被保険者）、被害者、自賠責保
険、医療機関等と連絡のうえ、いずれは支払いを免れないと認められる範囲の治療費を
一括して立て替え払いしている事実を指すにすぎず、立て替え払いの際保険会社と医療
機関との間に行われる協議は、単に立て替え払いを円滑にすすめるためのもので、保険
会社に対し医療機関への被害者の治療費一般の支払い義務を課し、医療機関に対し保険
会社への右治療費の支払い請求権を付与する合意を含むものではないと解するのが相当
である。

② 　東京地裁平成23年5月31日判決
　　一括払いが、被害者の便宜のため保険会社が行う立替払いの事実にすぎないことは、
その後の裁判例においても繰り返し確認されている。
　　保険会社が、被害者の損害賠償金相当額を超える診療報酬を支払った医療機関に対
し、不当利得の返還を求めた平成23年1点10円判決[16]でも、このことが前提となって
いる。

16）東京地判平成23年5月31日交民集44巻3号716頁・自保ジャ1850号1頁。

6 保険者と医療機関の関係（一括払い）

■東京地判平成23年5月31日交民集44巻3号716頁■

　……交通事故の被害者が被告が経営する病院で診療を受けた場合に、被害者と被告との間では診療契約が成立し、被害者が被告に対し診療報酬（治療費）を支払う義務を負うことは明らかである。これに対し、付保会社である原告は、加害者との間の自動車任意保険契約に基づいて、被害者に対し、同契約及び約款所定の保険金を支払うことになるが、これは、加害者（または運行供用者）が被害者に対して民法709条（不法行為）または自賠法に基づいて損害賠償義務を負うところ、損害賠償金相当額の保険金を支払うものである。以上のとおり、本来、付保会社である原告は、診療を行う被告に対し、法律上の義務を負うことはない。もっとも、医療機関が治療費の支払を確保し、被害者が早期に適切な治療を受けるようにして、被害者、加害者、保険会社、医療機関の各当事者の便宜を図るため、所定の手続をした上で、保険会社が医療機関から治療費（診療報酬）の請求を受け、医療機関に対し直接治療費を支払うことも多く、一般的に一括払いと呼ばれている。
（中略）
　……原告の被告に対する治療費（診療報酬）の支払いは、原告が被害者に対し損害賠償金相当額の保険金を支払い、被害者が医療機関に対して治療費（診療報酬）を支払うべきところ、便宜的に、原告が被害者に代わって、医療機関である被告に対し治療費（診療報酬）を立替払したものであると解することが相当である。

③　千葉地裁平成15年10月27日判決

　ただし、一括払いとしての対応を超え、保険者による債務引受けを認めた裁判例もある[17]。

　もとより、その結論は、柔道整復師が、一括対応をした共済に対して、施術費を請求した事案において、千葉地裁は、共済組合担当者の書面による施術費の請求依頼、電話での確認をもって、立替払いをする用意があることを予告するにすぎないものとはいえず、「適正な施術費については、共済組合が債務引き受けをする」と解したが、もともとは、直接に支払うべき債務がないのに、あえて合意により支払いをするものであることから、「施術費の単価については、当事者間で特段の合意をしない限り、被告共済組合の定める基準によることが前提となっていた」として、施術費請求を棄却した。

　また、同判決は、医師の判断と柔道整復師の判断が異なる場合には、医師の判断を優先すべきであるとも判示している。

　債権債務関係を認めなければ、内容に立ち入ることなく請求を棄却することもできた。しかし、あえて債務引受けと構成して、柔道整復師と共済との間に債権債務関係

17）千葉地判平成15年10月27日交民集36巻5号1431頁。

Ⅰ 医療費をめぐる法的関係

を認めたうえで、施術費の請求を支払済みであると排斥しているものであり、むしろ、柔道整復師の施術費について極めて厳しい判断を示したものである。一般的に、債務引受けを構成することができるものではない。

■千葉地判平成15年10月27日交民集36巻5号1431頁■

　……自動車共済契約を引き受けている共済協同組合が、医療機関等に対し、交通事故の被害者の治療費や施術費を、加害者の損害賠償債務の額の確定前に、直接、支払うことを約すのは、加害者、被害者、自賠責保険の保険者、医療機関等と連絡の上、いずれは支払を免れないものと認められる範囲の金額を支払うことが、被害者にとって便宜であるだけではなく、早期に被害者に適切な医療等を受けさせることにより損害の拡大を防止することができるからであると考えられる。

　……そうすると、被告の原告に対する申入れが、Jの原告に対する施術費の支払債務につき、立て替え払いをする用意があることを予告するに過ぎないものとはいえ、適正な施術費については、被告が債務引き受けをするというものであると解される。
（中略）

　……証拠（甲六の二及び三）によれば、原告は、Jの負傷につき、頸椎椎間関節捻挫（不全脱臼）、胸椎椎間関節捻挫（不全脱臼）、腰椎椎間関節捻挫（不全脱臼）、臀部挫傷と判断したことが認められるが、証拠（乙一五の一ないし一七）によれば、交通事故当日から継続してJの治療を行っているK医師は、Jの脊柱に関しては、外傷性頸挫傷、外傷性腰挫傷と診断していることが認められる。

　……そして、医師の判断と柔道整復師の判断が異なる場合には、医師の判断を優先すべきであるから、原告作成の各施術証明書・施術費明細書（甲六の二及び三）の上記記載はにわかには信用できず、他に、Jが交通事故により胸椎に傷害を負ったことを認めるに足りる証拠はない。
（中略）

　……被告が原告に対し、施術費を支払う義務を負う理由は前記のとおりであるが、この支払は、交通事故による損害賠償義務の額が確定する前になされるもので、被告は、もともとは、原告に対し直接に支払うべき義務があるわけではないのに、あえて合意により支払いをするものであることからすると、施術費の単価については、当事者間で特段の合意をしない限り、被告の定める基準によることが前提となっていたものというべきである。そして、この特段の合意があったことについては証拠がない。

　……そうすると、被告が原告に対して支払うべき施術費は、被告の既払金額のみであるというべきである。

④　名古屋高裁平成17年3月17日判決

　この理は、対物賠償責任保険の保険者から、被害者が被害車両の修理を依頼した修

6　保険者と医療機関の関係（一括払い）

理工場に対し修理費が直接支払われる場合でも同様である[18]。

■名古屋高判平成17年 3 月17日自保ジャ1608号 2 頁■

　　自動車の使用などに伴う対物賠償保険契約においては、保険会社は契約者である被保
険者（通常は事故の加害者である。）に対して保険金支払債務を負担するにすぎないから、
通常の手続に則って保険金の支払がなされる場合においては、被害者や修理業者らに対
して保険金が交付されることがあったとしても、契約者に対する保険金を、契約者から
指定された支払い先に支払っているにすぎず、これらの者に対する債務の支払としてな
されるものではないと解すべきである。
　　これを本件についてみるに、本件保険契約に基づき保険会社である甲は、同契約が有
効であることを前提とすれば、契約者であるYに対して保険金支払債務を負うにすぎず、
被害者や被害車両の修理を担当したXに対して同契約に基づく債務を負担することはな
い。そして、上記の認定の事実経過、すなわち、保険会社である甲が、修理業者である
Xに対して、本件交通事故で損傷を受けた本件車両の入庫の有無、事故の程度及び鑑定
の要否を電話で問い合わせ、鑑定人を差し向ける旨連絡し、鑑定人がXの修理工場を訪
れて本件車両の損傷の程度を確認し、保険会社が保険金として支払うことができる上限
を提示し、この提示に沿ってXはBと修理内容を協議して本件車両の修理を行い、甲の
担当者が承諾書を作成してX宛の書面とともにXに送付したという一連の事実経過は、
一般的な保険金の支払手続に則ったものである、X宛の書面はその文言を考慮しても、
保険会社である甲が、契約者であるYに対する保険金をXの口座に振り込んで支払う見
通しとなったことを通知しているにすぎず、YがBに支払うべき損害賠償債務やBがX
に対して負担する修理代金を立替払いすることを約したものとは認めがたい。すると、
上記 1 ⑸⑹⑺⑼の事実経過と上記 1 ⑿の一般的な保険金支払の手続を根拠としては、甲
がXに対して代位弁済を約束して保険金相当額の支払義務を新たに負担したとは認めら
れず、これを是認した原判決の認定判断は、経験則に違反するものというべきである。

⑷　一括払いにおける念書

　近年、医療機関が、交通事故の被害者を診療するにあたり、被害者である患者のみ
ならず、加害者、一括払いをする保険会社から念書を徴求することが問題となってい
る。
　被害者との関係、加害者との関係においても大いに問題となるところであるが（後
記47頁～52頁）、保険会社が念書を差し入れた場合でも、一括払いの法的性格が変わる
ものではない。

18）名古屋高判平成17年 3 月17日自保ジャ1608号 2 頁（上告審）。

Ⅰ　医療費をめぐる法的関係

① 　鳥取地裁米子支部平成28年11月29日判決
　医療機関から、保険会社が被害者の診療報酬支払債務につき、連帯保証したとか、
債務引受けをしたとか、主張されることがあるが、保険会社が念書を差し入れた場合
でも、裁判例[19]でも否定されている。

■鳥取地米子支判平成28年11月29日自保ジャ1988号154頁■

　　……一般に自動車による交通事故が発生した場合、被害者の治療費の支払に関し任意
保険会社と医療機関との間で、被害者の便宜のため、加害者（被保険者）の損害賠償債
務の額の確定前に、加害者（被保険者）、被害者、自賠責保険、医療機関等と連絡の上、
いずれは支払を免れないと認められる範囲の治療費を、加害者の任意保険会社が一括し
て立替払いをする一括払いの取扱いがされている。
　　そこで、本件念書についてみるに、本件念書には、不動文字で、被告乙山に係る診療
費について、原告（B病院）に対し、「当社がB病院へ直接お支払いすることをお約束し
ます。」と記載されており、あくまで直接支払を約束するにとどまっており、連帯保証す
るとか債務を引き受けることを約する内容にはなっていないこと、本件注記において、
被告会社が特段の理由なく支払をしない場合には被告乙山へ請求することを謳っている
こと、不動文字部分が原告によって作成されたものであることを総合すれば、本件念書
は、医療機関たる原告（B病院）が、被告会社に対し、被告乙山の診療費について、一
括払いの取扱を行う旨の合意をするに際し差し入れを求め、原告が不動文字部分を作成
し、被告会社のCサービスセンターが記名印を押印し、被告乙山が署名したことにより
作成されたものと認めるのが相当である。
（中略）
　　……任意保険会社たる被告会社は、その法的地位上、被保険者（戊田）の損害を填補
すれば足りるのであって、被保険者が負担する損害賠償債務の範囲を超えて支払をする
必要はなく、また、被保険者に対する義務の履行として損害の填補をすれば足りるので
あって、その法的地位上、第三者たる原告に対し、直接何らかの債務を負担するべき立
場にはない。かような立場にある被告会社が被害者である被告乙山の診療費を連帯保証
したり、債務引受をする理由はないといわざるを得ず、本件念書は一括払いの取扱に係
る合意の存在を証する趣旨で作成されたものと解するのが自然であって、その存在のみ
をもって、被告会社の連帯保証の意思や併存的な債務引受の意思を認めるには足りない
というべきである。

───────────────
19)　鳥取地米子支判平成28年11月29日自保ジャ1988号154頁。

(5) 一括払いと不当利得返還請求権

① 医療機関の不当利得

こうして、一括払いを単なる立替払いとすると、被害者が診療報酬支払義務を負わない、あるいは、加害者が損害賠償責任を負わない濃厚診療や高額診療の部分についてまで一括払いにて支払ってしまった保険会社は、過払いの部分につき医療機関に不当利得として返還を求めることができることになる。

> **民法**
> **（不当利得の返済義務）**
> 第703条　法律上の原因なく他人の財産又は労務によって利益を受け、そのために他人に損失を及ぼした者（以下この章において「受益者」という。）は、その利益の存する限度において、これを返還する義務を負う。
> **（悪意の受益者の返還義務等）**
> 第704条　悪意の受益者は、その受けた利益に利息を付して返還しなければならない。この場合において、なお損害があるときは、その賠償の責任を負う。

② 非債弁済

保険会社が、医療機関に対し、異議を述べることなく支払ったとしても不当利得返還の請求が認められないわけではない。平成23年1点10円判決[20]では、一括払いを受けた医療機関より、異議を述べずに支払った保険会社につき、診療報酬額について和解契約が成立しているとか、債務引受けをしたとか、不当利得返還請求は信義則に反するなどとの主張がなされたが、いずれも排斥されている。この意味において、非債弁済（債務の不存在を知ってした弁済）にもあたらないであろう。

> **民法**
> **（債務の不存在を知ってした弁済）**
> 第705条　債務の弁済として給付をした者は、その時において債務の存在しないことを知っていたときは、その給付したものの返還を請求することができない。

■東京地判平成23年5月31日交民集44巻3号716頁■

> ……診療契約に基づく診療報酬額についての和解契約を締結すべき当事者は、診療契約の当事者である本件の各患者と被告であり、原告が本件の各患者から代理権を授与されていた等の事情がない限り、原告と被告が本件の各患者に対する診療報酬についての

20）東京地判平成23年5月31日・前掲注16）。

和解契約を締結できるものではないし、その効力が生じることもない。
（中略）
　……原告は、各患者に対し本保険金を支払うべきところ、便宜的に、被告に対し、診療報酬（治療費）を立て替えて支払ったのであるから、被告から請求を受けた診療報酬を支払ったとしても、被告との間の和解契約に基づく支払いをしたものとは認められない。
（中略）
　……任意保険会社が医療機関に対して一括払いを行ったとしても、通常、保険会社が被害者らの便宜のため、加害者の損害賠償額の確定前に、その範囲内で、治療費を自賠責分を併せて一括して立て替えて支払うものにすぎないのであって、その際に、任意保険会社と医療機関との間で協議が行われたとしても、立替払いを円滑に進めるための手段にすぎず、任意保険会社が被害者と併存的に債務を引き受ける合意をしたものとまで解することはできない。
（中略）
　……原告は、被告から診断書や診療報酬明細書の送付を受け、交通事故の被害者である本件の各患者と医療機関である被告の便宜を図って一括支払いに応じていたのであって、それ以上に診療内容や診療報酬単価を異議なく承認する旨を明示して支払っていたのではないから、原告が診療内容や診療報酬単価を承認していたものと認めることは相当でない。
　また、診療内容及び診療報酬単価の必要性、相当性については、上記認定のとおり、診断書や診療報酬明細書のみで判断することは困難であって、診療録、これに対する専門的知識を有するものの所見等を検討しなければ、その当否を検討することは困難というべきであるから、保険会社である原告に対し、一括支払いの時点で、診療内容や診療報酬単価について異議を述べることを期待することは無理を強いるものであるし、かえって一括払いの制度の趣旨に反することになりかねない。本件でも、原告は、一括払いの時点で指摘できるものについては被告と交渉したうえで、一括払いを実行し、本件各患者の診療録やX線写真等の記録については、証拠保全の申立てを行って入手して本件訴訟の提起に至ったものと認められる。
　これらの検討によれば、原告が一括払いを行ったからといって、債務額を承認したものということはできないのであって、原告が本件不当利得返還請求をすることは信義則に反すると認められないというべきである。
（中略）
　……なお、付け加えると、鑑定の意見にあるとおり、保険会社が医療機関に対し一括払いをした後に既払い分の返還請求をすることは、交通事故の解決及びその被害者の保護には決して望ましいことではないから、制度に不備があるのであれば、その改善が望まれるところである。

もとより、一括払い制度に不備があるのなら、その改善が望まれるとする同判決の指摘は交通事故をめぐるすべての関係者にとって傾聴に値するものである。

Ⅱ
診療契約による報酬

1 自由診療における診療報酬額

(1) 報酬額の決定

　患者は、委任の規定によるか慣習法によるか、黙示の合意によるかはさておき、診療報酬を支払う義務がある。

　一般論として、有償契約に基づく報酬額は、公序良俗に反するなど特段の事情がない限り、契約当事者間で自由に合意することができる。しかし、報酬額について合意がない場合は、裁判所が債権者（報酬請求権者）の履行した内容に応じて相当な額を決定する。この契約法理における当然の考え方が、診療報酬についても妥当する。

(2) 診療報酬額の特徴

　しかしながら、診療報酬額については、全く対等な当事者間で日常頻繁に行われる売買や賃貸借とは異なり、医療機関と患者という関係性を報酬額の決定において考慮しなければならない。

　まず、診療報酬の対象となる診療行為は、高度の専門性を持つ内容であって、素人の患者が妥当な報酬額を判断する能力などを備えていないのが一般的である。また、診療報酬額が問題となるのは自由診療の場合であるが、実際の診療は当然のごとく保険証を提示して行われる健康保険診療がほとんどであり、自由診療は交通事故や労災事故など極めて限定的場面にすぎないから、医師と患者が診療報酬額について日常的に協議するということなどない。ましてや、それは受傷という突発的な緊急事態であるから、医療機関を選択したり、価額交渉をしたりすることなど事実上不可能である。いわば、医師に自らの生命身体を委ねる患者としては、医療機関の一方的な要求に応じざるを得ないのが実情である。

　さらには、交通事故や労災の場合は、治療費はすべて保険によって支払われるとの誤解から、自己の債務額の決定との意識なく、安易に医療機関の要求を了解している事案も多い。

　したがって、形式的には合意があるように思える事案であったとしても、患者に事情を理解したうえで真摯な合意があったか否か、合意した内容が公序良俗に反するなどの特段の事情があるかどうかは、診療契約の特質を十分に斟酌したうえで判断せざるを得ない。

(3) 報酬額についての誓約書

① 1点25円誓約書の問題点

　一時、交通事故被害者に対し、交通事故診療においては健康保険の基準（以下、「健保基準」という。）の2.5倍（1点単価25円）を支払う旨の誓約書を求める医療機関が出てきた。医学会の一部からこれを推奨するかの動きもあった[1]。

　しかし、誓約書があったとしても、被害者は、必ずしも常にその内容に拘束されるわけではない。十分な説明がないまま署名してしまった場合は論外であるが、健保基準とはどのようなものであるか、その2.5倍とはどれくらいかなど詳細に説明を受け、一応その成立には問題がないと認められるとしても、診療内容、診療報酬額によっては拘束力が否定される。

　診療契約も消費者契約であるから、消費者契約法の規制が及ぶことも当然である。患者の利益を一方的に害する条項は無効とされる（同法10条）。交通事故の場合、健康保険は使えないなど虚偽の説明を受けていたなら不実の告知により取消しも可能となることも前記のとおりである（同法4条）。

② 誓約書の効力

　誓約書については、古くから訴訟上も問題となっていた。

　福岡高裁宮崎支部平成9年3月12日判決は、診療報酬単価が問題となり、1点単価16円とした原審を否定し、控訴審が1点15円が相当としたものであるが（後述101頁）、その前提として、医療機関が患者側から徴求した「治療費は1点単価20円です」とする念書の効力が否定されている。

　被害者が未成年であるから、念書には共同親権者である両親の同意が必要であるところ、共同親権者の一方の関与を欠くので、念書の効力は認められないとしているが、署名した親権者についても「1点単価の金額にまで十分認識して署名したといえるかも疑問がある」としている。

　また、平成14年には、誓約書の効力が真正面から問題となった裁判例が続いている。

　横浜地裁平成14年10月28日判決[2]は、医療機関が、「誓約者は、自由診療契約に基づく医療費の1点単価が25円であることに同意する」との誓約書に基づき、交通事故被害者である患者に対して医療費を請求した事案であるが、「本件誓約書は、あくまでも、交通事故による受傷に対する適正な治療についてのみ拘束力を持つものであって、入院を要するような重傷でもなく、交通事故の日から4か月以上も経過した治療につい

1） 羽成守監修・日本臨床整形外科医会編『Q&A交通事故診療ハンドブック〔初版〕』（ぎょうせい、2004）94頁〜95頁。
2） 横浜地判平成14年10月28日交民集35巻6号1814頁。

Ⅱ　診療契約による報酬

てまで、形式的に、その拘束力を認めるのは相当でない。」として、誓約書があっても、
1点単価20円に減額した。

　また、医療機関が請求後、30日以上経過しても保険会社から支払いがない場合は誓
約者が支払うとの記載の効力も否定し、成約者に対して内容証明郵便が到達した翌日
から遅延損害金は発生するとした。

　さらに、マッサージ費用（25分4,000円、10分1,500円）は2.5倍で計算することは相当
でないとして通常料金で算定している。

■横浜地判平成14年10月28日交民集35巻6号1814頁■

　一　本件誓約書（甲一）の効力について
　(1)　証拠（原告代表者、被告、甲一）によれば、平成一一年一一月一六日、被告は、原
　　告での初診時、以下の記載のある本件誓約書（甲一）の誓約書欄に署名押印し、原告
　　に提出していることが認められる。
　　〔1〕交通事故により患者の受けた損害に対する医療費の請求については、医療機関か
　　ら直接保険会社に請求する。
　　〔2〕医療機関が請求後、三〇日以上経過しても保険会社からの支払がない場合は、誓
　　約者が責任をもって医療費を支払う。
　　〔3〕誓約者は、自由診療契約に基づく医療費の一点単価が二五円であることに同意す
　　る。
　(2)　また、証拠（被告）によれば、被告は意識が不明瞭な状態で救急車等によって原告
　　の病院に運ばれたわけではなく、被告本人の意思により原告の病院を選択して、通院
　　したことが認められる。
　(3)　上記(1)、(2)より、被告は、本件誓約書の内容を理解した上で、原告から診療行為を
　　受けたものと解さざるを得ないものといえる。
　　　もっとも、証拠（原告代表者）によれば、原告は、交通事故による医療費について
　　は、保険会社による支払が遅滞したり、医療費請求の手続も煩瑣であり、患者とのト
　　ラブルも予測されることから、受診に際して本件誓約書（甲一）を患者に提出させて
　　いることが認められる。
　　　とすると、本件誓約書（甲一）は、あくまでも、交通事故による受傷に対する適正
　　な治療についてのみ拘束力を持つものといえる。
　(4)　なお、本件誓約書（甲一）には、原告が本件会社に医療費を請求して三〇日経過後、
　　被告の医療費支払日が到来するかのように記載されているが、原告が保険会社にいつ
　　医療費の請求をしたのかを被告が把握できない以上、原告から被告に対し、具体的な
　　医療費の支払請求が来て、初めて、被告の医療費支払日が到来するものと解すべきで
　　ある。
　　　証拠（甲三）によれば、原告は被告に対し、平成一三年三月二日付けの内容証明郵

便（横浜Ｉ郵便局扱い）にて、医療費二七二万七五七五円とＫ損保が支払った八一万二六六〇円との差額一九一万四九一五円の支払を催告したことが認められ、被告の住所地が横浜市Ｋ区であることから同月三日には同郵便が被告に到達したものと推認できることから、被告の医療費支払債務は同月四日から遅滞に陥ったものといえる。

　すなわち、原告の請求のうち、平成一三年三月三日以前の遅滞損害金請求は理由がないものといえる。

　なお、横浜地裁平成14年10月25日判決[3]も、「自由診療に基づく治療費の1点単価は25円であることの説明を受け、同意しましたことも併せて誓約いたします」との誓約書に署名した患者に対し、通常のマッサージ料金の2.5倍の請求がなされた事案である。同事件では、原告である医療機関からは、「本件誓約書に署名した被告は、約束を守らなければならない」、「医療機関は、医療行為に当たり、予め金額を説明し、患者の同意がなければ、治療を行っても料金を請求できないというのは、日本の医療の現実、実態に照らし、おかしい」とまで主張されていた。しかし、「自由診療の場合、医師、医療機関が一方的意思表示により自由に診療報酬額を決定しうるものではなく、診療報酬額は、社会通念に従って合理的なものであることが必要である。そして、診療報酬額は、社会通念に従って合理的なものであるか否か判断するに当たり、診療行為に先立ち医師、医療機関から患者らに対し、診療報酬額についての説明があったか、それについて患者らが真摯に承諾したか否かということが一つの判断材料となるものと解する。医師、医療機関は、患者の同意なく一方的に自由に報酬額を決定することができるという原告の主張は、自由診療の場合においては、採用できない。」と排斥されている。

　1点単価25円とする誓約書の効力が否定されたこともあってか、その後は、誓約書のひな形の紹介はされているが、「1点単価は、健康保険の●●倍とします。」とブランクとなったようである[4]。

■横浜地判平成14年10月25日交民集35巻6号1804頁■

ｅ　……自由診療の場合、医師、医療機関が一方的意思表示により自由に診療報酬額を決定しうるものではなく、診療報酬額は、社会通念に従って合理的なものであることが必要である。そして、診療報酬額は、社会的通念に従って合理的なものであるか否か判断するに当たり、診療行為に先立ち医師、医療機関から患者らに対し、診療報酬額につ

3）横浜地判平成14年10月25日交民集35巻6号1804頁。
4）羽成守監修・日本臨床整形外科学会編『Q&Aハンドブック交通事故診療〔改訂版〕』（ぎょうせい、2010）94頁～95頁、羽成守監修・日本臨床整形外科学会編『Q&Aハンドブック交通事故診療〔全訂新版〕』（創耕社、2015）116頁～117頁。

いての説明があったか、それについて患者らが真摯に承諾したか否かということが一つの判断材料となるものと解する。医師、医療機関は、患者の同意なく一方的に自由に報酬額を決定することができるという原告の主張は、自由診療の場合においては、採用できない。

（中略）

f　原告において、通常、マッサージは一回（二五分）当たり四〇〇〇円であり、一回（二五分）当たり四〇〇〇円という金額自体が自由診療の金額であるところ、その金額が記載された上記パンフレット（甲五の一）を原告代表者自身が被告に交付してマッサージを受けることを勧めたことは上記のとおりである。そして、通常一回（二五分）当たり四〇〇〇円であるマッサージと同じマッサージを、交通事故の被害者が医療機関において受け、その支払が交通事故の加害者の加入している自動車保険契約の保険会社により事後的に行われる場合には、通常の金額の二・五倍に当たる金額が相当である、合理的であると社会通念に照らして納得しうる理由は認められない。

g　以上に基づき判断する。原告が自己の主張の根拠として指摘することは、いずれも採用できないことは前記のとおりである。そして、原告において、通常、マッサージは一回（二五分）当たり四〇〇〇円であり、一回（二五分）当たり四〇〇〇円という金額自体が自由診療の金額であるところ、原告代表者自身が被告に対し、その金額が記載された上記パンフレット（甲五の一と同一のもの）を交付してマッサージを受けることを勧め、それにより被告は原告においてマッサージを受けるようになったこと、その後も、原告の医師等から被告に対し、一回一万円という説明はなく、マッサージは行われ続けたことは上記のとおりである。そうすると、原告と被告との間において、マッサージは一回（二五分）当たり四〇〇〇円という金額で契約が成立したものと認定するのが相当である。

③　患者の合理的意思

　交通事故の被害者は、治療費は加害者が支払うべきものであり、被害者自身が負担するとは考えないのが通常である。

　したがって、「保険会社が支払いを行わない場合でも全額お支払いします」との誓約書を差し入れていたとしても、保険会社が、事故と相当因果関係が認められる治療費について速やかに支払わない場合に備えたものと解するのが被害者の通常の意思であり、そもそも、保険会社、加害者が負担すべき損害賠償の対象とはならない治療費の支払債務が生じており、それを自らが負担することを承諾したものとまで解することは困難である。

　この点を明らかにしたのが、施術契約に関する東京地裁平成22年5月11日判決である。

　同事案は、第1事件は、被害者が加害者（の相続人）に対し、施術料175万余円を含

む事故による損害を請求した事案、第2事件は、整骨院を開業している柔道整復師が、被害者に対して、施術料を請求した事案である。

第1事件により、損害賠償の対象となる施術料について88万余円としたうえ、第2事件では、被害者が支払うべき施術料も同額とした。

■東京地判平成22年5月11日（平成21年（ワ）第41331号・第37182号損害賠償反訴請求事件）■

> 2　争点(2)（契約に基づく請求における施術料）について
> (1)　原告は、Xとの施術契約に基づいて施術料を支払うべき義務がある。
> 　この施術契約には、①原告の交通事故による受傷を原因とするものであり、被害者である原告としては、施術料は加害者が支払うべきものであり、被害者である原告が支払うとは考えていないと推認されること、②施術契約は身体や健康に関するものであり、その料金は合理性のある費用であることが要請されること、③原告は、現に打撲等による痛み等があり、その治療を専門家（柔道整復師）であるXに依頼するのであるから、施術の内容等はXに委ねるほかないこと等の事情がある。
> 　こうした事情を考慮すると、原告とXとの間で、施術料は、通常の施術ではされない施術が行われた等の特別の事情がない限り、交通事故と相当因果関係が認められる範囲の施術費として加害者である被告らが支払うべき金額とするとの合意があると解するのが相当である。本件承諾文書は、加害者側の保険会社が、相当因果関係が認められる範囲内の施術費の支払をしない場合には、上記支払がない金額を原告が支払う旨を合意したものと解すべきである。
> 　したがって、原告がXに施術契約に基づいて支払うべき施術費は、1(3)のとおり、88万4470円である。

　交通事故と相当因果関係が認められる治療費としては、特段の事情でもない限り、1点単価25円（健康保険診療の2.5倍）を認めることはできないので、被害者が25円と誓約書に署名したとしても、通常はその効力は認められないであろう。

(4)　加害者の誓約書

　近時、被害者の診療に先立ち、被害者のみならず、加害者や加害者側の関係者にまで、誓約書への署名を求めている医療機関も出現している。なかには、誓約書への署名と同時に、クレジットカードの提示を求め、直ちにオーソリゼーションを行い、後日、売上表への署名なく決済する特異な事案まで登場している。被害者が搬送された医療機関に、加害者が見舞い、謝罪のために訪問した際に署名を求められており、事実上拒否することが不可能な状況下での署名の要求であることから問題となっている。

　そもそも、そのような状況下での署名が有効な意思表示としての効力が認められる

とは到底考えられない。仮に、意思表示として有効と認める余地があるとしても、その範囲、効力は極めて限定される。

被害者と同様の文言、「保険会社が支払いを行わない場合でも全額お支払いします」との誓約書を差し入れたとしても、加害者は、損害賠償責任を負ったときに備えて任意保険に入っているのであるから、せいぜい、保険会社（対人賠償責任保険の保険者）が、事故と相当因果関係が認められる治療費を支払わない極めて例外的な場合に備えたものと解するのが、加害者の通常の意思である。保険会社、ひいては、加害者である自らが、負担すべき損害賠償の対象とはならない治療費、法律上の責任が及ばない範囲についてまで、債務を負担する意思でもって署名することなどあり得ない。

前記のとおり（39頁）、保険会社が、一括払いにあたり、医療機関が求める念書を差し入れたとしても、被害者の診療報酬について保証したとも、債務を引き受けたとも解されていないのであるから、保険会社との比較においても、加害者が医療機関に対する債務を負担すると解することは不可能である。

このような誓約書に署名したとしても、被害者に対しては、事故と相当因果関係が認められ、法律上の損害賠償責任を負う範囲の治療費については、速やかに支払うことを確認したにすぎない、と解すれば十分である。ことさら、医療機関に対する法的責任を生じさせる必要はない。

2 平成元年10円判決による診療報酬額

(初版9頁〜20頁)

　診療報酬額の判断基準について明確な指針を打ち出したのが、平成元年1点10円判決である。本書初版[5]に記したところを再確認しておく。なお、詳細は、「自由診療における診療報酬単価を1点10円とした判決をめぐる諸問題」[6]を参照されたい。

(1) 事案の概要

　Aは、昭和57年3月18日自動車を運転中、C運転の自動車に衝突され受傷し、被告Yの経営にかかるT病院において頭部外傷、むち打ち症および胸部挫傷と診断され、同病院に同日から同年4月30日まで入院して治療を受けた。原告X₁保険会社は、Aに代わり、Yに対し、昭和57年3月18日から同年4月30日までの分の治療費名目で266万4,690円を支払った。

　またB（略）は、昭和56年3月26日、自動二輪車を運転中、D運転の自動車に衝突されて受傷し、被告Yの経営に係る同病院において、むち打ち症および右上下肢挫傷と診断され、同月27日から同年4月29日まで同病院に入院し、その後も同年7月21日まで通院して治療を受けたが、原告X₂保険会社は、Bに代わり、Yに対し、同年3月26日から同年7月21日までの治療費名目で235万0,340円を支払った。これについて、X₁は、AがYに支払うべき治療費は56万6,170円が相当であるから、Yはこれを控除した209万8,520円を不当に利得しているとし、X₂もBがYに支払うべき治療費は19万9,430円が相当であるから、Yはこれを控除した215万0,910円を不当に利得しているとしてそれぞれ不当利得の返還を求めた。

(2) 本判決の要旨

　本判決は以下のように医療費について判示した（濃厚治療分を除く）。

① 診療行為の妥当性の判断基準

(i) 診療契約と報酬

　医師と患者間に締結される診療契約は、医師が、善良なる管理者の注意をもって、

5）江口保夫『交通事故における医療費単価と濃厚治療』（保険毎日新聞社、1990）9頁〜20頁。
6）江口保夫＝羽成守「自由診療における診療報酬単価を1点10円とした判決をめぐる諸問題」判例タイムズ712号（1990）51頁。

診療当時の臨床医学の実践における医療水準に従い、適切な治療行為を施すことを債務の内容とする準委任契約である。適切な診療を行った場合に報酬請求権が発生するもので、その額については自由に合意することができ、その内容が公序良俗に違反する等特段の事情の存しない限り合意に基づき報酬を請求できる。合意のない場合については、裁判所が診療内容に即した相当な診療報酬額を諸般の事情を考慮して決定すべきものであるとした。

(ii) 医師の裁量権

次に本判決は、診療行為の中に、医療水準に照らし必要適切な行為とはいえない合理性に欠ける部分があるときは、当該部分は、債務の本旨に従った履行といえないから報酬請求権が発生しないとした。

診療行為は、専門的知識と経験に基づき、個々の患者の個体差を考慮しつつ、刻々と変化する病状に応じて行われるものであるから、特に臨床現場における医師の個別的判断を尊重し、医師に一定の裁量を認める必要があるとした。

また医療水準といっても、一義的なものでなく、医学の進歩等に伴い、診療行為の有効性・妥当性については、見解の対立する場合があるが、その見解がいずれも医学界においてある程度共通の認識と理解を得られるものとして医療水準の範囲内にあるといえる限り、そのいずれを採用するかは医師の裁量に委ねられるというべきであるとした。さらに、受傷という突発的な発作の発生等緊急の事態においては、時間的余裕が与えられていないままに、一応の病的状態を推測して迅速かつ適切な処置をとることを要請されているから、事後的にみて、診療行為の中に必ずしも不可欠とはいえない部分が存在するとしても、診療当時の状況に照らし、医師の推測が根拠を欠き、不合理であるといえない限り、当該診療行為を不適切なものと断ずべきでないとした。

したがって、事後的にいかなる診療行為が必要であったかを客観的・一義的に判断し、それ以外の部分を不必要不適切であるとすべきでなく、診療当時の臨床医学の実践における医学水準[7]に照らし、当該治療行為[8]が合理性を欠く診断に基づいてなされたものであるとき、あるいは独自の先進的療法としてもこれを肯認する余地もなく明らかに合理性を欠くときなど、裁量の範囲を超えたものと認められる場合に限り、必要適切なものといえない過剰な診療行為とすべきであるとした[9]。

---

7) 最判昭和57年3月30日判時1039号66頁・判タ468号76頁。
　　「未熟児網膜症訴訟上告審判決」医師の注意義務は、治療当時のいわゆる臨床医学の実践における医療水準である。
8) 大学医学部研究室における医学水準ではない。
9) 東京地判昭和57年2月1日判時1044号251頁・判タ458号277頁。
　　「クロロキン薬害訴訟第一審判決」医師の注意義務として、投薬の際、製薬会社側からの情報の有無に捕られることなく、常にその時々の一般的な医学水準に照らし、自ら右の諸点を調査確認しつつ医療行為に携わる義務がある。

（ⅲ）　Ａ・Ｂに対する治療行為の妥当性

　次いで本判決は「本件診療当時の診療水準に照らすと、Ａの傷害の程度は、脳震盪、軽度のむち打ち症、胸部打撲、側頭皮切創と診断するのが合理的であると認められる」とし、一部を除いて合理性を欠く濃厚治療であるとした（被告は中等度の頭部外傷およびむち打ち症、右胸部挫傷と診断した）。

　さらに、「Ｂの傷害の程度については、軽度のむち打ち症、右上下肢打撲症と診断するのが合理的である。」とし、「入院させるべき合理性・必要性を肯認するのは困難で、臨床現場における医師の個別な判断を十分尊重するとしても１週間を超える部分は明らかに合理性を欠き裁量の範囲を超える。」とし、かなりの部分の投薬について合理性を欠く濃厚治療とした（被告は、中等度のむち打ち症、右上下肢挫傷と診断した）。

② 　診療報酬の単価についての当事者の合意

　被告の主張は、自費診療として被告の定めるところにより、診療報酬額を請求し得るとし、原告の懇請により１点単価30円を20円とする減額の合意ができ、かつ原告は報酬額が１点単価20円を相当なものとして承認して支払ったものであるから合意があったものというべきであると主張した。

　これに対し本判決は、「診療契約の当事者は医師と患者であるから、原告が患者から診療報酬額の決定についての代理権を授与されていた等の事情が存しない限り、第三者である原告が被告と和解契約をしても、その効力が生ずるものでない」とした。

③ 　１点単価を20円ないし30円とする診療報酬額の当否

（ⅰ）　健康保険診療における報酬額の決定

　本判決は健康保険診療の報酬について、健康保険法は、「療養に要する費用の額は厚生大臣が定める」とされ、厚生大臣は中央社会保険医療協議会の諮問を受け療養に要する費用の額を定めるとされている。右協議会は、「保険者、被保険者等支払者側代表委員、医師側代表委員、および、公益を代表する委員で構成され、審議の結果出される答申の内容は関係各界の利益を調和させ、公益を反映させるものとして、一応公正妥当なものと推定することができる」としている。

　さらに、「全国民医療費の内昭和54年ないし同56年迄の患者の自己負担は２％で健康保険による診療が診療全体に占める割合が極めて大きく、ほとんどの診療において健康保険法の診療報酬体系が適用されている。従って、一般の診療報酬を算定する基準としても合理性を有する」とした。

（ⅱ）　自由診療における報酬額の決定

　「健康保険診療においては、法令の定めるところに従い診療行為を施した場合に診療報酬請求権が発生するとされているが、自由診療にあっては、診療当時の医療水準

に従い、適切な診療を施す限り報酬請求権が発生する。しかし、特段の制約を受けないからといって、一方的意思により報酬額を決定し得るものでなく、社会通念に従った合理的なものであることが必要である」とした。

「交通事故医療においては、昭和57年度の社会保険利用率は、私的医療機関においては法人で13％、個人で11％（昭和59年度も同程度）であり、医師が自由診療を選択するのは、医学的理由によるものでなく、経営上の判断に基づくもので、自由診療による報酬額が、健康保険診療に比較し高額なのは報酬額に応じた合理的な診療内容についての差異が存在し、保険診療による場合には施しえない診療行為が行われるということもない。むしろ保険診療でも治療しうる傷害に対し、自由診療によるという形をとることのみによって高額化するのは、合理性を欠くものというべきである。

診療行為の内容の違い等実質的差異を合理的に説明し得る事情が存在するときには、その具体的な事情に応じて保険診療による報酬額に修正を加えるならば何ら不都合はない」とした。

また、「当該診療行為が独自の先進的療法である等の理由により、健康保険法の診療報酬体系を基準とするのが相当でない場合には諸般の事情を斟酌して、社会通念上合理的な診療報酬額を決定すべきである」とした。

(iii) 交通事故医療に対する日本医師会意見の当否

日本医師会は、昭和44年10月に公表した「自賠法関係診療に関する意見」の中で、「交通事故による受傷は特殊性があり、突発かつ重症複雑多様な症状を呈し、即刻、重点的かつ集中的に適切な治療行為を施し、将来の合併症、偶発症状をも考慮しつつ、後遺症状の予防のために高度の救急措置をするのが常であり、救急病院においては、常に臨機随時の応急体制の保持を必要とし、特に人員、設備機械、薬品資材を確保し、それらの経費に見合う料金を要求すべきである」としている。

しかし、アメリカ医学協会および自動車技術協会の簡易傷害度（AIS）の概要は、傷害度を6段階に分けて、傷害のなかったものを「AIS 0」、傷害が軽易なものを「AIS 1」（むち打ち症はこれに含まれる）、傷害は生命にかかわりないがある程度十分な治療を必要とするものを「AIS 2」とし、以下、傷害度の軽い順に「AIS 3ないし6」としている。日本における交通事故患者の傷害度は、昭和59年度の統計によると「AIS 1」が77.4％、「AIS 2」が13.8％であり、日本医師会の見解は、交通事故の被害者の大半には該当しないとしている。

さらに、消防庁発行の「昭和60年度版救急・救助の現況」によると、「救急出場件数及び搬送人数を事故種別ごとにみると、第1位が急病、第2位が交通事故で、以下一般負傷、労働災害、加害の順となっており、交通事故による出場件数は約21％前後にすぎない。しかも、救急告示医療機関へ搬送されたものが72.8％で、その他の医療機関へ搬送されたものが27.2％となっている。右統計によれば全体の4分の3以上を占

める交通事故以外の患者は、通常、保険診療を受け、健康保険と同程度の診療報酬を負担すれば足りるのに対し、全体の4分の1弱にすぎない交通事故による救急患者のみが救急患者全体のための救急医療体制の費用を負担しなければならないとするのは、著しく合理性に欠けるといわなければならない」とした。

　ところで、傷害度の重い患者は設備の充実した国公立病院や大学附属病院に搬送されるか、あるいは私的医療機関から転送されることが多く、重症患者を多く扱う国公立病院においては健康保険診療報酬体系によるところが多いのが現状である。

　(ⅳ)　薬　剤　料

　判決は、「薬剤料については、薬剤料と別に調剤料、処方料、調剤技術基本料及び注射料という投薬及び注射にかかる報酬を請求する以上、使用した薬剤の費用として、薬剤の購入価格を超える金額を認める合理性に乏しいといわなければならない」とし、その理由として「薬剤料については、健康保険法の診療報酬体系では、購入価額（薬価基準）は厚生大臣が中央社会保険医療協議会の答申を受けて決めるとされている。現行の薬価基準は、90％バルクライン方式[10]により決められるが、価格のばらつきがあり、これを是正するため、実勢価格を薬価基準に迅速に反映させるため、薬価基準の改定が毎年1回行われ、それも毎年引き下げられている。実勢価格が薬価基準を下回っていることは公知の事実で、健康保険法の診療報酬体系による金額で薬剤の購入価格を賄いうるばかりでなく[11]、一部の医薬品の実税価格は、薬価基準を大幅に下回るから、健康保険法の診療報酬体系によるものを認めれば足りる」として1点単価を10円と認定したと思われる。

　(ⅴ)　薬剤料を除くその他の医療費

　判決は、「薬剤料を除くその他の医療費について課税上の考慮として、社会保険診療報酬に対する課税については、租税特別措置法により、所得税法の規定にかかわらず、保険収入額に応じた一定比率に相当する額が、当該社会保険診療に係る費用として必要経費ないし損金に算入される結果、その一部が課税対象から控除されるのに対し、労災診療報酬については、このような課税上の特別措置が認められないために、課税対象額に不均衡が生じることから、労働省の定める労災診療費算定基準では、非課税医療機関以外の医療機関については1点当たり12円とされている。労災診療費算定基準においては、診療報酬に対する課税を考慮する分として1点当たり50銭を加算する

───────────────

10)　杉田玄九郎『こんな医者にかかると危ない』（草思社、1981）175頁。

　　　90％バルクライン方式とは、政府が新しい価基準をつくるときに、市場調査を行い、同じ成分の薬の市場価格を集め、価格の安いほうから取引量を順に加えていき、全体の取引量の90％に達したときの商品の価格を薬価基準とする。これを90％バルクラインと呼んでいる。

11)　讀売新聞「実勢価格あきれた安さ」昭和63年5月24日夕刊、同「薬価値引き最高60％も」昭和63年6月3日夕刊、朝日新聞「薬価差益年に1兆3千億円・薬代総額の4分の1」平成元年11月9日朝刊。

措置が採られていることにかんがみれば、自由診療においても社会保険診療のように税法上の特別措置の適用が認められないことを考慮すると、50銭を加算することが相当である」とした。

(3) 不当利得債権の発生

不当利得債権の発生について、医療機関である被告の主張は「保険会社である原告らが、患者A・Bに代位して被告に弁済することにより、A・Bの被告に対する診療報酬債務の弁済の効果が発生するものであり、原告らに診療報酬弁済の効果が発生するものでない。従って、不当利得の主張は、弁済という法的効果の帰属するA・Bのみがなし得るものである」というものであった。

これに対し、原告らは「A・Bに対する診療報酬請求権を有する額を超える分については、何ら債権も有せず、原告の出捐のみによって被告が不当な利益を受けたものであるから、A・Bに不当利得債権が発生する所以がない」と主張した。本判決も原告らの主張を認め、原告らに不当利得債権があるとしたものである[12]。

また、被告がA・Bの加害者に対する損害賠償請求権に代位し、さらに加害者の有する保険会社に対する保険金請求権に代位して、支払いを受けたとしても、被告のA・Bに対する報酬請求権を超えた分についてはもともと請求権が存在しないわけであるから、原告らの出捐のみによって支払いを受けた以上、原告らに不当利得請求権が発生すると考えるのが至当である。

(4) 慣行料金および協定料金と独占禁止法

従来の判決を見ると、1点単価については、その地域の多数の医療機関が請求している単価を相当性の判断の根拠としていることがうかがえるが、果たして地域医療機関の料金設定が独占禁止法に違反して設定されたものなのか否かを検討する必要があり、違反していない場合にのみ証拠としての価値を認めることができる。

独占禁止法は、事業者または事業者団体の競争制限行為を規制しているが、医師などの自由業に従事する者が事業者に該当し、同法の適用を受けるか否かについては、従来、医師の提供する役務の特殊性からして、市場における競争を通じて役務の質的向上と価額の低下が期待できない分野であることを理由に消極に解する説が有力であった。ところで、地域医師会は、自由診療による診療料金を協定し、料金指標を決め、これを各会員である医療機関に配布するなどを行ってきた。しかし、最近の独占禁止法の解釈として、医師であっても経済事業を行う者である以上、事業者に該当し、同法を適用することには障害はないと考える積極説が有力となってきた[13]。

---

12) 広島地判昭和59年8月31日判時1139号81頁。保険会社から医療機関に対し、既払医療費の不当利得返還請求を認めた判例。

公正取引委員会も昭和54年8月「事業者団体の活動に関する独占禁止法上の指針」を発表した。それによると、自由業に属する者については、それらの者が業として経済活動を行う場合には事業者に該当する、とされ、さらに、昭和56年8月「医師会の活動に関する独占禁止法上の指針」が発表されるに及んで、医師会の考えが改められることになった。したがって、前述の地域医師会による料金決定とか料金指針の表現は姿を消し、それに代わる慣行料金という表現が用いられるようになった。本来、価格は公正かつ自由な競争を通じて形成されるべきものであり、事業者団体がこれに関与することは、事業者団体の諸活動の中で独占禁止法の問題とされる可能性が最も高いものである（独占禁止法8条1号・4号）。したがって、地域医師会が自由診療料金や文書料金を決定することは、必ずしも統一料金でなくとも、標準料金、目標料金等の料金設定の基準を決定することも原則として違反である[14]。

　従来の判例は地域医療機関の診療料金水準を参考にしているが、それが独占禁止法に違反しているおそれのある場合には、料金の相当性についての証拠とすべきでない。現在、料金の規定や料金指針がない場合でも過去に存在し、現在も慣行料金と名称を替えて実施されているときには、相当性についての斟酌事由とすべきでないことは明らかである。

　本判決は、従来の判決のように地域医師会の診療料金を考慮せず、健康保険診療体系に基づく診療報酬料金を基本として認定していることが大いに相違するところである。

　筆者は、右独占禁止法を根拠として地域医師会による協定料金または名称を変えた慣行料金を根拠とすべきでないことも主張した。

(5)　健康保険診療と自由診療の診療内容の比較

　日本医師会は昭和43年12月10日、全理事会決定として「轢き逃げまたは無保険車による場合を除き自賠法優先を認めるべきであり、行政上の取扱いとして、できるだけ自賠法の優先適用という方向をとらなければいけないことだけは確かである」と公表し、現に全国医師会会員はそのとおり実施していると言明した。それを受けて、当時、私的医療機関の窓口には「自動車事故には健康保険診療をお断りします」という地域医師会名義の掲示が張り出されたともいわれている。

　これに対し、運輸省自動車局保障課では、直ちに反論し、「法の解釈上は、当然被害者の任意選択にまかされていると考えるべきである」とし、実務上の取扱いとしても健保診療が望ましいとし、「健康保険法は、第三者加害行為に対し給付しない旨の除外

13）楢崎憲安「医療と公正取引」自由と正義37巻4号（1986）31頁以下。医師団体の料金設定は独占禁止法違反となる。

14）楢崎・前掲注13)31頁以下。医師団体の料金設定は独占禁止法違反となる。

規定は存在しない。かえって、第三者加害行為の場合に保険者による求償権を規定しているから、健保法の適用があるのは明白である」とした[15]。

　最近では、公然と交通事故による診療には健康保険は適用されないとする掲示は少なくなったが、国民一般が、交通事故の場合は健康保険の適用がないと誤解していることや、あるいは被害者が自分の加入している健康保険を加害者に使用させたくないという被害者感情を医療機関が利用している場合が多く、一部医療機関においては受付係または看護師を通して、自由診療が健康保険診療より診療内容が充実しているがごとく説明をさせている医療機関があるようである。

　ところで、右両者の診療内容を比較した場合、健康保険診療にあっては、診療内容についての審査機関があるから、臨床医学の実践における医学水準に従って投薬などが行われるのに対し、自由診療にあっては、診療内容について審査機関がないため、投薬・注射や検査・処置も無制限に濃厚・過剰診療が公然と行われ、被害者の訴えるまま、通院や入院をさせ、その期間が長くなることも少なくないようである。

　両者を比較した場合、平均的に見る限り自由診療より、健康保険診療のほうが適確妥当な診療ということができるのではないだろうか。かえって、自由診療のほうが、料金が高いだけで、事故当事者にとって何ら得るところがなく、ただ医療機関の収益を増加させる効果しかないといっても決していいすぎではないといえようか[16]。

⑹　非債弁済の問題

　民法705条には「債務の弁済として給付をした者は、その時において債務の存在しないことを知っていたときは、その給付したものの返還を請求することができない」と規定されている。その成立要件は、①債務が存在しないこと。②弁済として給付すること。③債務の不存在を知らないこと。弁済者が弁済の当時債務の不存在を知らないことが過失によるものであっても705条の適用を受けない[17]とされている。

　本件被告は、濃厚診療の主張に対してはこれを否認し、単価については、1点30円を20円に下げた合意契約ができた旨主張したのみで、非債弁済の主張をしなかった。

　仮に、被告が非債弁済の主張をしたとしたらどうであったろうか疑問であるとの論者がいる。弁済をした保険会社において弁済の当時債務の不存在を知っていたか否かによって結論が異なるので、それを検討するに、まず濃厚・過剰診療については、診断書および診療報酬明細書の記載内容を原告である保険会社の査定担当者が検討したからといって、直ちに判断できるわけではない。濃厚・過剰診療の内容について検討

---

15)「自動車事故は健保でもよい」日医法制部見解に反論する（運輸省自動車局保障課小和田統「救急医報」昭和44年3月15日版）。

16)　五木田和次郎「交通事故医療でうったえる」共済と保険310号（1984）70頁。

17)　我妻栄『民法講義V-4（債権各論下）』（岩波書店、1972）1119頁。

するには、カルテ・諸検査表・レントゲンおよびCT写真・看護日誌などの記載内容について、高度の医学知識を有する者（保険会社でいえば顧問医師など）が詳細に検討して初めて判断し得る場合もあるのであって、医学知識の乏しい専門家でもない原告である保険会社社員が診療内容の妥当性・相当性を判断し得るものでないことは明らかである（筆者は本件においても主張した）。

　次に単価については、1点単価30円を1点20円に減額したとしても、20円が妥当であるか否かについては直ちに判断し得るものではない。

　なぜならば、自由診療の診療報酬に関する下級審判例を見ると、1点単価15円ないし20円の判決があるが、被告である保険会社側の主張は従来は、医療機関側の1点単価25円以上の主張に対し、単に基準となる根拠もなく1点15円ないし20円が相当である旨の主張しかなされていなかった。したがって、従来の判決は、自由診療における医療費の相当性についての検討がいまだ十分にはなされていなかったから、1点単価がいくら以上ならば債務がないか否か、明らかでなかったといえよう。

　ゆえに、以上の点から見ても非債弁済とはなり得ないと思われる。

(7)　本件10円判決と被害者保護

　自賠責保険の損害査定要綱によると、治療費は「必要かつ妥当な実費」となっているが、実際は自由診療の名のもとに健康保険診療報酬の1点単価の2倍・3倍の高額な請求に対し、自賠責調査事務所も、医療機関による請求があるままに支払ってきたのが実情であり、右査定要綱は全く空文化しているといってもいいすぎではないように思われる。

　ところで、自賠責保険は被害者保護のための保険であり、その支払種目は治療費のほか、休業損害・慰謝料などが含まれ、傷害分については120万円が限度とされている。したがって、医療機関においては、120万円までの支払保証がなされているから、その限度額までは安心して治療を施すことができ、それを超えた場合は、加害者が任意保険に加入しているかを聞き、支払能力の有無を判断し退院させたり、打切りにするという医療機関が一部にあるといわれている。今まで自賠責保険の限度額がアップされるたびにそのアップ分は医療費に食い込まれているのが実情で、被害者の休業損害や慰謝料分には回ってこないといわれている。

　自由診療も健康保険診療報酬体系によるとすれば、従来、自由診療による高額診療報酬分は支払わずにすみ、その分が被害者の手元に渡り、被害者保護になることになろう。本判決は、高額医療費を請求している医療機関に対しては厳しいものであるかもしれないが、その反面、被害者保護の判決といえるものと思われる[18]。

18)　五木田・前掲注16) 70頁以下。交通事故医療がすべて健康保険診療で行われるならば、そこから
　　浮くお金は被害者の生活保障に回すことができる。

Ⅱ　診療契約による報酬

⑻　事故と因果関係のない損害金を支払った場合の調整

　本判決は「保険会社が患者に代わって医師に支払った診療報酬のうち、交通事故と因果関係を有しない症状（私病など）に関する部分については、保険会社と患者との間において精算等の調整を図るべきである」とした。

　上記の私病分を保険会社が支払ったとすれば、患者である被害者は医療機関に対して負担していた医療費支払義務を免れることになり、その分については患者の不当利得となる。保険会社が被害者に対する未払損害賠償金から上記不当利得にあたる私病分を控除したからといって被害者に酷ではなく、妥当な解決方法である。

　また、仮に「1点単価10円を超えた医療費は事故と相当因果関係がない」旨の判決が出た場合は、被害者も10円を超えた分については債務を負担していないこととなる。

　保険会社が過払いをしたからといって、被害者は何ら利得していないから不当利得とはなり得ず、患者に対する損害賠償未払金からこれを控除できるものではない。

3　健康保険診療

(1)　健康保険診療[19]

　健康保険を利用して医療機関で治療を受けること（健康保険診療、健保診療、保険診療）は、被保険者として「療養の給付」を受けることである。

健康保険法

（療養の給付）

第63条　被保険者の疾病又は負傷に関しては、次に掲げる療養の給付を行う。

　一　診察

　二　薬剤又は治療材料の支給

　三　処置、手術その他の治療

　四　居宅における療養上の管理及びその療養に伴う世話その他の看護

　五　病院又は診療所への入院及びその療養に伴う世話その他の看護

2　次に掲げる療養に係る給付は、前項の給付に含まれないものとする。

　一　食事の提供である療養であって前項第五号に掲げる療養と併せて行うもの（医療法（昭和二十三年法律第二百五号）第7条第2項第四号に規定する療養病床（以下「療養病床」という。）への入院及びその療養に伴う世話その他の看護であって、当該療養を受ける際、65歳に達する日の属する月の翌月以後である被保険者（以下「特定長期入院被保険者」という。）に係るものを除く。以下「食事療養」という。）

　二　次に掲げる療養であって前項第五号に掲げる療養と併せて行うもの（特定長期入院被保険者に係るものに限る。以下「生活療養」という。）

　　イ　食事の提供である療養

　　ロ　温度、照明及び給水に関する適切な療養環境の形成である療養

　三　厚生労働大臣が定める高度の医療技術を用いた療養その他の療養であって、前項の給付の対象とすべきものであるか否かについて、適正な医療の効率的な提供を図る観点から評価を行うことが必要な療養（次号の患者申出療養を除く。）として厚生労働大臣が定めるもの（以下「評価療養」という。）

　四　高度の医療技術を用いた療養であって、当該療養を受けようとする者の申出に基づき、前項の給付の対象とすべきものであるか否かについて、適正な医療の効率的な提供を図る観点から評価を行うことが必要な療養として厚生労働大

---

19)　健康保険法を例とするが、国民健康保険法等についても同様に解される。

Ⅱ　診療契約による報酬

　　　　臣が定めるもの（以下「患者申出療養」という。）
　　五　被保険者の選定に係る特別の病室の提供その他の厚生労働大臣が定める療養
　　　　（以下「選定療養」という。）

　療養の給付を受けるには、被保険者証を提示しなければならない。もとより、やむ
を得ない理由があるときは、この限りでない。救急搬送された患者の救命救急処置に
先立ち健康保険証の提示を求める必要がないことは常識的に判断すべきことである。

> **健康保険法施行規則**
> **（被保険者証の提出）**
> **第53条**　法第63条第3項各号に掲げる病院又は診療所（第98条の2第7項、第103条
> 　　の2第5項及び第6項、第105条第4項及び第5項並びに第106条第1項を除き、
> 　　以下「保険医療機関等」という。）から療養の給付又は入院時食事療養費に係る療
> 　　養、入院時生活療養費に係る療養若しくは保険外併用療養費に係る療養を受けよ
> 　　うとする者は、被保険者証を（被保険者が法第74条第1項第二号又は第三号の規
> 　　定の適用を受けるときは、高齢受給者証を添えて）当該保険医療機関等に提出し
> 　　なければならない。ただし、やむを得ない理由があるときは、この限りでない。
> 2　前項ただし書の場合においては、その理由がなくなったときは、遅滞なく、被
> 　　保険者証を（被保険者が法第74条第1項第二号又は第三号の規定の適用を受ける
> 　　ときは、高齢受給者証を添えて）当該保険医療機関等に提出しなければならない。

> **保険医療機関及び保険医療養担当規則**
> **（受給資格の確認）**
> **第3条**　保険医療機関は、患者から療養の給付を受けることを求められた場合には、
> 　　その者の提出する被保険者証によって療養の給付を受ける資格があることを確め
> 　　なければならない。ただし、緊急やむを得ない事由によって被保険者証を提出す
> 　　ることができない患者であって、療養の給付を受ける資格が明らかなものについ
> 　　ては、この限りでない。

(2)　療養給付の費用

　療養給付の費用は、保険者から、保険医療機関、保険薬局に支払われるが、その額
は、厚生労働大臣が定める。健康保険法、健康保険法施行規則、それらをふまえた厚
生労働省令である「保険医療機関及び保険医療養担当規則（療担規則）」、そのもとの厚
生労働省告示である「点数表」、「施設基準」、それらに関する通知により内容が定まっ
ている。
　厚生労働大臣が、療養給付の費用を定めるときには、中央社会保険医療協議会に諮

問する。

> **健康保険法**
> **（療養の給付に関する費用）**
> **第76条**　保険者は、療養の給付に関する費用を保険医療機関又は保険薬局に支払う
> 　ものとし、保険医療機関又は保険薬局が療養の給付に関し保険者に請求すること
> 　ができる費用の額は、療養の給付に要する費用の額から、当該療養の給付に関し
> 　被保険者が当該保険医療機関又は保険薬局に対して支払わなければならない一部
> 　負担金に相当する額を控除した額とする。
> 2　前項の療養の給付に要する費用の額は、厚生労働大臣が定めるところにより、
> 　算定するものとする。
> 3　保険者は、厚生労働大臣の認可を受けて、保険医療機関又は保険薬局との契約
> 　により、当該保険医療機関又は保険薬局において行われる療養の給付に関する第
> 　一項の療養の給付に要する費用の額につき、前項の規定により算定される額の範
> 　囲内において、別段の定めをすることができる。
> 4　保険者は、保険医療機関又は保険薬局から療養の給付に関する費用の請求があ
> 　ったときは、第70条第1項及び第72条第1項の厚生労働省令並びに前2項の定め
> 　に照らして審査の上、支払うものとする。
> 5　保険者は、前項の規定による審査及び支払に関する事務を社会保険診療報酬支
> 　払基金法（昭和二十三年法律第百二十九号）による社会保険診療報酬支払基金（以
> 　下「基金」という。）又は国民健康保険法第45条第5項に規定する国民健康保険団
> 　体連合会（以下「国保連合会」という。）に委託することができる。
> 6　前各項に定めるもののほか、保険医療機関又は保険薬局の療養の給付に関する
> 　費用の請求に関して必要な事項は、厚生労働省令で定める。
> **（社会保険医療協議会への諮問）**
> **第82条**
> 1　厚生労働大臣は、第70条第1項（第85条第9項、第85条の2第5項、第86条第
> 　4項、第110条第7項及び第149条において準用する場合を含む。）若しくは第3項
> 　若しくは第72条第1項（第85条第9項、第85条の2第5項、第86条第4項、第110
> 　条第7項及び第149条において準用する場合を含む。）の厚生労働省令を定めよう
> 　とするとき、又は第63条第2項第三号若しくは第五号若しくは第76条第2項（こ
> 　れらの規定を第149条において準用する場合を含む。）の定めをしようとするとき
> 　は、中央社会保険医療協議会に諮問するものとする。ただし、第63条第2項第三
> 　号の定めのうち高度の医療技術に係るものについては、この限りでない。

(3)　一部負担金

　健康保険診療を受けた場合、患者は、医療機関に一部負担金を支払うことになる。

いわゆる定率一部負担が採用されたものである。

　一部負担金の支払いは、療養給付を受ける者と保険医療機関との間の診療契約に基づく診療の対価としての性格を有するとともに、保険者が支給する療養の給付に関する費用の支弁方法として、その一部を被保険者が負担する公法上の義務の履行という性格も有することになる[20]。

健康保険法

（一部負担金）

第74条

1　第63条第3項の規定により保険医療機関又は保険薬局から療養の給付を受ける者は、その給付を受ける際、次の各号に掲げる場合の区分に応じ、当該給付につき第76条第2項又は第3項の規定により算定した額に当該各号に定める割合を乗じて得た額を、一部負担金として、当該保険医療機関又は保険薬局に支払わなければならない。

　一　70歳に達する日の属する月以前である場合　百分の三十

　二　70歳に達する日の属する月の翌月以後である場合（次号に掲げる場合を除く。）百分の二十

　三　70歳に達する日の属する月の翌月以後である場合であって、政令で定めるところにより算定した報酬の額が政令で定める額以上であるとき　百分の三十

　なお、「一部負担金の基礎となる『第76条第2項又は第3項の規定により算定した額』とは、保険医療機関または保険薬局が保険者に請求する額のことではなく、健康保険の療養の給付としての適正な額のことである」[21]。

　よって、保険医療機関の請求額が、保険者または社会保険診療報酬支払基金の審査により減額された場合、既に一部負担金を支払っていた被保険者は過払いとなるので、不当利得として返還を求めることができる。

(4)　健康保険診療における診療報酬

①　健康保険診療における高額診療

　健康保険診療の場合、一部負担金の支払いが、診療契約に基づく診療報酬債務の履行ということになるが、その額は、厚生労働大臣の定める診療報酬点数表によって決まることになるので、高額診療との問題は生じない。

　もとより、保険医療機関の請求が、保険者または社会保険診療報酬支払機関の審査により減額されることがあるとおり、医療機関の請求が常に健康保険診療の基準どおりであるとは限らない。

---

20)『健康保険法の解釈と運用〔平成29年度版〕』（法研、2017）549頁。

21) 前掲注20）547頁。

②　運動器リハビリテーション料

　交通事故診療に関しては、「運動器リハビリテーション料」の請求が問題となることが少なからずある。

　もとより、健康保険診療の場合は社会保険診療報酬支払機関の審査を経るので加害者と被害者との間でさらに問題となることはほとんどないが、健康保険診療の1.5倍（1点単価15円）などといった基準で合意された自由診療の場合、何点として算定すべきであるのか問題となっている。特に、他覚的所見に乏しいむちうち損傷に対するリハビリテーションとして運動器リハビリテーションの点数が算定されている場合、消炎鎮痛等処置として35点とすべきではないのかといったかたちで問題となることが多い。

　運動器リハビリテーション料は、厚生労働大臣が定める施設基準に適合しているものとして地方厚生（支）局長に届出を行った保険医療機関において算定するものであるが、施設基準を満たしている保険医療機関が行うリハビリはすべて運動器リハビリテーション料が算定されるわけではない。厚生労働大臣により運動器リハビリテーション料の対象となると定められている、一定の患者に対して行われる個別療法であるリハビリテーションに限られる。

▶診療報酬の算定方法の一部改正に伴う実施上の留意事項について（通知）

平成30年3月5日保医発0305第1号

H002　運動器リハビリテーション料

(1)　運動器リハビリテーション料は、別に厚生労働大臣が定める施設基準に適合しているものとして地方厚生（支）局長に届出を行った保険医療機関において算定するものであり、基本的動作能力の回復等を通して、実用的な日常生活における諸活動の自立を図るために、種々の運動療法、実用歩行訓練、日常生活活動訓練、物理療法、応用的動作能力、社会的適応能力の回復等を目的とした作業療法等を組み合わせて個々の症例に応じて行った場合に算定する。なお、マッサージや温熱療法などの物理療法のみを行った場合には第2章特掲診療料第9部処置の項により算定する。

(2)　運動器リハビリテーション料の対象となる患者は、特掲診療料の施設基準等別表第九の六に掲げる患者であって、以下のいずれかに該当するものをいい、医師が個別に運動器リハビリテーションが必要であると認めるものである。

　ア　急性発症した運動器疾患又はその手術後の患者とは、上・下肢の複合損傷（骨、筋・腱・靭帯、神経、血管のうち3種類以上の複合損傷）、脊椎損傷による四肢麻痺（1肢以上）、体幹・上・下肢の外傷・骨折、切断・離断（義肢）、運動器の悪性腫瘍等のものをいう。

II　診療契約による報酬

イ　慢性の運動器疾患により、一定程度以上の運動機能の低下及び日常生活能力
の低下を来している患者とは、関節の変性疾患、関節の炎症性疾患、熱傷瘢痕
による関節拘縮、運動器不安定症等のものをいう。

(3)　運動器リハビリテーション料の所定点数には、徒手筋力検査及びその他のリハ
ビリテーションに付随する諸検査が含まれる。

(4)　運動器リハビリテーション料は、医師の指導監督の下、理学療法士又は作業療
法士の監視下により行われたものについて算定する。また専任の医師が、直接訓
練を実施した場合にあっても、理学療法士又は作業療法士が実施した場合と同様
に算定できる。

(5)　運動器リハビリテーション料を算定すべきリハビリテーションは、1人の従事
者が1人の患者に対して重点的に個別的訓練を行う必要があると認められる場合
であって、理学療法士又は作業療法士と患者が1対1で行うものとする。

　これに対し、頚椎捻挫に対する処置は、消炎鎮痛等処置として、「マッサージ等の手
技による療法35点、器具等による療法35点、湿布処置35点」になる。消炎鎮痛等処置
は、療法の種類、回数または部位数にかかわらず、この区分により算定され、同一日
に2以上の療法を行っても、主たる療法の所定点数のみの算定となる。つまり、1日
35点である。

▶診療報酬の算定方法の一部改正に伴う実施上の留意事項について（通知）

平成30年3月5日保医発0305第1号

J119　消炎鎮痛等処置

(1)　消炎鎮痛等処置は、疾病、部位又は部位数にかかわらず1日につき所定点数によ
り算定する。

(2)　「1」のマッサージ等の手技による療法とは、あんま、マッサージ及び指圧によ
る療法をいう。また、「2」の器具等による療法とは、電気療法、赤外線治療、熱
気浴、ホットパック、超音波療法、マイクロレーダー等による療法をいう。

(3)　消炎鎮痛を目的とする外用薬を用いた処置は「3」の湿布処置として算定する。

(4)　患者自ら又は家人等に行わせて差し支えないと認められる湿布については、あ
らかじめ予見される当該湿布薬の必要量を外用薬として投与するものとし、湿布
処置は算定できない。

　厚生労働省保健局医療課医療指導監査室「保険診療の理解のために【医科】（平成30
年度）」32頁においても、運動器リハビリテーションとしては、「基本的動作能力の回

復等を通じ、種々の運動療法、日常生活活動訓練等を行った場合　等」とされ、対象は「脊椎損傷による四肢麻痺、体幹・上肢・下肢の外傷・骨折　等」、「物理療法のみを行った場合は、リハビリテーション料として算定できない。この場合、処置料の該当項目により算定する。」とされている。

　もっとも、交通事故診療における問題は、健康保険診療として何点が妥当かという問題ではなく、あくまでも、事故と相当因果関係が認められる診療報酬額の問題である。

　よって、健康保険診療において運動器リハビリテーション料の対象疾患となるかどうかにかかわらず、事故と当該処置の必要性、相当性を検討することになる。特別な事情が認められなければ、他覚的所見に乏しいむち打ち損傷に対し、上下肢の複合損傷、脊椎損傷による四肢麻痺等に対して行われる種々の療法や訓練を行う必要性、相当性は認められないであろう。

III

損害賠償の対象となる医療費

Ⅲ　損害賠償の対象となる医療費

1　医療費問題

(1)　相当因果関係

　交通事故により受傷した被害者が医療機関で治療を受けた際に医療費（医業類似行為を受けた施術費も同様）を負担するが、この医療費は、加害者が負担すべき損害賠償の範囲に含まれるかどうか、これが交通事故損害賠償実務において問題となっている「医療費問題」である。

　あくまでも、それは、加害者が負担すべき損害としての医療費、相当因果関係が認められる損害であるかどうかの問題である。

　被害者が、患者として、医療機関との診療契約において負担する診療報酬額とは、全く次元を異にする。

　よって、極端なことをいうと、患者が、自らの意思によって契約に基づき1点100円の診療報酬額を負担した場合、加害者としては、その点について関与することはできない。ただ、1点100円支払ったとしても、そのうち1点10円の部分しか損害賠償の対象とはならない、損害賠償の範囲としては1点10円に限られる、と支払いを拒むにとどまる。患者が、この機会だからと必要のない治療を受け高額な治療費を負担したり、個室に入院して差額ベッド代を負担したとしても、加害者としては、その点を批判することはできない。ただ、必要性、相当性の認められない治療費、差額ベッド代は損害賠償の対象とはならないと、支払いを拒むにとどまる。

　医療費問題は、交通事故と相当因果関係が認められる範囲の損害、加害者が負担すべき損害の問題である。

(2)　損害賠償基準

　ところで、人身損害において損害と認められる医療費は、「赤い本」では「必要かつ相当な実費全額」[1]、「青本」でも「原則として実費全額」としたうえ、「治療費、入院費などは、実際に支払う必要のある実費全額が認められるのがほとんどの場合であるが、ときとして必要性と相当性が争われる」[2]と基準化されている。

　「自動車損害賠償責任保険の保険金等及び自動車損害賠償責任保険の共済金等の支

---

1)『民事交通事故訴訟 損害賠償額算定基準〔2019版〕上巻（基準編）』（公益財団法人日弁連交通事故相談センター東京支部、2019）1頁。
2)『交通事故損害額算定基準〔26訂版〕』（公益財団法人日弁連交通事故相談センター、2018）1頁。

払基準（自賠責支払基準）」では、治療関係費として、①応急手当費、②診察料、③入院料、④投薬料、手術料、処置料等、⑤通院費、転院費、入院費または退院費と区別しているが、いずれも「必要かつ妥当な実費」とある。

「赤い本」も「青本」も自賠責支払基準も、その基準としての表現は極めて簡単なものとなっている。

しかし、そこで明らかにしているのは、必要性、相当性のある支出でなければならない、ということである。積極損害は、単に、事故後に支出の事実があれば、相当因果関係が認められるわけではない。必要性、相当性が認められてはじめて相当因果関係の認められる損害として損害賠償の対象となる。このことは、医療費でも全く同様である。

(3) 過剰・濃厚診療と高額診療

被害者が現実に負担した医療費であっても、必要性・相当性が否定されると、相当因果関係が否定され、加害者が負担すべき損害とは認められない。

東京地裁民事交通訴訟研究会の編による『民事交通訴訟における過失相殺率の認定基準〔全訂5版〕』においても、被害者側の主張・立証上の留意事項として「治療費は、必要かつ相当な実費全額が賠償の対象となるのであるから、単に治療を行い、治療費を支出したことだけではなく、これらの治療が事故と因果関係があり、治療費として適切な支出であることを主張する必要がある。」[3]としている。

必要性・相当性が否定される診療行為は、過剰・濃厚診療、高額診療といわれている。「過剰・濃厚診療とは、診療行為の医学的必要性ないしは合理性が否定されるもの」、「高額診療とは、診療行為に対する報酬額が、特段の事由がないにも拘らず、社会一般の診療費水準に比して著しく高額な場合」[4]である。いわば、過剰・濃厚診療は内容に問題があるもの、高額診療は額に問題があるものである。

(4) 平成元年1点10円判決の位置付け

前述のとおり、平成元年10円判決は、加害者・被害者間で損害賠償額が争われた事案ではなく、加害者と患者に代わって医療費を支払った保険会社・医療機関の間で診療報酬について争われた事案である。その点を強調して、10円判決の判旨が損害賠償額の算定に採用されるかどうかは別個の問題であると指摘する見解もあった[5]。

3）東京地裁民事交通訴訟研究会編『民事交通訴訟における過失相殺率の認定基準〔全訂5版〕』別冊判例タイムズ38号（2014）12頁。

4）日弁連交通事故相談センター東京支部編・前掲注1）1頁。

5）江口保夫＝羽成守「自由診療における診療報酬単価を1点10円とした判決をめぐる諸問題」判タ712号（1990）61頁、浅野直人「判批」判評371号（1990）26頁、判時1327号（1990）188頁。

Ⅲ　損害賠償の対象となる医療費

　しかし、そもそも加害者が負担すべき医療費相当の損害は、被害者の被った損害のうち相当因果関係が認められる範囲であって、現行損害賠償法理における塡補賠償の趣旨からしても、被害者が支払義務を負うべき医療費を超えて、加害者が医療費を負担しなければならない理由はないはずである。なるほど、被害者と医療機関との間に医療費をめぐる争いが生じる（特に既に支払済みの場合など）ことになるが、このような事情のもとでの被害者保護は別途検討すべき事情（そもそも必要性・相当性が認められない医療費の支払義務があるのか、事故とは因果関係が認められなくても私病との関連で必要であれば自己負担はやむを得ないなど）である。訴訟類型により１点単価問題の結論を異にすることに否定的な見解[6]も指摘するように、医療費をめぐる争いが医療費相当の損害賠償額をめぐる争いの指針となることは否定できない。現に、10円判決後の損害賠償請求訴訟においても、10円判決のアプローチを踏襲している判例が続いていた。

(5)　平成23年・平成25年１点10円判決

　そのようなおり、平成23年、平成25年と東京地裁において、あらたな10円判決が出た。

　東京地裁平成23年５月31日判決[7]は、東京地裁医療集中部合議体が、平成元年の10円判決と同様に、交通事故と相当因果関係が認められる診療報酬単価は１点10円であるとして、加害者と患者に代わって医療機関に対して医療費を支払った保険会社の不当利得返還請求を認めたものである。

　また、東京地裁平成25年８月６日判決[8]は、東京地裁交通専門部合議体が、被害者の加害者に対する損害賠償請求事件において、交通事故と相当因果関係が認められる診療報酬単価を１点10円であると算定したものである。

　平成元年10円判決が、患者が負担すべき医療費の争いであったのに対し、平成23年、平成25年10円判決は、まさに、加害者が負担すべき医療費相当の損害賠償額の争いについて、東京地裁の医療集中部、交通専門部の各合議体において、１点10円が相当であると正面から認めたものである。

　交通事故事案を担当するにあたっては、これらの一連の10円判決により示された判例理論を十分に理解することは必須である。

---

6 ）木ノ元直樹「治療費」飯村敏明編『現代裁判法大系６』（新日本法規出版、1998）292頁。
7 ）東京地判平成23年５月31日交民集44巻３号716頁・自保ジャ1850号１頁。
8 ）東京地判平成25年８月６日交民集46巻４号1031頁・自保ジャ1905号17頁。

2 交通事故被害者の健康保険診療 (健保適用)

(1) 医療費算定の基準

医療費問題は、相当因果関係の問題であるから、最終的には裁判所の判断によるところではあるが、医療費についてはあらゆる基準が存在するので、それらを整理しておく必要がある。

まず、「健保基準」である。これは、健康保険を利用して治療を受ける際(保険診療、健保診療)に適用される基準である(前記63頁)。

健康保険法、それをふまえた厚生労働省令である「保険医療機関及び保険医療養担当規則(療担規則)」、その下の厚生労働省告示である「点数表」、「施設基準」、それらに関する通知によって内容が定まっている。

「労災基準」とは、通勤災害、業務災害によって被災した労働者が、その治療を受ける際に適用される基準である。

「自賠責基準」ないし「日医の新基準」といわれる基準もある。これは、自賠責保険において支払いの対象となる医療費の基準である。

(2) 健保適用をめぐる経緯

① 健康保険法

自動車損害賠償保障法が昭和30年に制定され、翌31年に自賠責保険が実施されて以来、加害者が負担すべき医療費(診療報酬のうち相当因果関係が認められる範囲)の適正化が問題となってきた[9]。

昭和40年初めには、交通事故の場合は健康保険が利用できないと公然といわれることがあった。しかし、健康保険法や国民健康保険法には求償規定が設けられていることからも明らかなとおり、法的には、交通事故であろうと当然に健康保険を利用できる。だからこそ、第三者の行為により受傷した場合は、保険者に届けることが求められているのである。

> **健康保険法**
> **(損害賠償請求権)**

---

[9] 損害賠償算定基準研究会編『注解交通損害賠償算定基準(上) 損害額算定・損害の填補編〔三訂版〕』(ぎょうせい、2002) 10頁。

Ⅲ　損害賠償の対象となる医療費

> **第57条**　保険者は、給付事由が第三者の行為によって生じた場合において、保険給
> 付を行ったときは、その給付の価額（当該保険給付が療養の給付であるときは、
> 当該療養の給付に要する費用の額から当該療養の給付に関し被保険者が負担しな
> ければならない一部負担金に相当する額を控除した額。次条第1項において同
> じ。）の限度において、保険給付を受ける権利を有する者（当該給付事由が被保険
> 者の被扶養者について生じた場合には、当該被扶養者を含む。次項において同じ。）
> が第三者に対して有する損害賠償の請求権を取得する。
> 2　前項の場合において、保険給付を受ける権利を有する者が第三者から同一の事
> 由について損害賠償を受けたときは、保険者は、その価額の限度において、保険
> 給付を行う責めを免れる。

> **健康保険法施行規則**
> **（第三者の行為による被害の届出）**
> **第65条**　療養の給付に係る事由又は入院時食事療養費、入院時生活療養費若しくは
> 保険外併用療養費の支給に係る事由が第三者の行為によって生じたものであると
> きは、被保険者は、遅滞なく、次に掲げる事項を記載した届書を保険者に提出し
> なければならない。
> 一　届出に係る事実
> 二　第三者の氏名及び住所又は居所（氏名又は住所若しくは居所が明らかでない
> 　　ときは、その旨）
> 三　被害の状況

②　昭和43年10月12日厚生省通達

　そこで、昭和43年10月12日、厚生省保険局保険課長・国民健康保険課長から、各都
道府県民生主管部（局）長あてに、交通事故でも健康保険が利用できる旨の通達が出
された。

▶昭和43年10月12日厚生省通達

健康保険及び国民健康保険の自動車損害賠償責任保険等
に対する求償事務の取扱いについて

（昭和43年10月12日保険発第106号）

厚生省保険局保険課長・国民健康保険課長から各都道府県民生主管部（局）長宛

　　自動車による保険事故の急増に伴い、健康保険法第67条（第69条ノ2において準
用する場合を含む。）又は国民健康保険法第64条第1項の規定による求償事務が増

2　健康保険診療（健保適用）

加している現状にかんがみ、自動車損害賠償保障法の規定に基づく自動車損害賠償
責任保険等に対する保険者の求償事務を下記により取扱うこととしたので、今後、
この通知によるよう保険者に対し、必要な指導を行われたい。

　なお、最近、自動車による保険事故については、保険給付が行われないとの誤解
が被保険者等の一部にあるようであるが、いうまでもなく、自動車による保険事故
も一般の保険事故と何ら変りがなく、保険給付の対象となるものであるので、この
点について誤解のないように住民、医療機関等に周知を図るとともに、保険者が被
保険者に対して十分理解させるよう指導されたい。また、健康保険法施行規則第52
条又は国民健康保険法施行規則第32条の2の規定に基づく被保険者からの第三者の
行為による被害の届出を励行させるよう、あわせて指導されたい。

　おって、この取扱いについては、運輸省並びに自動車保険料率算定会及び全国共
済農業協同組合連合会と協議済みであり、自動車保険料率算定会及び全国共済農業
協同組合連合会から、各保険会社及び各査定事務所並びに各都道府県共済農業協同
組合連合会に対して通知が行われることとなっているので、念のため申し添える。

記

第1　組合管掌健康保険における取扱い

　健康保険組合における自動車損害賠償責任保険等に対する求償事務については、
政府管掌健康保険に関し、昭和43年7月25日庁保険発第8号をもって、社会保険庁
医療保険部健康保険課長から各都道府県民生主管部(局)長あて通知した「政府管掌
健康保険の自動車損害賠償責任保険等に対する求償事務の取扱いについて（通知)」
に準じて取り扱うものとすること。

第2　国民健康保険における取扱い

（略）

---

③　日本医師会全理事会決定

　厚生省通達の直後の昭和43年12月10日、日本医師会は全理事会決定として、「轢き逃
げまたは無保険車による場合を除き自賠法優先を認めるべきであり、行政上の取扱い
として、できるだけ自賠法優先適用という方向をとらなければいけないことだけは確
かである」と公表し、現に、全国医師会会員はそのとおり実施していると明言した。
それを受けて、当時、私的医療機関の窓口には、「自動車事故には健康保険診療をお断
りします」という地域医師会名義の掲示が張り出されたこともあったようである。

④　運輸省の反論

　これに対し、運輸省自動車局保障課では、「法の解釈上は、当然、被害者の任意選択
にまかされていると考えるべきである……実務上の取り扱いとしても健保診療が望ま

Ⅲ　損害賠償の対象となる医療費

しい……健康保険法は第三者加害行為に対し給付しない旨の除外規定は存在しない。かえって、第三者加害行為の場合に保険者による求償権を規定しているから、健保法の適用があるのは明白である」[10]と直ちに反論した。

⑤　自賠責保険審議会答申
　昭和44年10月、自動車損害賠償責任保険審議会（自賠責審議会）は、次のように答申した。

▶昭和44年10月自動車損害賠償責任保険審議会答申

　　　一部医師の過剰診療による治療費保険金支払の増加を防止し、被害者に適正な医療の給付が行われるよう、治療費支払いについて適正化措置を講ずる必要があると考えられる。この場合、抜本的措置としては、診療基準の確立とこれに対応する審査体制の整備を図る必要があるが、このためには相当の準備期間を必要とすると思われるので、当面は可能な範囲で暫定的な措置を講ずべきである。
　（中略）
　(1)　当面の暫定措置
　　治療費請求の適正化を期するため、請求に際し、治療費の明細書の添付を励行させるよう、省令の改正等適切な措置を講ずるとともに、医師等の専門家を含めた公正な支払審査機構を設け、不適正と判断された事案について注意を喚起し、また交通事故医療に関する資料の収集を行なう等により、適正診療の確保と治療費支払の適正化を図るものとする。
　(2)　将来の対策
　　将来の抜本的対策については、大別して、①健康保険の診療体系を利用する方法と、②責任保険独自の診療基準と審査機関を設ける方法とが考えられるが、いずれの場合においても交通傷害の特殊性を考慮し、国民の納得する公正な診療基準と適正な支払方法の確立を図るべきである。

　上記答申により、自賠責保険独自の診療報酬基準策定の方法を提言した。

⑥　日本医師会「自賠法関係診療に関する意見」
　昭和44年10月、日本医師会は直ちにこれを批判した。

───────────────

10)　運輸省自動車局保障課小和田統「自動車事故は健保でもよい」日医法制部見解に反論する（「救急医報」昭和44年3月15日）。

2 健康保険診療（健保適用）

【自賠法関係診療に関する意見】

　自賠責審議会の答申案によれば、治療費支払の適正化の暫定措置として、支払審査機構の設置、次に抜本的措置と称して前述の独自の診療基準の確立と審査機関の創設を考えている。かくの如き機構、機関において診療内容をチェックするが如きは医療の圧迫であり、現行法においても法的根拠並びにその権限を見出し得ないものとして反対である。医療内容とは、医学の社会的適用としてアプローチすべきものであり、これこそ、日本医学会を抱える日本医師会の責任において、必要に応じ、その診療内容を吟味する場合は許されるであろう。この場合、各都道府県医師会に属する学術部あるいは医学会等がその任に当るに吝かではない。その際、事務処理のオブザーバーとして、自賠責保険関係者の少数参加は認めて然るべきと考える。

　交通傷害に対する診療は外科を初め内科・整形外科・耳鼻科・眼科・皮膚泌尿科・麻酔科等すべての科にわたり集約的に体系化すべきものであり、災害医学の分野に属するものであって、一般傷害に対する健康保険診療とは異質のものである。（略）

　日本医師会では法制部で本問題に法的解釈を加え、昭和43年12月10日全理事会決定として『轢き逃げまたは無保険車による場合を除き自賠法優先を認むべきであり、行政上の取扱いとして、できるだけ自賠法の優先適用という方向をとらなければいけないことだけは確かである。』と公表し、現に全国医師会員はその通り実施している。健保の第三者行為を云々するまでもなく、被害者救済を目的とした立法の精神を活かすのが当然である。一方に自動車事故は個々の発生のみならず、多発、集団発生も予想されるので、法の活用には集団発生災害対策をも忘れてはならない。

　交通事故は一般の外傷や労働災害とも違って、独自の特殊性をもつものであることを認識することが第一条件である。即ち多くの場合突発かつ重症複雑多様な症状を呈し、一刻の油断も許されない瀕死の症例に遭遇する。近年、自動車の高速化に伴い、重症例の激増並びにその後遺障害の多様化が甚だしい現実を直視し、即刻、重点かつ集中的に適切な治療行為を施し、なお将来の合併症、偶発症状をも考慮しつつ、後遺症状の予防のためには特に全力を挙げて新しい医学医術の進歩に即応し、機能回復、社会復帰を含めて高度の救急措置を実施するのが常である。引続き収容後も、周到なる医療監視、医学的管理並びに看護を必要とするものである。即ち一般外傷の健保診療の如く基準によって画一的、均一的なものでは救われない。加えて周到綿密な検査、進歩した麻酔管理、更に各種医療職種に連なる多くの専門技術者の参加が大切であり、重点的な看護体制（例えばICU等）や新開発の高価薬剤使用等も不可欠の要件となる場合が少なくない。路上の交通外傷がいかにミゼラブルであり、いかに緊急救命の医療が要求されるかについての認識を新たにするならば『健保』や『労災』と異なる新しい観点からの診療料金設定が当然の急務である。

　診療基準が実際診療において意味をもつことが甚だ少ないことは健保の医療費担当規則並びに治療指針、使用基準の例をみても充分に証明ずみである。診療に枠をつくることそれ自体が医師と患者の信頼関係を阻害するものであり、医師は治療について責任を

負えなくなる。自賠法が被害者救済の立法の精神を忘れて『自賠法は制限診療なり』と定義づけるならば、また別問題であろうが、医師の良識は絶対に制限診療を許さない。自賠法には交通傷害の特殊性を認め、災害医学の本旨にそって、治療基準を設けるべきではない。積極的な治療が早期に行われるべきである。

⑦　伊藤文夫「自賠責保険における医療費問題の推移と現状」

　日本医師会の見解に対しては、損害賠償実務から批判がなされてきた。

【伊藤文夫「自賠責保険における医療費問題の推移と現状」】[11]

　　自賠責保険審議会の答申は、医療費適正化のための暫定的処置として、医師等の専門家を含めた公正な支払審査機構を設けるべきである等を指摘し、将来の対策として、公正な診療基準と適正な支払方法の確立を図るべきことを指摘したものであったが、右の医師会の主張は、それに対して真正面からの反論である。もとより、右の主張中、公正な支払審査機構の設置乃至診療基準の確立が医療に対する圧迫となるとする点については、それが医療専門家の協力のもとに作り出される場合にまでそういえるのかとの疑問を持たざるを得ないところであり、また、自動車事故による受傷の場合は、一般の疾病傷害の場合と異なり災害医療に属し、いわゆる制限診療たる健保診療に馴染まないとの点についても、重傷の場合における初期診療等を別にすれば、軽傷の場合や救急時を過ぎ症状が安定した時期においても、その主張が妥当するのかについて説得力が乏しいところと思われ、また行政当局も繰返し、自動車事故の場合であっても健康保険による診療が可能であることを公けにして来た。

　　また、後述するように、自動車事故による治療についても、診療機関の14％強が現実に健康保険による診療を行っているのであって、右の主張には一定部分の疑問を留保せざるを得ない。

⑧　江口保夫「高額診療費」

　筆者も、医師会の見解に正当性がないことを主張してきた。これが、平成元年1点10円判決、さらには平成23年1点10円判決へと続いたのである。

---

11) 伊藤文夫「自賠責保険における医療費問題の推移と現状」東京三弁護士会交通事故処理委員会編『交通事故賠償の理論と実際』（東京三弁護士会交通事故処理委員会、1984）161頁、同「自動車事故における医療費をめぐる問題」『総合特集 自動車事故』ジュリスト増刊42号（1986）99頁。

2 健康保険診療（健保適用）

【江口保夫「高額診療費」】[12]

> 消防庁の昭和60年版救急救助の現況報告によると交通事故による救急出動は22.7％にすぎないとされ、自動車保険料率算定会の傷害度についての統計によると大部分が軽度の傷害であるとされている。しかるに交通事故の患者や加害者にのみ救急体制に要する諸設備等の費用を負担させると言うことは交通事故関係者にとって納得し難い問題である。更に付加するならば、医療費は処方料、調剤料及び薬剤料からなっており、処方料は技術料であるが薬剤料は薬品という商品の給付であって、いわば物品販売に該当するものである。而して社会保険においては、国に於いて薬価が定められ（薬価基準）、その基準に従って販売している多くの調剤薬局の荒利益は55.6％である（東京国税局昭和54年度商工庶業所得標準表）とされている。医療費について健保の2倍を認めるということは薬価の2倍を認めたこととなり、結局社会一般の常識を超えた111.2％の荒利益が生ずる結果となる。……我が国においては、このような高額所得者に対し、自由診療だからとの理由で何らの制限もなく健保の何倍という優遇が許されてよいものであろうか。

　なお、総務省消防庁の『平成29年 救急救助の現況報告』によっても、交通事故による救急自動車出動件数は7.9％と昭和60年当時よりも大幅に減少しており、平成に入ってからは毎年確実に減少している（**図表1**参照）。医師会の意見は、軽傷・救急時を超えた時期にはもとより妥当しないが、重傷・救急時であっても、自動車事故の被害者のみにことさら救急体制の費用負担を求めるものであるとの反論は、今日においてはより説得力を増すことになる。

12）江口保夫「高額診療費」『新交通事故判例百選』別冊ジュリスト94号（1987）。

Ⅲ　損害賠償の対象となる医療費

図表1　事故種別の救急出動件数と構成比の推移

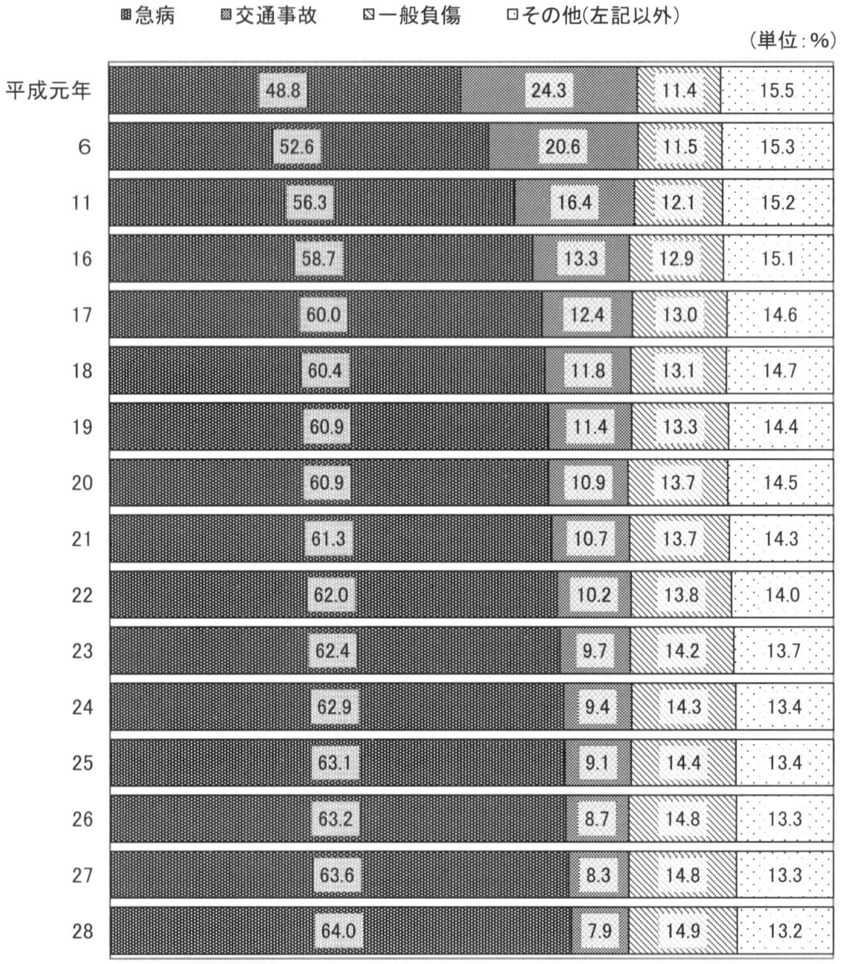

■急病　◎交通事故　◎一般負傷　□その他（左記以外）

（単位：％）

年	急病	交通事故	一般負傷	その他
平成元年	48.8	24.3	11.4	15.5
6	52.6	20.6	11.5	15.3
11	56.3	16.4	12.1	15.2
16	58.7	13.3	12.9	15.1
17	60.0	12.4	13.0	14.6
18	60.4	11.8	13.1	14.7
19	60.9	11.4	13.3	14.4
20	60.9	10.9	13.7	14.5
21	61.3	10.7	13.7	14.3
22	62.0	10.2	13.8	14.0
23	62.4	9.7	14.2	13.7
24	62.9	9.4	14.3	13.4
25	63.1	9.1	14.4	13.4
26	63.2	8.7	14.8	13.3
27	63.6	8.3	14.8	13.3
28	64.0	7.9	14.9	13.2

（注）端数処理（四捨五入）のため、割合・構成比の合計は100％にならない場合がある。

出典：総務省消防庁「平成29年版 救急救助の現況」

(3)　健康保険診療の活用

①　東京地裁交通訴訟研究会

　交通事故による受傷に健康保険を使用すること、自由診療の報酬算定にあたり健保基準を適用することについて、医療機関側にはいまだに抵抗があるようであるが、この点について、東京地裁交通専門部に在籍した裁判官による東京地裁民事交通訴訟研

2　健康保険診療（健保適用）

究会から次のような指摘がなされている[13]。そこでは、被害者側の準備として、国民健康保険による診療が明確に勧められている。

【国民健康保険による診療】

　交通事故による人身事故の治療は、緊急に処置しなければならず、かつ、受傷の複雑性から高度な治療を必要とするということを理由に、社会保険診療になじまないという考え方が医療機関側には根強く（例えば、昭和44年10月7日大蔵省（当時）自賠責保険審議会答申に対する日本医師会の「自賠法関係診療に関する意見」にはこの旨が述べられている。）、平成9年には、交通事故による傷害に対する治療のうち自由診療による治療が9割近くを占めたとされている。しかし、交通事故によって受傷した場合でも健康保険による診療を受けることは可能である。厚生労働省も、国民健康保険課長通知によって、交通事故の場合でも健康保険による診療を行うことができることを繰り返し公表している。さらに、自由診療の場合の診療単価は、私立病院では健康保険の約2倍と高額であるため、事案によっては自賠責保険の傷害保険金の大半、場合によっては全額が治療費に充当されてしまい、被害者の救済に反する状況が生じかねない。東京地裁においても加害者側において、被害者の受診した医療機関がいわゆる過剰診療、濃厚診療を行い、不当に高額な治療費を請求していると主張して、医療費の相当額をめぐって争われる事案がかなりの件数見受けられるようになっている。このような無用な争いを避け、被害者の実質的な救済に充てるためにも、健康保険による診療を十分に活用すべきであろう。

② 自動車事故等による傷病の保険給付の取扱いに関する通知
　交通事故による受傷に健康保険を使用することについては、平成23年8月9日、厚生労働省保健局保険課長・国民健康保険課長・高齢者医療課長より、健康保険の保険者および医師会に対し通知されている。
　この通知は、平成23年3月25日閣議決定された第2次犯罪被害者等基本計画において医療保険の円滑な利用の確保が施策としてとりあげられたことをふまえ、自動車事故における受傷であっても健康保険が利用されることを再確認したものである。加害者の誓約書等が条件となるものでないし、加害者不明のひき逃げの場合、自賠責保険の補償を超える場合はもとより、自賠責保険の補償がある場合でも、被保険者の健康保険の使用は妨げられないことを明らかにして、健康保険の利用を促進しているものである。

---

13) 東京地裁民事交通訴訟研究会編・前掲注3)「東京地裁民事第27部における民事交通事件訴訟の実務について」4頁。

Ⅲ　損害賠償の対象となる医療費

▶平成23年 8 月 9 日厚生労働省通達

犯罪被害や自動車事故による傷病の保険給付の取扱いについて

保保発0809第 4 号
保国発0809第 3 号
保高発0809第 4 号
平成23年 8 月 9 日
厚生労働省保険局保険課長・国民健康保険課長・高齢者医療課長

日本医師会長・日本歯科医師会長・日本薬剤師会長宛

　　犯罪や自動車事故等の被害を受けたことにより生じた傷病は、医療保険各法（健康保険法（大正11年法律第70号）、船員保険法（昭和14年法律第73号）、国民健康保険法（昭和33年法律第192号）及び高齢者の医療の確保に関する法律（昭和57年法律第80号））において、一般の保険事故と同様に、医療保険の給付の対象とされています。

　　また、犯罪の被害によるものなど、第三者の行為による傷病について医療保険の給付を行う際に、医療保険の保険者の中には、その第三者行為の加害者が保険者に対し損害賠償責任を負う旨を記した加害者の誓約書を、被害者である被保険者に提出させるところもあるようですが、この誓約書があることは、医療保険の給付を行うために必要な条件ではないことから、提出がなくとも医療保険の給付は行われます。

　　今般、第 2 次犯罪被害者等基本計画（平成23年 3 月25日閣議決定）に、犯罪による被害を受けた者でも医療保険を利用することが可能である旨や、加害者の署名が入った損害賠償誓約書等の有無にかかわらず医療保険給付が行われる旨を、保険者や医療機関に周知すること等が盛り込まれたことを踏まえ（別添）、上記の取扱いについて改めて周知をしますので、その趣旨を踏まえて適切に対応いただきますようお願い申し上げます。

　　なお、自動車事故による被害を受けた場合の医療保険の給付と自動車損害賠償保障法（昭和30年法律第97号）に基づく自動車損害賠償責任保険（以下「自賠責保険」という。）による給付の関係については、自動車事故による被害の賠償は自動車損害賠償保障法では自動車の運行供用者がその責任を負うこととしており、被害者は加害者が加入する自賠責保険によってその保険金額の限度額までの保障を受けることになっています。その際、何らかの理由により、加害者の加入する自賠責保険の保険者が保険金の支払いを行う前に、被害者の加入する医療保険の保険者から保険給付が行われた場合、医療保険の保険者はその行った給付の価額の限度において、被保険者が有する損害賠償請求権を代位取得し、加害者（又は加害者の加入する自賠責保険の保険者）に対して求償することになります（健康保険法第57条第 1 項、船員保険法第45条第 1 項、国民健康保険法第64条第 1 項及び高齢者の医療の確保に関

する法律第58条第1項）。

　一方で、加害者が不明のひき逃げ等の場合や自賠責保険の補償の範囲を超える賠償義務が発生した場合には、被害者の加入する医療保険の保険者が給付を行ったとしても、その保険者は求償する相手先がないケースや結果的に求償が困難なケースが生じ得ます。このような場合であっても、偶発的に発生する予測不能な傷病に備え、被保険者等の保護を図るという医療保険制度の目的に照らし、医療保険の保険者は、求償する相手先がないことや結果的に求償が困難であること等を理由として医療保険の給付を行わないということはできません。

　さらに、加害者が自賠責保険に加入しても、速やかに保険金の支払いが行われない場合等、被害者である被保険者に一時的に重い医療費の負担が生じる場合も考えられるため、このような場合も上記と同様の趣旨から、医療保険の保険者は、被保険者が医療保険を利用することが妨げられないようにする必要があります。これらの取扱いは、その他の犯罪の被害による傷病についての医療保険の給付でも同様です。

　なお、上記の例のように、医療保険の給付の原因となった傷病が第三者の行為によって生じたものであるときは、医療保険各法は、被害者である被保険者（国民健康保険では、被保険者の属する世帯の世帯主又は組合員）に対して、その事実等を保険者に届け出ることを義務づけているため、各保険者においては、その旨を被保険者等に周知するとともに、医療保険の給付を行った際には届出の提出を求め、加害者に対する適正な求償を行っていただくようお願いします。（健康保険法施行規則第65条、船員保険法施行規則第57条、国民健康保険法施行規則第32条の6及び高齢者の医療の確保に関する法律施行規則第46条）

［別添］

◎　第2次犯罪被害者等基本計画（平成23年3月25日閣議決定）（抄）

Ⅴ　重点課題に係る具体的施策

　2　給付金の支給に係る制度の充実等（基本法第13条関係）

　　(8)　医療保険の円滑な利用の確保

　　　厚生労働省において、犯罪による被害を受けた被保険者が保険診療を求めた場合については、現行制度上加害者の署名が入った損害賠償誓約書等の有無にかかわらず保険給付が行われることになっている旨、保険者に周知する。また、医療機関に対して、犯罪による被害を受けた者であっても医療保険を利用することが可能であることや、誓約書等の提出がなくても保険者は保険給付を行う義務がある旨保険者あてに通知していることについて、地方厚生局を通じて周知する。【厚生労働省】

　被害者の実質的な救済のためには、交通事故における健康保険診療を十分に活用する必要があることは明らかである。

Ⅲ　損害賠償の対象となる医療費

③　消費者契約法の観点

健康保険診療か自由診療か、それが具体的にどのような内容であるのかは、診療を受け、診療報酬支払義務を負う患者にとっては、診療契約を締結するにあたり、当然に明らかにされなければならない。

ことに、健康保険では35点、350円の消炎鎮痛処置を受けた患者は、健康保険診療によるならば、その3割105円の支払義務を負うが、1点単価20円の自由診療であれば700円の支払義務を負うことになる。加害者に対し、治療費を損害賠償として請求できるとしても、10％の過失相殺や素因減額が適用されると、被害者の負担額は、10.5円と70円と大きく異なってくる。健康保険診療と自由診療の差異は、診療報酬額だけではないが、患者が支払義務を負う診療報酬額が、診療契約を締結するにあたり、極めて重要な要素であることは明らかである。

よって、交通事故による受傷には健康保険を使用することができないと虚偽の事実を伝え、自由診療契約が締結されたのであれば、不実の告知として消費者契約法4条1項により、自由診療契約を取り消すことができる。

むしろ、問題は、健康保険診療が可能であることを伝えることなく、あるいは、健康保険診療と自由診療の差異を十分に伝えることなく、自由診療契約を締結した場合、不利益事実の不告知として消費者契約法4条2項により、自由診療契約を取り消すことができるかである。

医療費問題は、医療機関と保険会社の利害の争いのように誤解されているが、医療費問題など全く意識していない被害者が、全く預かり知らないところで、想定外の損害賠償額の減額がなされている場面は少なくない。

健康保険診療の活用が求められているとともに、民法改正、消費者契約法などの消費者保護立法の改正が進められている今日において、これまでの実務運用をあらためて見直す必要があると思われる。

(4)　健康保険診療拒否の違法性

以上のとおり、交通事故被害者の利益のためにも、むしろ積極的に健康保険診療を活用すべきである。

保険医療機関は、患者から、被保険者証が提出された場合には、保険診療を拒否することはできない。健康保険法の趣旨および目的から、保険診療を拒否することはできず、保険医は保険診療方針を設定し、患者に対し、医学的、経済的、社会的に適正な診療を行う義務を負う。

> **健康保険法**
> （目的）

> **第1条** この法律は、労働者又はその被扶養者の業務災害（労働者災害補償保険法（昭和二十二年法律第五十号）第7条第1項第一号に規定する業務災害をいう。）以外の疾病、負傷若しくは死亡又は出産に関して保険給付を行い、もって国民の生活の安定と福祉の向上に寄与することを目的とする。

　このことは、裁判例でも当然の前提とされているところであるが、事情によっては、健康保険診療を拒否した医療機関に対し、患者側から慰謝料が認められることもあり得る。

　大阪地裁昭和60年6月28日判決[14]は、夫が救急搬送された病院で、代理人である妻が、自由診療契約から保険診療に切り替えるため被保険者証を提出したものの、病院事務長が「保険扱いにすると充分な治療、看護が出来ない」旨勧告し、被保険者証を返還して、保険診療への切替えを断念させた事案について、夫婦各人の医療機関に対する慰謝料20万円ずつが認められている。

■大阪地判昭和60年6月28日交民集18巻3号927頁■

　被保険者証提出の効力
　その住所地の都道府県知事に対して所定の様式による登録申請書を提出し、行政庁に備付られた特定の帳簿（国民健康保険医名簿）に記載されている医師（以下、保険医という。）に対し、被保険者である患者が、その療養取扱機関において療養保険給付を受けようとするときは、自らが療養保険給付を受ける資格を有することを証するため、療養取扱機関に対し、保険者から交付された国民健康保険被保険者証を提出しなければならない（同法36条5項）。これを保険医からみると、患者から療養保険給付を受けることを求められた際には、療養取扱機関は当該患者が被保険者としての資格を有することを被保険者証の提出により確認しなければならず、これを確認することによってはじめてその患者の診療を保険診療として取扱い、保険者に対して診療報酬の請求を行なうことができるものと解される。しかしながら、緊急その他やむを得ない事由によって被保険者証を提出することができない事情の存する患者であって、かつ、療養保険給付を受ける資格のあることが明らかな患者については、診療開始当初に被保険者証の提出がなくとも患者は保険診療を受けることができ、保険医は当該患者に対し療養保険診療を行なうことができる（保険医療機関及び保険医療養担当規則3条）のであるが、患者はこれらの事由がやんでのちには、遅滞なく、被保険者証を療養取扱機関に提出しなければならず、療養取扱機関はこれにより、患者の受給資格を確認しなければならないものと解される。
　（中略）

---

14) 大阪地判昭和60年6月28日交民集18巻3号927頁・判タ565号170頁。

Ⅲ　損害賠償の対象となる医療費

　　ところで、療養取扱機関は、患者から被保険者証を提出され、保険診療を求められた
場合には、国民健康保険法の趣旨及び目的に照らし、これを拒むことができず、保険医
は保険診療方針を設定し、患者に対し、医学的、経済的、社会的に適正な診療を行なう
義務があるものと解され、……
（中略）
　　……被告乙は、被告甲の妻として、同人の健康回復を願い、また、被告甲の代理人と
して、同人の治療費支払及び保険診療への切替について原告病院事務局長と交渉した際
に、原告病院事務局長の右の如き違法行為により、被告甲の診療に要した治療費等の金
銭面で、また、被告甲の健康回復への不安感という側面で、被告乙に精神的苦痛を与え
たことは否定しえず、被告甲は、治療中途で転医を余儀なくされたことによる精神的苦
痛があったことも容易に推認され、その他、原告の適切な治療行為により被告甲は一命
をとりとめたこと等の諸事情を考えれば、右両名の右の如き精神的苦痛を慰藉料として
金銭に換算すれば、各人につきそれぞれ20万円宛とするのが相当である。

　なお、本件では、自由診療から健康保険診療への切替えとして争われているが、そ
もそも、診療契約を締結するにあたり、自由診療と健康保険診療について十分な説明
がなされていなかった場合には、当初の自由診療契約の成立から問題となる。また、
自由診療契約の成立が認められるとしても、消費者契約法違反による取消し等も問題
となる。単純に、切替えが問題となるだけではない。

(5)　健保使用一括払い（健保一括）問題

①　医療側の主張

　なお、近年、医療側から、交通事故で健康保険を利用した場合、被害者の一部負担
金については、対人賠償責任保険の保険者による一括払いはできない、一部負担金に
ついて規定する健康保険法74条等により違法であるとの主張がなされることがある。
　しかし、その主張には賛成しかねる。

　健康保険法
　（一部負担金）
　第74条　第63条第３項の規定により保険医療機関又は保険薬局から療養の給付を受
　　ける者は、その給付を受ける際、次の各号に掲げる場合の区分に応じ、当該給付
　　につき第76条第２項又は第３項の規定により算定した額に当該各号に定める割合
　　を乗じて得た額を、一部負担金として、当該保険医療機関又は保険薬局に支払わ
　　なければならない。
　　一　70歳に達する日の属する月以前である場合　百分の三十
　　二　70歳に達する日の属する月の翌月以後である場合（次号に掲げる場合を除

く。）　百分の二十

　三　70歳に達する日の属する月の翌月以後である場合であって、政令で定めると

　　ころにより算定した報酬の額が政令で定める額以上であるとき　百分の三十

2　保険医療機関又は保険薬局は、前項の一部負担金（第75条の2第1項第一号の

　措置が採られたときは、当該減額された一部負担金）の支払を受けるべきものと

　し、保険医療機関又は保険薬局が善良な管理者と同一の注意をもってその支払を

　受けることに努めたにもかかわらず、なお療養の給付を受けた者が当該一部負担

　金の全部又は一部を支払わないときは、保険者は、当該保険医療機関又は保険薬

　局の請求に基づき、この法律の規定による徴収金の例によりこれを処分すること

　ができる。

②　一部負担金の趣旨

　一部負担金は、一面では、療養の給付を受ける者と保険医療機関との間で、診療契約に基づいて保険医療機関が行う診療の対価としての性格を有するとともに、他面では、保険者が支給する療養の給付に関する費用の支払方法として、その一部を被保険者が負担する公法上の義務を負うという性格を有するものである[15]。よって、この両側面から、一括払いの適法性、妥当性を検討する必要がある。

③　公法上の義務

　公法上の義務としての一部負担金が規定されたのは、強制一部負担金制が採用された昭和17年法律改正当時からいわれていたとおり、濫受診を防止し、保険経済の安定を図ることにある[16]。

　強制一部負担金制の採用、任意制への転換、再度の強制制採用、定額制から定率制への以降と、一部負担期制度は改正を重ねているが、いずれも、患者側および医療機関側のコスト意識の喚起、医療の効率化、被保険者間の公平などをふまえ、保険経済の安定を図る手段として一部負担制が維持されてきているのである。

　そうであるならば、交通事故被害者の保険診療における一部負担金について、自由診療と同様に一括払いがなされたとしても、健康保険法上、何ら問題は生じない。自由診療における一括払いと同様に、保険会社から一部負担金の支払いを受ければ足りるのであって、むしろ加害者側による負担はコスト意識に馴染むともいえる。

　一部負担金の窓口での支払いが、療養給付の要件であるとの主張がなされることがあるが、窓口での支払いに限られないことは、一部負担金を含む医療費について、クレジットカードでの支払い、キャッシュレス化が普及、行政も後押ししている現状に

---

15)　『健康保険法の解釈と運用〔平成29年度版〕』（法研、2017）549頁。

16)　一部負担金の導入経緯については、前掲注15）556頁。

あることからも全く理由になるものではない。国民の生活の安定と福祉の向上への寄与を目的とする健康保険法の趣旨、応召義務も規定されている医師法の趣旨からも、窓口での支払いを療養給付の要件とすべきではない。

　公法上の義務としての一部負担金の支払いは、一括払いを否定するものでない。

　なお、厚生労働省保険局医療保険課医療指導監査室「保険診療の理解のために【医科】（平成30年度）」[17]においても、一部負担金を窓口にて患者本人から徴収すべきことまで求められてはいない。

【保険診療の理解のために【医科】（平成30年度）】

> ### 2　患者から受領できる費用
>
> 　一部負担金等の受領について
>
> 　療養担当規則の規定により、患者から受領できる費用の範囲が以下のとおり定められている。これらの費用は、原則的に全ての患者から徴収する必要があり、特定の患者（職員、職員家族等）に対して減免等の措置を採ってはならない。
>
> （患者に負担を求めることができるもの）
> - 患者一部負担金
> - 入院時食事療養費・入院時生活療養費の標準負担額
> - 保険外併用療養費における自費負担額
>
> 　その他、療養の給付と直接関係ないサービス等については、患者との同意に基づき、その費用を徴収することができる。

　むしろ、厚生労働省においては、自動車事故による傷病についても健康保険診療が可能であり、その円滑な使用を確保すべく施策を講じているところである。

　自由診療の場合は一括払いを受けるにもかかわらず、健康保険を使用する場合に限っては、一括払いを拒否し、診療の都度、被害者から一部負担金を徴収したり、自賠責保険用の診断書等の記載を拒否することは、事実上、健康保険の使用を妨げる行為にほかならず、行政からの要請にも反することになる。

④　契約上の義務

　診療契約に基づく診療の対価、診療報酬としての一部負担金については、なおさら、一括払いが否定されるべき理由はない。

　一括払いだと、交通事故と相当因果関係が認められない場合、保険会社が支払いを拒否する可能性はあるが、それは、一部負担金に限らず、自由診療における診療報酬

17）厚生労働省保険局医療保険課医療指導監査室「保険診療の理解のために【医科】（平成30年度）」48頁。

でも同様に生じ得る事態である。ことさら、一部負担金の場合に生じる問題ではない。

　自由診療の場合は一括払いに応じるが、健康保険診療における一部負担金の一括払いには応じない医療側、ことに、保険診療を求められたら拒否できない保険医療機関として、療養を給付する当事者として、合理性が認められる対応であるかどうかであるが、そこに合理的根拠を認めることはできない。そのような対応は、事実上、健康保険診療の拒否、高額な自由診療の強制にほかならない。

　保険診療を受けること、一部負担金の一括払いは、被害者である患者の利益であることを看過すべきではない。

(6)　人身傷害保険一括払い（人傷一括）問題

①　傷害保険

　人身傷害保険とは、自動車事故により受傷した場合、保険金額の範囲内で、約款に基づく損害額（いわゆる「人傷基準損害額」）が保険金として支払われる傷害保険である。一般的には、傷害疾病損害保険（保険法2条7号）であると解されている。

保険法
（定義）
第2条　この法律において、次の各号に掲げる用語の意義は、当該各号に定めるところによる。
　七　傷害疾病損害保険契約　損害保険契約のうち、保険者が人の傷害疾病によって生ずることのある損害（当該傷害疾病が生じた者が受けるものに限る。）をてん補することを約するものをいう。

　傷害保険つまり傷害による損害が填補される保険であるから、加害者が負うべき損害賠償責任とは関係なく損害算定がなされるし、被害者の過失相殺も問題とならない。素因減額も問題とならないが、傷害保険であるから、疾病等による影響がある場合は損害額が減額される限定支払条項が設けられている。

モデル約款[18]
第●条　（他の身体の障害または疾病の影響）
　(1)　被保険者が第2条（保険金を支払う場合）の傷害を被った時既に存在していた身体の障害もしくは疾病の影響により、または同条の傷害を被った後にその原因となった事故と関係なく発生した傷害もしくは疾病の影響により同条の傷害が重大となった場合は、当会社は、その影響がなかったときに相当する損害額を算定します。

18）人身傷害保険に関しては、損害保険料率算出機構による標準約款はない。

Ⅲ　損害賠償の対象となる医療費

　　⑵　正当な理由がなく被保険者が治療を怠ったことまたは保険契約者もしくは保
　　　険金を受け取るべき者が治療をさせなかったことにより、第2条（保険金を支
　　　払う場合）の傷害が重大となった場合も、⑴と同様の方法で算定します。

② 健康保険診療

　人身傷害保険の約款には、治療を受ける場合には公的制度の利用等により費用の軽
減に努めることが保険金請求権者の義務として規定されている。

モデル約款
第●条（保険金請求権者の義務等）
　⑶　保険契約者または被保険者は、人身傷害事故による傷害の治療を受けるに際
　　しては、公的制度の利用等により費用の軽減に努めなければなりません。

　これは、被保険者の損害拡大防止義務（保険法13条）の具体化といえる。傷害保険の
被保険者としては、健康保険を使用することにより治療費が軽減されるのであれば、
それに努めなければならないのである。

保険法
（損害の発生及び拡大の防止）
第13条　保険契約者及び被保険者は、保険事故が発生したことを知ったときは、こ
　　れによる損害の発生及び拡大の防止に努めなければならない。

---

3 自賠責基準

(1) 平成元年 1 点10円判決の影響

　平成元年 3 月14日 1 点10円判決が言い渡されるや日本医師会はその 6 日後、各都道府県医師会の労災自賠責委員会委員に対し、今回の判決内容は重要であり、都道府県医師会の顧問弁護士等の意見を求め、現実かつ論理的な見解をまとめ、次回委員会において、今後いかに対応すべきかなどについて検討をしたい旨の通知を発送している。

　さらに、平成元年 4 月18日、日本医師会は同会保険医療課名において、「自賠責保険における診療費をめぐる環境条件の変化について」なる文書を各都道府県医師会に発送した。それによると、①自賠責審議会および国会等の状況として自賠責審議会の診療費適正化の答申に強い意見が付されていること、国会においても交通事故の診療報酬は健保や労災と同様法制化すべき時期にきているのではないかとの論議があったことなどの状況について説明し、②自動車事故診療費に関する訴訟の趨勢と法曹学界の動向として、過剰診療や診療費が高額な請求についても裁判所は健康保険単価の1.5倍あるいは 2 倍を相当とするという判断が示されてきたが、平成元年 3 月14日の東京地裁の判決は、これまでの裁判の趨勢に大きな転換をもたらした判決であり、交通事故の特殊性について昭和44年の日本医師会の見解を斥け、 1 点単価を10円ないし10円50銭が相当であるとしたこと、この判決は今日の法曹界の趨勢に合致するものであること、過剰診療や健保単価以上の請求については、今後裁判所によって否定されるケースが増加することが予想される、とある。

　ところで、日本医師会と日本損害保険協会、自動車保険料率算定会は、昭和59年12月運輸大臣に提出された自賠責保険審議会の答申の内容にある「自賠責保険診療における医療費適正化」の問題解決について、昭和60年 8 月から自賠責保険診療報酬基準案の策定交渉が続けられてきたが、双方の主張は平行線を辿り、一致を見なかった[19]。しかし、本判決が出るに至って急遽日本医師会側が譲歩し、平成元年 6 月27日、次のような合意が成立した。

　合意内容については、三者間で合意書や議事録が作成されてはいないが、日本医師会から全国の医師会宛の通知（日医発第221号）によって、具体的内容が明らかにされている。

---

19) 八島宏平「自賠責保険の歴史およびその運用経過と医療費の現状と課題」交通事故賠償研究会　編『交通事故診療と損害賠償実務の交錯』（創耕舎、2016） 1 頁。

Ⅲ　損害賠償の対象となる医療費

この中央におけるガイドラインに沿って、各都道府県単位で地区医師会と協議が進められた結果、平成28年2月1日、山梨県実施により、全国で実施されるにことになった。

あくまでも、自賠責保険診療報酬基準案であるが、これが自賠責基準といわれている。

(2)　三者合意の内容

① 　診療報酬体系は現行労災保険診療費算定基準に準拠する

② 　薬剤等「モノ」と「技術」を分離する

③ 　1点単価は12円とする

④ 　技術については、各地域の実情を勘案し2割増しを上限として適用することができる

⑤ 　ただし、個々の医療機関が現に請求し、支払いを受けている診療費の水準を引き上げる主旨のものではない

⑥ 　その他、医療費の請求、審査、支払いに関しても基本線について合意した

(3)　独占禁止法と自賠責基準

①　独占禁止法8条

独占禁止法とは、事業者、事業者団体の私的独占、不当な取引制限、不公正な取引制限を禁止して、市場における自由かつ公正な取引の実現を目的とする法律である。

医師が「事業者」、医師会が「事業者団体」であることに争いはなく、公正取引委員会も「医師会の活動に関する独占禁止法上の指針」というガイドラインを公表しているところである。

そこで、自賠責基準が、事業者団体の禁止行為を規定する独占禁止法8条1号・4号に抵触しないのか問題となる。

独占禁止法

（事業者団体の禁止行為）

第8条　事業者団体は、次の各号のいずれかに該当する行為をしてはならない。

一　一定の取引分野における競争を実質的に制限すること。

二　第6条に規定する国際的協定又は国際的契約をすること。

三　一定の事業分野における現在又は将来の事業者の数を制限すること。

四　構成事業者（事業者団体の構成員である事業者をいう。以下同じ。）の機能又は活動を不当に制限すること。

五　事業者に不公正な取引方法に該当する行為をさせるようにすること。

議論の余地のあるところであるが、公正取引委員会は、健康保険、労災保険のような国の制度として取り入れ、確立するなら独占禁止法上の問題はないと答弁しており、会計検査委員も、自賠責保険診療に限定して三者合意の推進意見を述べるに至った（平成11年10月8日）。それを受けて、平成11年10月26日、運輸省自動車交通局長から日本医師会に対し、診療報酬基準案の未実施府県における実施促進の依頼が出されている。

石油カルテル事件において、最高裁第二小法廷昭和59年2月24日判決[20]は、「価格に関する事業者間の合意が形式的に独禁法に違反するようにみえる場合であっても、それが適法な行政指導に従い、これに協力して行われたものであるときは、その違法性が阻却されると解するのが相当である」と判示している。原油価格の異常高騰に対処するための行政指導に関するこの判旨が自賠責基準に妥当するかどうかも議論のあるところである。

この点、日本医師会は、その通知（日医発第221号）において、「自動車保険の診療費」と明記し、任意保険にも適用する考えを示しており、また、三者合意はいわゆる1点10円判決を法制化させないために行うと説明しており、会計検査院、公正取引委員会とは正反対の意見を示している[21]。

いまだに、三者合意が書面化されない理由、独占禁止法の問題が解決されていない理由はここにあるといわざるを得ない。

② 地域医療機関の料金設定

平成元年1点10円判決以前の判決を見ると、1点単価については、その地域の多数の医療機関が請求している単価を相当性の判断の根拠としていることがうかがえるが、果たして地域医療機関の料金設定が独占禁止法に違反して設定されたものか否かを検討する必要があり、違反していない場合にのみ証拠としての価値を認めることができる。

独占禁止法は、事業者または事業者団体の競争制限行為を規制しているが、医師などの自由業に従事する者が事業者に該当し、同法の適用を受けるか否かについては、従来、医師の提供する役務の特殊性からして、市場における競争を通じて役務の質的向上と価額の低下が期待できない分野であることを理由に消極に解する説が有力であった。ところで、地域医師会は、自由診療による診療料金を協定し、料金指標を決め、これを各会員である医療機関に配布するなどを行ってきた。しかし、最近の独占禁止法の解釈として、医師であっても経済事業を行う者である以上、事業者に該当し、同法を適用することには障害はないと考える積極説が有力となってきた。

公正取引委員会も昭和54年8月、「事業者団体の活動に関する独占禁止法上の指針」

---

20) 最二判昭和59年2月24日判時1108号3頁・判タ520号78頁。

21) 損害賠償算定基準研究会編・前掲注9）9頁。

を発表した。それによると、自由業に属する者については、それらの者が業として経済活動を行う場合には事業者に該当するとされ、さらに昭和56年8月、「医師会の活動に関する独占禁止法上の指針」が発表されるに及んで、医師会の考えが改められることになった。したがって、前述の地域医師会による料金決定や料金指針の表現は姿を消し、それに代わって慣行料金という表現が用いられるようになった。本来、価格は公正かつ自由な競争を通じて形成されるべきものであり、事業者団体がこれに関与することは、事業者団体の諸活動の中で独占禁止法の問題とされる可能性が最も高いものである（独占禁止法8条1号・4号）。

　したがって、地域医師会が自由診療料金や文書料金を決定することは、必ずしも統一料金でなくとも、標準料金、目標料金等の料金設定の基準を決定することも原則として違反である[22]。

　従来の判例は、地域医療機関の診療料金水準を参考にしているが、それが独占禁止法に違反しているおそれのある場合には、料金の相当性についての証拠とすべきでない。現在、料金の規定や料金指針がない場合でも、過去に存在し、現在も慣行料金と名称を替えて実施されているときには、相当性についての斟酌事由とすべきでないことは明らかである。

　10円判決は、従来の判決のように地域医師会の診療料金を考慮せず、健康保険診療体系に基づく診療報酬料金を基本として認定していることが大いに相違するところである。

　10円判決においては、独占禁止法を根拠として地域医師会による協定料金または名称を替えた慣行料金を根拠とすべきでないことも主張されている。

　なお、平成23年1点10円判決においても、不当利得返還を求められた医療機関が、「本件各診療行為の当時、神奈川県S市内の主だった病院では、自由診療における報酬単価は1点25円（または入院の一部は20円）とされていたのであるから、被告の自由診療報酬の単価もまた、S地域における標準的な金額である」と主張したが、「S市内の慣行が存在するという事情をもって健康保険法に基づく基準を修正すべき合理的な事情とは認めることはできない」と排斥されている。

⑷　自賠責基準の意義

　三者合意をもって、「自賠責基準」、「日医新基準」といわれている。

　もとより、「自賠責保険診療報酬基準案」として正しく理解することが必要である。

　三者合意に先立つ昭和59年自賠責保険審議会答申（昭和59年12月19日）は、一部の医療機関等の医療費請求額が過大であることが指摘され、責任保険の医療費支払いの適

22）楢崎憲安「医療と公正取引」自由と正義37巻4号（1986）31頁以下。医師団体の料金設定は独占禁止法違反となる。

正化が要請されている状況に鑑み、自賠責保険診療報酬基準案を作成し、医療費請求・調査の基準とすることが答申されていたのである。

よって、基準案は、「自由診療の治療費が自賠責保険支払基準に定める『必要かつ妥当な実費』と評価できるかを判断するガイドライン（上限の目安）と解される」[23]のである。

法制度化されていない現状において、医療機関に対する拘束力はないが、自賠責保険における上限の目安、一部の高額請求に対する歯止めとしての機能を果たしていることは否定できない。

その意味において、自賠責保険金額（傷害120万円）を超える医療費についてまで妥当すると解することは困難である。

また、自賠責保険金額内であっても、慰謝料、休業損害の支払いもふまえると、保険金額の50％である60万円を超えた時点では基準案の適用は強制されないと考えるのが穏当ではないかとの自賠責保険実務からの指摘は傾聴に値する[24]。

さらに、健康保険診療も可能であること、裁判例においては自由診療における報酬も健康保険診療における報酬基準が基礎として算定されていること等をふまえると、健康保険診療の診療報酬体系を用いた算定方法への変更など、将来に向け、自賠責保険診療報酬基準案そのもの、さらには広く交通事故診療における報酬基準について、検討すべき時期に達していると思われる。

何度も繰り返すが、自賠責基準は、自賠責保険の支払基準の案にすぎない。

具体的な交通事故において、被害者が診療契約に基づき負担する診療報酬支払債務、加害者が負担する損害賠償額についての基準ではない。

被害者が負担するのは、診療契約に基づき医療機関と合意した診療報酬額である。それらは個別具体的に決められる。被害者が、自らの診療報酬債務として自賠責基準によると合意したのであればともかく、被害者が全く関与しないところで、それが被害者の債務の内容とはならない。ましてや、自賠責保険により填補されない部分についてまで自賠責基準が適用されることにはならない。

このことは、法的構成の問題にとどまらない。自賠責保険の保険金額を超える損害を被った被害者、過失相殺や素因減額が適用される被害者の場合は、特に、その利害に直結する。真にこのことを理解している被害者がどれほどいるのか、大いに疑問である。真の被害者救済のための検討が必要である。

自賠責保険は、被害者の損害を填補する加害者の損害賠償責任に立脚している責任保険であるという意味において、個別具体的な被害者、加害者の真の理解を前提とした、個別具体的な債務を基礎とせざるを得ない。他の社会保険給付、社会保障とは異

---

23) 八島・前掲注19) 14頁。
24) 八島・前掲注19) 18頁。

Ⅲ　損害賠償の対象となる医療費

なる点を理解しなければならない。

　自賠責保険診療報酬基準案、自賠責基準としての合理性の問題と、被害者が負うべき診療報酬債務としての合理性、加害者が負うべき損害賠償額としての合理性の問題は次元が異なる問題である。

IV
医療費に関する裁判例

Ⅳ　医療費に関する裁判例

1　平成元年1点10円判決後の裁判例

　平成元年1点10円判決により、交通事故被害者である患者の自由診療における診療報酬の基準が明らかにされたが、その後、加害者が負担すべき損害としての医療費についても、同様の攻防がなされた裁判例が登場している。

(1)　札幌地裁平成5年3月19日判決

　交通事故被害者の加害者に対する損害賠償請求訴訟において、被害者が1点あたり20円ないし30円で請求したところ、1点あたり10円として計算されている。

■札幌地判平成5年3月19日自保ジャ判例レポート112号 No.7■

　診療点数の単価について
　　Ⅰ外科医院は、原告の治療費を算出するにあたり、診療点数1点あたりの単価を20円ないし30円としており、原告はこれをそのまま請求している。しかしながら、診療点数1点あたりの単価をかように高額に定める合理性は認められないから、1点あたり10円として計算するのが相当である。

(2)　福岡高裁平成8年10月23日判決

　交通事故被害者の加害者に対する損害賠償請求訴訟において、医療費相当の損害が問題となった。病院を経営する医療法人が被害者である原告の補助参加人として訴訟に参加している。

　過剰診療、高額診療ともに問題となったが、高額診療について、原審熊本地裁平成6年4月28日判決は1点単価20円で計算した額を損害の1つである治療費と認定したが、控訴審は、健康保険単価の1.5倍（1点につき15円）を相当因果関係の認められる損害とした。

■福岡高判平成8年10月23日判時1595号73頁■　　　　　　　　　　　　　（筆者江口担当）

　1　控訴人が被控訴人に賠償すべき治療費は、本件事故と相当因果関係のある範囲に限られるから、被控訴人と同補助参加人との間の自由診療契約において1点単価が合意されたとしても、相当な範囲を超える部分については、控訴人は賠償義務を負わない

ものである。ところで、本件においては、右合意の事実を認めるに足りる証拠はなく、交通事故損害賠償の視点から、被控訴人と同補助参加人との間の自由診療契約における相当な診療報酬額が決定されなければならない。

2　健康保険法の診療報酬体系は、1点単価を10円とし、診療報酬点数表の点数にこれを乗じて診療報酬を算定するようになっているところ（同法43条ノ9、平成6年厚生省告示第54号による改正前の昭和33年厚生省告示第177号「健康保険法の規定による療養に要する費用の額の算定方法」）、右体系は、利害関係を有する各界の代表委員と公益を代表する委員によって構成される中央社会保険医療協議会（厚生大臣の諮問機関）の答申に基づくものであり（健康保険法43条ノ14、平成4年法律第7号社会保険医療協議会法による改正前の社会保険審議会及び社会保険医療協議会法13条、15条）、その内容には公正妥当性が認められる。さらに、（証拠略）によれば、交通事故受傷の治療に社会保険診療を施す公的医療機関が相当数あること、健康保険を適用して治療できない病気はない旨述べる学識者も多いこと等の事実が認められることに照らすと、自由診療契約における相当な診療報酬額は、健康保険法の診療報酬体系を一応の基準とし、これに突発的な傷病に適切に対応しなければならない交通事故の特殊性や患者の症状、治療経過等のほか、労災診療費算定基準では、診療単価は1点12円とされていること、自由診療の場合、社会保険診療のような税法上の特別措置の適用が認められていないこと等の諸般の事情を勘案して決定されるべきである。

　　本件についてこれを見ると、被控訴人は本件事故により右脛骨腓骨開放骨折の傷害を負い、前記認定のとおり訴外病院の担当医師は炎症に対する措置をとりつつ骨接合手術を行い、被控訴人は3か月余の入院及び退院約1年後の抜釘のための再入院を余儀なくされたものであるから、右の各事情を勘案すると、被控訴人の治療に係る診療報酬額については、健康保険の単価の1.5倍（1点につき15円）をもって本件事故と相当因果関係のある損害と認めることができる。

(3)　福岡高裁宮崎支部平成9年3月12日判決

　交通事故被害者の治療費にあたった病院を開設する医療法人の患者である被害者に対する診療費請求事件において、自由診療の診療報酬の算定基準が問題となった。原審鹿児島地裁加治木支部平成7年9月19日判決は1点単価を16円として算定するのが相当であるとしたが、控訴審は、健康保険の1点単価の1.5倍の1点単価15円が相当であるとした。

　なお、本件では、患者の親権者である母親が署名した「国民健康保険及び社会保険の取扱いは致しません。自賠責保険・任意保険で診療致します。但し、病院の同意があった場合は、国民健康保険・社会保険で取り扱います」等の記載のあった念書の効力も問題となっているが、自由診療契約のみの締結と認められている（前記47頁）。

Ⅳ　医療費に関する裁判例

■福岡高宮崎支判平成 9 年 3 月12日交民集30巻 2 号307頁■　　　　　　（筆者江口担当）

4　自由診療期間中の診療行為に対する診療報酬の算定基準について

　　まず、控訴人と被控訴人との間で、自由診療について、1 点20円とする旨の合意が
なされたか否かについて検討する。

　　被控訴人は、証拠（略）の念書により 1 点単価20円とする合意が成立した旨主張す
る。

　　同念書は、定型の文書であるが、その中には、「この度の交通事故に伴う診療費の取
り扱いについて、下記事項を確認・同意しました。」との記載の下に「治療費は 1 点単
価20円です。」との記載があり、控訴人と控訴人親権者Ａの署名がある。

　　しかし、同念書の控訴人とＡの名はＡが自書、署名したものであるが、同念書には、
控訴人の共同親権者であるＢの署名はなく、Ｂが右念書の内容の合意をなす意思があ
ったと認めるに足りる証拠はない。

　　よって、右念書による合意は共同親権者の一方の関与を欠くものであるから、控訴
人に対して効力を生じるものとは認められない（また、右念書署名当時、Ａが 1 点単
価の金額にまで十分認識して署名したといえるかも疑問がある。）。

　　以上によれば、本件においては、自由診療の報酬金額については同念書記載とおり
の合意が存在しないことになるから、裁判所が診療行為の内容に応じた相当な診療報
酬額を決定すべきことになる。

　　なお、前記のとおり、Ｔ県医師会では、昭和43年ころから、交通事故患者を自賠責
を使用して自由診療する際の報酬を 1 点単価20円で算定する申合せが存在し、Ｔ県内
の多くの医療機関はこの基準により損害保険会社に請求していたが、この事実のみか
ら、患者を含めた事故の関係者が当然これに拘束される事実たる慣習に該当するもの
とまでは認められない。

　　ところで、健康保険法の診療報酬体系は、1 点単価を10円とし、診療報酬点数表の
点数にこれを乗じて診療報酬を算定するようになっているところ、右体系は、利害関
係を有する各界の代表委員と公益を代表する委員によって構成される中央社会保険医
療協議会（厚生大臣の諮問機関）の答申に基づくものであり、その内容には公正妥当
性が認められるというべきである。さらに、証拠（略）によれば、交通事故受傷の治
療に社会保険診療を施す医療機関も相当数あること、健康保険を適用して治療できな
い病気はない旨述べる学識者も多いこと等の事実が認められることに照らすと、自由
診療契約における相当な診療報酬額は、健康保険法の診療報酬体系を一応の基準とし、
これに突発的な傷病に適切に対応しなければならない交通事故の特殊性や患者の症
状、治療経過等のほか、労災診療費算定基準では、診療単価は 1 点12円とされている
こと（証拠略）、自由診療の場合、社会保険診療のような税法上の特別措置の適用が認
められていないこと等の諸般の事情を勘定（原文ママ）して決定すべきであると解す
る。

　　そこで、これを本件に当てはめて考察する。

> 証拠（略）によれば、控訴人は、本件事故により、右下腿脱臼開放骨折、右下腿、足部挫滅創、頭部打撲などの傷害を負い、被控訴人病院に運ばれ、手術室で感染予防のためブラッシング洗浄、皮膚の切り取りなどが行われ、同病院に入院し、1月22日に本手術、2月1日に抜糸、ギプス装着が行われ、2月25日にはギプスをはずしリハビリが開始され、4月15日退院したことが認められ、右治療の内容（右治療が担当医師の先進的あるいは特殊な医療行為によるものと認めるに足りる証拠はない。）、本件経緯等に照らすと、本件においては、健康保険の1点単価の1.5倍の1点単価15円が相当であると解する。

(4) 山形地裁平成13年4月17日判決①

交通事故被害者の加害者に対する損害賠償請求訴訟において、医療費相当の損害が問題となった。

裁判所は、健康保険の単価の1.5倍（1点単価15円）を相当因果関係の認められる損害とした。

■山形地判平成13年4月17日交民集34巻2号519頁■　　　　　　　　　　（筆者江口担当）

> 健康保険法の診療報酬体系は、1点単価を10円とし、診療報酬点数表の点数にこれを乗じて診療報酬を算定するようになっているところ、同体系は、利害関係を有する各界の代表委員と公益を代表する委員によって構成される中央社会保険医療協議会の答申に基づくものであり、その内容には公正妥当性が認められる。さらに、交通事故受傷の治療に社会保険診療を施す医療機関が相当数あること（証拠略）、健康保険を適用して治療できない病気はない旨述べる学識者もいること（証拠略）に照らすと、自由診療契約における相当な診療報酬額は、健康保険法の診療報酬体系を一応の基準とし、これに突発的な傷病に適切に対応しなければならない交通事故の特殊性や患者の症状、治療経過等のほか、労災診療費算定基準では、診療単価は1点12円とされていること、社会保険診療のような税法上の特別措置の適用が認められていないこと等の諸般の事情を勘案して決定されるべきである。
>
> 本件についてこれをみるに、原告は、突発的に生じた本件事故により外傷性頸部症候群の傷害を負ったこと、A医師がとった措置等諸事情を勘案すると、原告の治療に係る診療報酬額については、健康保険の単価の1.5倍（1点単価15円）をもって本件事故と相当因果関係のある損害と認めることができる。

(5) 山形地裁平成13年4月17日判決②

交通事故被害者の加害者に対する損害賠償請求訴訟において、医療費相当の損害が

Ⅳ　医療費に関する裁判例

問題となった。

　裁判所は、１点単価20円で請求のあった整形外科については、健康保険の単価の1.5倍（１点単価15円）、12円で請求のあった後医である整形外科については、健康保険の単価の1.2倍（１点単価12円）を相当因果関係の認められる損害とした。

■山形地判平成13年４月17日交民集34巻２号527頁■　　　　　　　　　　　　（筆者江口担当）

　　健康保険法の診療報酬体系は、１点単価を10円とし、診療報酬点数表の点数にこれを乗じて診療報酬を算定するようになっているところ、同体系は、利害関係を有する各界の代表委員と公益を代表する委員によって構成される中央社会保険医療協議会の答申に基づくものであり、その内容には公正妥当性が認められる。さらに、交通事故受傷の治療に社会保険診療を施す医療機関が相当数あること（証拠略）、健康保険を適用して治療できない病気はない旨述べる学識者もいること（証拠略）に照らすと、自由診療契約における相当な診療報酬額は、健康保険法の診療報酬体系を一応の基準とし、これに突発的な傷病に適切に対応しなければならない交通事故の特殊性や患者の症状、治療経過等のほか、労災診療費算定基準では、診療単価は１点12円とされていること、社会保険診療のような税法上の特別措置の適用が認められていないこと等の諸般の事情を勘案して決定されるべきである。

　　本件についてこれをみるに、原告は、突発的に生じた本件事故により外傷性頸部症候群類似の症状を呈していたこと、これに対してＡ整形がとった措置等諸事情を勘案すると、Ａ整形での治療に係る診療報酬額については、健康保険の単価の1.5倍（１点単価15円）をもって本件事故と相当因果関係のある損害と認め、Ｂ整形については、原告との診療契約のとおり、健康保険の単価の1.2倍（１点単価12円）をもって本件事故と相当因果関係のある損害と認める。

2　平成23年１点10円判決

(1)　平成元年１点10円判決以後

　平成元年１点10円判決後も高額診療を争点として争われる裁判例はそう多くはなかったが、争点化して点単価を積極的に争った事案においては、点単価12円〜15円とする裁判例が続いたことから、現実問題としてはさておき、損害賠償法的には15円程度が相当であるのかという実感はあった。

(2)　東京地裁医療集中部の判断

　そのようなおり、東京地裁において、あらたな１点10円判決があいついで出された。平成23年１点10円判決は、東京地裁医療集中部における合議判決であり、その意義は大きい。

　平成元年１点10円判決と同様に、一括対応を行った保険会社の医療機関に対する不当利得返還請求訴訟である。濃厚治療、高額診療ともに問題となっている。しかし、平成元年判決とは異なり、一括払いした保険会社が損害賠償金相当額を超える診療報酬を支払った場合の問題、すなわち損害としての医療費が真正面から争点となっている。

　その結果として、裁判所は、交通事故と相当因果関係が認められる損害と認めることができる相当な診療報酬単価は、「健康保険法に基づく診療報酬体系が一応の基準になる」、「健康保険法の診療報酬体系を基準とするのが相当でない合理的事情が存する場合」には、「当該事情を考慮し、上記基準に修正を加えて、相当な診療報酬額を決するのが相当と言うべきである」とした。

　医療機関は、積極的治療や手技の難しい治療方法も積極的に実施していると主張したが、裁判所は、以上の治療が、健康保険診療で行うことができないものであるとか、自由診療で行った場合には診療内容に差異が生じるといった事情は明らかではない、そもそも本件の被害者らが重篤な症状をもった患者ではなく、一般的な治療では困難を伴い、高度の専門的な知識や技量を要したとはいえないとして、健康保険法に基づく診療報酬単価を修正すべき事情を否定した。

　また、医療機関は、神奈川県ａ市内の主だった病院では、自由診療報酬単価は１点25円とされていたので標準的な金額であると主張したが、裁判所は、Ｓ市内の慣行が、診療内容に着目して設けられた差異でないことは明らかであるから、やはり健康保険

Ⅳ　医療費に関する裁判例

法に基づく診療報酬単価を修正すべき合理的な事情とは認められないとして、診療報酬単価を1点10円とした。

(3)　不当利得返還

なお、本判決は、保険会社が異議なく支払ったので和解契約が成立しているとか、債務引受けをしたとの被告の主張を否定、信義則にも反しないとして不当利得返還を認めている。そのうえで保険会社が医療機関に対し一括払いをした後に既払い分の返還請求をすることは、交通事故の解決およびその被害者の保護には決して望ましいことではないから、制度に不備があるのであれば、その改善が望まれるところである、と締めくくっている。

■東京地判平成23年5月31日自保ジャ1850号1頁■　　　　　　　　　　　（筆者江口担当）

第三　当裁判所の判断
　1　はじめに
　(1)　原告は、付保会社であるが、要するに、被告が交通事故の被害者の診療（治療）をして原告から診療報酬を受領したところ、過剰診療及び過大な単価報酬額について不当に利得している旨の主張をするが、被告がこれを争っているので、不当利得の成否について検討する。ところで、交通事故の被害者が被告が経営する病院で診療を受けた場合に、被害者と被告との間では診療契約が成立し、被害者が被告に対し診療報酬（治療費）を支払う義務を負うことは明らかである。これに対し、付保会社である原告は、加害者との間の自動車任意保険契約に基づいて、被害者に対し、同契約及び約款所定の保険金を支払うことになるが、これは、加害者（または運行供用者）が被害者に対して民法709条（不法行為）または自賠法に基づいて損害賠償義務を負うところ、損害賠償金相当額の保険金を支払うものである。以上のとおり、本来、付保会社である原告は、診療を行う被告に対し、法律上の義務を負うことはない。もっとも、医療機関が治療費の支払を確保し、被害者が早期に適切な治療を受けるようにして、被害者、加害者、保険会社、医療機関の各当事者の便宜を図るため、所定の手続をした上で、保険会社が医療機関から治療費（診療報酬）の請求を受け、医療機関に対し直接治療費を支払うことも多く、一般的に一括払いと呼ばれている。本件でも、原告は、被告から治療費（診療報酬）の請求を受け、被告に対し、被害者である三郎、春子、戌田の治療費を支払っている。
　　　以上によれば、原告の被告に対する治療費（診療報酬）の支払いは、原告が被害者に対し損害賠償金相当額の保険金を支払い、被害者が医療機関に対して治療費（診療報酬）を支払うべきところ、便宜的に、原告が被害者に代わって、医療機関である被告に対し治療費（診療報酬）を立替払したものであると解すること

が相当である。

(2) そうすると、原告は被害者に対し損害賠償金相当額の保険金を支払うとしても、本件の各交通事故を原因として不法行為等に基づいて生じる損害賠償金相当額を超える保険金を支払うものでないことは明らかである。そして、原告は被害者が負担する診療報酬を立て替えて被告に対し支払うにすぎないのであるから、原告が被告に対し本件の各交通事故を原因として不法行為に基づいて生じる損害賠償金相当額を超える診療報酬を支払ったときは、原告は被告に対し法律上の原因に基づかないで診療報酬を支払い、原告はその診療報酬相当額の損失を受け、被告はこれを不当に利得したと解することが相当である。

(3) そこで、被告による不必要で過剰な診療行為があったとき、被告が請求した単価が高価にすぎて過大であったときは、いずれも交通事故と相当因果関係がある損害とは認められないから、本件においては、過剰診療があったかどうか、診療報酬単価が過大であったかどうかについて、以下検討する。

　なお、仮に、被告が主張するように、原告が被告に対し診療契約に基づく診療報酬を支払ったのであって、被告は診療報酬を受領する法律上の原因があるとしても、過剰な診療行為は不要であるから、また合意がない場合における過大な診療報酬単価に基づく診療報酬額が不当なものであるから、いずれにしても本来これらの報酬を請求することができないものというべきであって、過剰な診療行為に係る診療報酬額又は過大な診療報酬単価に基づく診療報酬額については、不当利得が成立すると解すべきである。

2　争点1について

(1) 本件各患者の症状と治療について

(2) 被告による治療行為について

（中略）

(3) 診療報酬の単価について

　ア　はじめに、本件においては、被告と本件の各患者との間の診療契約において、前記第二の1の前提となる事実等(2)オ及び(3)エのとおり、各患者から健康保険を利用するとの申し出がないことから、自由診療（自費治療）によるものであったこと、被告と各患者との間では、診療報酬額についての合意がなかったことが認められる。

　　もっとも、上記認定のとおり、被告の診療報酬単価が高額にすぎて過大であるときには、本件の交通事故と相当因果関係がある損害と認めることはできないから、本件の交通事故による傷害の治療について、相当な診療報酬単価について検討する。

　イ　証拠（略）によれば、健康保険においては、保健医療機関は、療養の給付に関し、療養の給付に関する費用の額から一部負担金（健康保険74条）に相当する額を控除した額を保険者に請求することができ（同法76条1項）、上記療養の

給付に関する費用の額は厚生労働大臣の定めるところにより算定する旨が定められており、上記厚生労働大臣の定めである「健康保険法の規定による療養に要する費用の額の算定方法」（昭和33年厚生省告示177号）によれば療養に要する費用の額は1点の単価を10円とし、同告示の別表において各療養の給付につき定められた点数に応じて算定すべきものとされており、厚生労働大臣が上記療養の給付に関する費用の額を定めるときは、中央社会保険医療協議会に諮問するものとされており（同法82条1項）、同協議会は、診療報酬につき直接利害関係を有する各界を代表する委員と公益を代表する委員によって構成されており、その審議の結果出される答申の内容は、各界の利害を調和させ、かつ、公益を反映させたものとして、その内容には公正妥当性が認められるから、自由診療契約における相当な診療報酬額についても、上記健康保険法に基づく診療報酬体系が一応の基準になるということができる。もっとも、問題となる診療行為が、独自の先進的治療法である等、健康保険法の診療報酬体系を基準とするのが相当でない合理的事情が存する場合にまで、前記基準に従うことが相当ということはできないから、そのような場合には、当該事情を考慮し、上記基準に修正を加えて、相当な診療報酬額を決するのが相当と言うべきである。

ウ　そこで、進んで、本件において、上記基準を修正すべき合理的事情が存在するかについて検討する。

被告は、本件の各患者の症状は、いずれも腰部挫傷、頸部挫傷、さらにはその他の打撲や挫傷を負い、神経根症状とバレリュー症状が複合するという複雑なものであり、入院治療中は、健康保険適応はないが、高い効果が検証されているリプル点滴や、ニコリンH：注射液、メクロンM注射用なども使用して早期回復のための積極的治療が行われており、また、ブロック療法（特に星状神経ブロック注射）などの手技の難しい治療方法も積極的に施しているのであって、以上のような積極的な治療内容に照らせば、本件の各患者についての診療報酬単価は、1点あたり20円ないし25円とすることにも合理性がある旨主張する。

しかし、本件においては、ニコリンH注射液、メクロンM注射用及びリプルといった薬剤については、その使用について必要性、相当性が認められず、医師の裁量の範囲を超えて使用されたものなのであるから、これらの薬剤を使用したことが、上記基準を修正すべき合理的事情とならないことは明らかである。また、ブロック療法、特に星状神経ブロック注射については、証拠（略）によれば、神経ブロック一般について、神経性ショック、アナフィラキシーショック、局麻中毒、深部感染、血腫などの合併症の危険があり、特に星状神経ブロック注射は、手技が難しく、星状神経節ブロック注射特有の合併症として、反回神経麻痺、血管穿刺、椎骨動脈等への局麻薬誤注入による全身痙攣、脳痙攣等の症状が生じることもあり、場合によっては死亡に至るリスクも存在する治

療法であることが認められる。しかしながら、本件の主張と証拠を検討しても、以上の治療が健康保険診療で行うことができないものであるとか、自由診療で行った場合に診療内容について差異が生じるといった事情はなんら明らかではなく、ブロック療法に前述したような高度な技術を要するとしても、当該療法を選択したことが、健康保険法に基づく基準を修正すべき事情になると直ちに認めることはできない。そもそも、上記認定のとおりの被害者らの受傷の程度、症状、所見に照らせば、本件の被害者らが重篤な症状をもった患者であったということはできないし、その治療にあたって、一般的な治療では困難を伴い、高度に専門的な知識や技量を要したとはいえないのであって、やはり健康保険に基づく診療報酬単価を修正すべき事情があるとは認めがたい。

　また、被告は、本件各診療行為当時、神奈川県ａ市内の主だった病院では、自由診療における報酬単価は１点25円（または入院の一部は20円）とされていたのであるから、被告の自由診療報酬の単価もまた、ａ地域における標準的な金額である旨主張し、証拠（略）によれば、平成17年11月21日時点で、ａ市内の複数の病院が自由診療の診療報酬単価を１点単価20円ないし25円としていることが認められるほか、被告代表者も、慣行上、以上のような診療報酬単価を用いていた旨供述する。しかし、被告代表者自身、一般論としてではあるが、健康保険診療も自由診療も、同じ医師が診察を行い、投薬についても基本的に差異はなく、入院やベッド、食事についても、同様の診療行為を行っていた旨供述しているのであり、前記のようなａ市内の慣行が、診療内容に着目して設けられた差異でないことは明らかである。以上からすれば、ａ市内の慣行が存在するという事情をもって、健康保険法に基づく基準を修正すべき合理的な事情と認めることはできない。

　その他、本件全証拠に照らしても、本件において、健康保険法に基づく基準を修正すべき合理的な事情は認めることはできない。以上からすれば、本件における診療報酬単価は、１点10円とするのが相当である。（略）

(3)　その他費用について

(4)　利得の不存在

　被告は、本件の各患者との医療契約に基づき実施した診療、検査、投薬注射、処置施術、その他の医療給付の対価として、診療報酬の支払を受けたものであるから、仮に当該医療給付に濃厚過剰の部分があったとしても、被告と各患者との間に医療契約があり、これに基づき各患者が医療給付を受けたのだから、本件の各患者の被告に対する診療報酬の支払義務を否定し得ない以上、被告においてこれを不当に利得したとはいえない旨主張する。

　しかし、被害者との関係と、原告との関係は別に考えることができるのであって、原告との関係では前記のとおり、不法行為に基づく損害賠償金相当額を超える部分については不当に利得したものと解すべきであるから、被告が過剰な診療

をしてその報酬を得たり、過大な診療報酬単価に基づいて診療報酬を受領していれば、原告との関係においては、被告に不当な利得が生じていると解すべきである。したがって、この点に関する被告の主張は採用できない。

⑸　被告による不当利得の額

（中略）

3　争点⑵について

　被告は、被告が原告に対し、診療報酬請求書を交付して、診療内容や診療報酬単価を明示して本件の各被害者の診療報酬を請求し、これに対して、原告は、特段の異議を述べることなく診療報酬を支払っているのであるから、少なくとも黙示に、各被害者に関する診療報酬額について和解契約が成立している旨主張する。

　しかし、診療契約に基づく診療報酬額についての和解契約を締結すべき当事者は、診療契約の当事者である本件の各患者と被告であり、原告が本件の各患者から代理権を授与されていた等の事情がない限り、原告と被告が本件の各患者に対する診療報酬についての和解契約を締結できるものではないし、その効力が生じることもない。そして、本件においては、原告が、本件の各患者から和解契約締結についての代理権を与えられていたとは認められない。

　また、上記認定のとおり、原告は、各患者に対し保険金を支払うべきところ、便宜的に、被告に対し、診療報酬（治療費）を立て替えて支払ったのであるから、被告から請求を受けた診療報酬を支払ったとしても、被告との間の和解契約に基づく支払いをしたものとは認められない。したがって、和解契約が締結されたことを前提とする被告の主張は採用できない。

　この点、被告は、原告が本件各患者の診療報酬を支払うに当たって、被告との間で、減額交渉を行い、一括払いを行っていることから、原告が診療報酬支払債務を併存的に引き受け、これによって負担することとなった診療報酬債務について和解契約を締結することは可能である旨主張する。しかし、前記のとおり、任意保険会社が医療機関に対して一括払いを行ったとしても、通常、保険会社が被害者らの便宜のため、加害者の損害賠償額の確定前に、その範囲内で、治療費を自賠責分を併せて一括して立て替えて支払うものにすぎないのであって、その際に、任意保険会社と医療機関との間で協議が行われたとしても、立替払いを円滑に進めるための手段にすぎず、任意保険会社が被害者と併存的に債務を引き受ける合意をしたものとまで解することはできない。本件においても、原告が併存的債務引受をしたとは認めるに足りない。

　以上のとおりであるから、この点に関する被告の主張は採用できない。

4　争点⑶について

　被告は、原告が併存的に診療報酬債務を引き受けたと認められないとしても、被告との間で診療報酬の内訳を協議し、これを承認して支払ったのであるから、これを覆して不当利得返還請求をすることは信義則に反し許されない旨主張する。

証拠（略）によれば、原告と被告は、本件の各交通事故の被害者である三郎、春子、戊田の各診療行為について一括払いをする旨合意したこと、そこで、被告は、診断書、診療報酬明細書等を原告に送付して、定期的に原告に診療報酬の請求をしたこと、原告は、被告に対し、ベット（ド）代等の費用について減額を求め、被告もこれに一部応じたこと、診療報酬明細書には診療報酬単価も明示されていたこと、原告は、被告との間で上記のように交渉をした上で、診療報酬を支払い続けてきたことが認められる。

しかし、上記事実を前提としても、原告は、被告から診断書や診療報酬明細書の送付を受け、交通事故の被害者である本件の各患者と医療機関である被告の便宜を図って一括支払いに応じていたのであって、それ以上に診療内容や診療報酬単価を異議なく承認する旨を明示して支払っていたのではないから、原告が診療内容や診療報酬単価を承認していたものと認めることは相当でない。

また、診療内容及び診療報酬単価の必要性、相当性については、上記認定のとおり、診断書や診療報酬明細書のみで判断することは困難であって、診療録、これに対する専門的知識を有するものの所見等を検討しなければ、その当否を検討することは困難というべきであるから、保険会社である原告に対し、一括支払いの時点で、診療内容や診療報酬単価について異議を述べることを期待することは無理を強いるものであるし、かえって一括払いの制度の趣旨に反することになりかねない。本件でも、原告は、一括払いの時点で指摘できるものについては被告と交渉したうえで、一括払いを実行し、本件各患者の診療録やX線写真等の記録については、証拠保全の申立てを行って入手して本件訴訟の提起に至ったものと認められる。

これらの検討によれば、原告が一括払いを行ったからといって、債務額を承認したものということはできないのであって、原告が本件不当利得返還請求をすることは信義則に反すると認められないというべきである。

被告は、原告からの要請があれば、担当医との面談の機会の提供や、レントゲン写真等の貸し出しを行うこともできた旨主張するが、そうだとしても、前記判断を覆すに足りる事情とはいえない。

以上のとおりであるから、この点に関する被告の主張は採用できない。なお、付け加えると、鑑定の意見にあるとおり、保険会社が医療機関に対し一括払いをした後に既払い分の返還請求をすることは、交通事故の解決及びその被害者の保護には決して望ましいことではないから、制度に不備があるのであれば、その改善が望まれるところである。

5 結論

よって、原告の請求については主文掲記の限度において理由があるからこれを認容し、その余の請求は理由がないからこれを棄却することとし、訴訟費用について民訴法64条1項本文、61条を、仮執行宣言について民訴法259条1項をそれぞれ適用して、主文のとおり判決する。

Ⅳ　医療費に関する裁判例

3　平成25年1点10円判決

⑴　東京地裁交通専門部の判断

　東京地裁医療集中部で出された1点10円判決が大きな話題となっていたところ、今度は、東京地裁交通専門部合議体により、1点10円判決が出された。

　本判決は、交通事故被害者の加害者に対する損害賠償請求訴訟において、医療費相当の損害が問題となった。病院を経営する医療法人が被害者である原告の補助参加人として訴訟に参加している。

　過剰診療、高額診療が問題となったが、過剰診療そのものについては、「その必要性と相当性を欠く過剰診療又は濃厚診療であるとすることはできない」とした。しかし、高額診療については、「健康保険表に基づく診療報酬体系による算定方法が一応の基準になるということができる」としたうえで、健康保険法に基づく診療報酬体系における点数、1点単価10円で算定した。

　すべての通院日に、「理学療法(Ⅳ)複雑115点」が加算され、マッサージ療法2,100円、2回を除いて鍼療法4,200円を併用して実施したことは、医師の治療内容と選択の実施に係る裁量を逸脱したものとまでは認められないとしつつも、健康保険法に基づく診療報酬体系により、35点を超える点数部分、マッサージ療法の治療費部分を減算するといった手法である。

　原告の請求額840万7,694円、うち治療費等200万8,860円、弁護士費用76万円、本判決による認容額713万7,334円、治療費等84万8,500円、弁護士費用65万円である。専ら医療費のみが争点となったものである。これに対し、東京地裁交通専門部として、真正面から判断が示されたものとして、23年10年判決とともに、極めて大きな意義を有しているといえる。

⑵　支払いの中止

　なお、医療機関より、加害者が加入している組合は治療費の請求に従い途中まで治療費を支払ってきたが、治療が終了後に治療費が高額であると主張することは信義則に反するとの主張がなされたが、一括払いの経緯、治療の減額交渉の経緯などから、信義則に反するものではないとされている。

3　平成25年 1 点10円判決

■東京地判平成25年 8 月 6 日交民集46巻 4 号1031頁■

1　認定事実

（中略）

(6)　一方、本件組合は、平成22年 5 月24日、原告が本件クリニックに通院していると
の連絡を受けたことから、原告が早期に適切な治療を受けられるように、いわゆる
治療費の一括払の手続（本件クリニックが治療費の支払を確保し、原告が早期に適
切な治療を受けられるようにして、原告、被告、本件クリニック及び本件組合の便
宜を図るため、本件組合において、本件クリニックから直接に治療費の請求を受け
るとともに、本件クリニックに対して治療費を直接支払う手続）を手配することと
し、本件クリニックに対してその旨連絡した。その後、本件組合は、本件クリニッ
クから同年 7 月に同年 5 月分及び 6 月分の各診療報酬明細書の送付を受けたとこ
ろ、同診療報酬明細書によれば、「理学療法(Ⅳ)複雑」に加えてマッサージ療法と鍼灸
療法の治療費が重複して請求されているという問題点もあったが、通院頻度も高く
なく、診療報酬額も高額ではなかったことから、これを是認することとし、支払に
応じた。さらに、本件組合は、同年 9 月30日に同年 7 月分及び 8 月分の各診療報酬
明細書の送付を受けたところ、同診療報酬明細書によれば、治療方法の変化もない
まま通院回数が増えており、その結果、相当額の治療費が請求されていたが、治癒
又は治癒見込日が同年10月31日となっていたことから、それまでの支払はやむを得
ないと判断し、支払に応じた。

しかし、本件組合は、平成22年12月 1 日に同年 9 月分及び10月分の各診療報酬明
細書の送付を受けたところ、同診療報酬明細書によれば、ほぼ毎日の通院がされる
状況となっており、治療内容も上記の重複治療が継続しており、治癒又は治癒見込
みの日が同年12月31日と変更されていたことから、必要な措置と対応を迫られる
こととなり、原告補助参加人（本件クリニック）との間で減額交渉をすることとなっ
た。本件組合の担当者は、同月22日、B医師と面談し、B医師は、本件組合からの
減額の提案についてなお検討すると述べ、対応を約束した。しかし、平成23年 1 月
には、本件組合に対し、弁護士から原告の代理人に就任したとの連絡があったため、
本件組合と原告補助参加人との間の減額交渉は事実上の打ち切りとなった。

（中略）

3　原告の損害額（争点②）について

(1)　治療費等について　84万8500円

ア　前記前提となる事実(6)、前記 1 の認定事実(6)に証拠（略）及び弁論の全趣旨を
総合すると、①原告は、本件クリニックにおいて、いわゆる自由診療の方法によ
り本件事故による傷害についての診療を受けたこと、②その診療の開始に際し、
原告と原告補助参加人との間で、個別の治療費について具体的な合意はされなか
ったこと、③一方で、本件組合は、本件クリニックにおける原告の治療費につい
て、いわゆる一括払の手続を手配したこと、④その結果、原告補助参加人は、健
康保険法に基づく診療報酬体系とは異なる算定方式により、総治療点数 4 万0176

Ⅳ　医療費に関する裁判例

点、1点単価25円とするなどして治療費を算定し、被告又は本件組合に対し、本件組合が立替払をした平成22年8月31日までのものを含め、合計208万8860円の治療費等（文書料を含む。）を請求したこと、⑤原告は、本件訴訟において、本件事故と相当因果関係のある治療費として同額を請求していることがそれぞれ認められる。

　　これに対し、被告は、本件クリニックにおける原告に対する治療内容が過剰・濃厚なものであり、治療の必要性及び相当性があるとはいえず、また、健康保険法に基づく診療報酬体系と異なる算定方法により算定された治療費は相当性を欠くと主張するので、以下検討する。

イ㋐　まず、治療内容の必要性及び相当性について検討すると、臨床現場における医師による診療行為は、専門的な知識と経験に基づき、患者の個体差を考慮しつつ、刻々と変化する症状に応じて実施されるものであるから、患者に対する個々の治療内容の選択と実施については、当該医師の個別の判断を尊重し、医師に対して一定の裁量を認めることが相当である。したがって、医師による治療内容の選択と実施については、それが明らかに不合理なものであって、医師の有する裁量の範囲を超えたものと認められる場合でない限り、その必要性と相当性を欠く過剰診療又は濃厚診療であるとすることはできず、実施された治療と交通事故との間に相当因果関係を認めるべきである。

　㋑　これに対し、実施された治療内容について、交通事故の加害者が被害者に対して不法行為責任に基づいて賠償すべき治療費の額は、当該事故と相当因果関係があると認められる範囲に限られるのであって、治療費の算定については、治療内容の選択と実施と同様に医師又は病院の裁量に委ねられるものとすることはできない。交通事故の被害者が病院との間で一定の算定方法により算定された額の治療費を支払う旨の合意をしたとしても、被害者が当該合意に基づいて病院に対して治療費を支払うべき義務を負うのは格別、加害者は、当該合意に拘束されるものではないから、相当な範囲を超える治療費については賠償責任を負わない。

　　そして、前記1で認定した原告の症状の推移及び本件クリニックにおける治療の経過によれば、原告が本件事故により負った頚椎捻挫の傷害は、何ら重篤なものではなく、また、その治療の経過をみても、高度の救急措置、麻酔管理、専門医療従事者の参加等を必要とするものではなく、さらに、その治療内容についてみても、自由診療であるといっても、特に高い専門的知識や技術を要する治療がされたわけではないから、結局、頚椎捻挫に対する一般的な治療の域を出るものではなかったといわざるを得ない。したがって、原告の傷害に対する治療は、健康保険に基づく治療の範囲により実施することとも十分可能なものであったということができる。

　　ところで、健康保険法においては、保険医療機関は、療養の給付に関し、療

養の給付に関する費用の額から一部負担金（健康保険法74条）に相当する額を控除した額を保険者に請求することができ（同法76条１項）、療養の給付に要する費用の額は、厚生労働大臣の定めるところにより算定する旨が定められており（同条２項）、この厚生労働大臣の定めである「診療報酬の算定方法」（平成20年厚生労働省告示第59号）によれば、療養に要する費用の額は、１点の単価を10円とし、同告示の別表（医科診療報酬点数表）において定められた点数を乗じて算定すべきものとされている。そして、厚生労働大臣が療養の給付に要する費用の額を定めるときは、中央社会保険医療協議会に諮問するものとされており（同法82条１項）、同協議会は、診療報酬につき直接利害関係を有する各界を代表する委員と公益を代表する委員によって構成されており（社会保険医療協議会法３条１項）、その審議の結果出される答申の内容は、各界の利害を調和させ、かつ、公益を反映させたものとして、その内容には公正妥当性が認められる。したがって、交通事故の被害者が自由診療契約に基づく治療を受けた場合であっても、本件のように、健康保険に基づく治療の範囲により治療を実施することも十分可能であったと認められるときには、実施された治療について交通事故の加害者が被害者に対して不法行為責任に基づいて賠償すべき相当な治療費の額を判断する上で、健康保険法に基づく診療報酬体系による算定方法が一応の基準になるということができる。

ウ　以上を踏まえて、原告の傷害に対する本件クリニックにおける治療内容と、当該治療について原告補助参加人によって算定された治療費等の額について、本件事故と相当因果関係が認められるものであるか否かについて検討する。

　　㋐　まず、証拠（略）によれば、原告の治療に係る本件クリニックの各診療報酬明細書においては、平成22年５月の１回を除く全ての通院治療日について、「外来管理加算」として52点が加算されていることが認められ、同点数に基づき算定された治療費が損害として請求されている。

　　　しかし、証拠（略）及び弁論の全趣旨によれば、健康保険法に基づく診療報酬体系においては、「外来管理加算」は、処置、リハビリテーション等を行わずに計画的な医学管理を行った場合に算定することができ、かつ、医師による丁寧な問診と詳細な身体診察を行い、それらの結果を踏まえて、患者に対して病状や療養上の注意点等を懇切丁寧に説明するとともに、患者の療養上の疑問や不安を解消するために一定の取組みを行った場合に算定することができるものであると認められる。

　　　この点、証拠（略）によれば、本件クリニックにおいては、すべての通院治療日において理学療法が行われている上、また、原告又は原告補助参加人は、「外来管理加算」を算定する前提として、原告に対して具体的にいかなる診療行為を行ったのかを主張しておらず、上記各通院治療日に「外来管理加算」として52点を加算すべき診療が行われたと認めるに足りる証拠もない。したがって、

「外来管理加算」の点数については、これを本件事故と相当因果関係のある治療費の算定の基礎とすることはできない。

そうすると、被告が賠償すべき本件事故と相当因果関係のある治療費を算定するに当たっては、本件クリニックの診療報酬明細書に記載された総治療点数4万0176点から、1回当たり52点に加算回数である122回（通院回数123回から1を減じたもの）を乗じた6344点を減算すべきである。

(ｲ) 次に、証拠（略）によれば、原告の治療に係る本件クリニックの各診療報酬明細書においては、①全ての通院治療日について、「理学療法(Ⅳ)複雑」として115点が加算されていること、②全ての通院治療日について、「マッサージ療法」として2100円が加算されていること、③平成22年5月及び9月の各1回を除く全ての通院治療日について、「鍼灸治療」として4200円が加算されていることがそれぞれ認められ、同点数等に基づき算定された治療費が損害として請求されている。

a ところで、前記1の認定事実(2)のとおり、原告は、全ての通院治療日にマッサージ療法を受けるとともに、平成22年5月22日と同年9月7日の2回を除き、鍼療法を受けていることが認められるが、マッサージ療法と鍼療法の併用は、B医師の判断に基づくものであり、また、同(3)から(5)までのとおり、当該治療により原告の疼痛症状について一定の低減効果があったことが認められる。

そうすると、原告に対してマッサージ療法と鍼療法を併用して実施したことは、原告の通院が極めて高頻度といえる時期があることを考慮しても、B医師が有する治療内容の選択と実施に係る裁量を逸脱したものとまでは認められない。

b もっとも、証拠（略）及び弁論の全趣旨によれば、健康保険法に基づく診療報酬体系においては、鍼療法と併用することができる理学療法は、消炎鎮痛措置の35点に限られ、この場合にマッサージ療法について同35点と別に請求することができないことが認められるところ、本件においては、原告に対して電気マッサージが実施されたことがうかがわれるものの、原告又は原告補助参加人において、115点の算定に相応する理学療法を実施した、あるいは、原告に対して健康保険法に基づく診療報酬体系において想定されているものとは異なる特段のマッサージ療法が実施されたとの具体的な主張をしておらず、それを認めるに足りる的確な証拠もない。したがって、35点を超える理学療法の点数部分及びマッサージ療法の実施に係る治療費部分については、これを本件事故と相当因果関係のある治療費の算定の基礎とすることはできない。

そうすると、被告が賠償すべき本件事故と相当因果関係のある治療費を算定するに当たっては、本件クリニックの診療報酬明細書に記載された総治療

点数４万0176点から、１回当たり80点に加算回数である123回（通院回数と同じ。）を乗じた9840点を減算し、また、原告又は原告補助参加人の請求に係る総治療費等から、１回当たり2100円に加算回数である123回を乗じた25万8300円を減じたものとすべきである。

(ウ)　次に、証拠（略）によれば、原告の治療に係る本件クリニックの各診療報酬明細書においては、平成22年５月21日に「初診料」として274点が、同月30日から同年７月31日までの全ての通院治療日について、「再診料」として73点が、同年８月１日以降の全ての通院治療日について、「再診料」として74点（ただし、同年９月のうちの11回は73点と推認される。）がそれぞれ加算されていることが認められ、同点数に基づき算定された治療費が損害として請求されている。

しかし、証拠（略）及び弁論の全趣旨によれば、平成22年当時の健康保険に基づく診療報酬体系においては、初診料が270点、再診料が69点であったことが認められるところ、原告又は原告補助参加人において、これを超える初診料又は再診料を算定すべき理由について具体的な主張をしておらず、その必要性を認めるに足りる的確な証拠もない。したがって、健康保険法に基づく診療報酬体系の各点数を超える部分については、これを本件事故と相当因果関係のある治療費を算定する基礎とすることはできない。

そうすると、被告が賠償すべき本件事故と相当因果関係のある治療費を算定するに当たっては、本件クリニックの診療報酬明細書に記載された総治療点数４万0176点から、初診料に係る４点並びに再診料に係る平成22年７月31日までの84点（１回当たり４点に通院回数である22回から１を減じた21回を乗じたもの）及び同年８月以降の494点（１回当たり４点に通院回数11回を乗じた数と１回当たり５点に通院回数90回を乗じた数との和）の合計582点を減算すべきである。

(エ)　次に、証拠（略）によれば、原告の治療に係る本件クリニックの各診療報酬明細書においては、平成22年５月の１回を除く全ての通院治療日について、「再診時療養指導管理料」として1080円が加算されていることが認められ、これに基づき算定された治療費が損害として請求されている。

しかし、証拠（略）及び弁論の全趣旨によれば、「再診時療養指導管理料」は、労働者災害補償保険に基づく診療においては加算することができるが、健康保険に基づく診療においては加算することができない項目であることが認められるところ、原告に対する治療は労働者災害補償保険に基づく診療ではない。また、原告又は原告補助参加人において、同加算をすべき理由について具体的な主張をしておらず、その必要性を認めるに足りる的確な証拠もない。したがって、「再診療養指導管理料」については、これを本件事故と相当因果関係のある治療費を算定する基礎とすることはできない。

そうすると、被告が賠償すべき本件事故と相当因果関係のある治療費を算定

するに当たっては、原告又は原告補助参加人の請求に係る総治療費等から、1080円に加算回数122回（通院回数123回から１を減じたもの）を乗じた13万1760円を減算すべきである。

(ｵ)　さらに、証拠（略）によれば、原告の治療に係る本件クリニックの各診療報酬明細書においては、１点単価25円で治療費が算定されていることが認められ、このように算定された治療費が損害として請求されている。

しかし、上記イ(ｲ)のとおり、健康保険法に基づく診療報酬体系においては、１点単価10円で治療費が算定されているところ、原告又は原告補助参加人において、これを超える単価により治療費を算定すべき理由について具体的な主張立証をしていない。また、原告の受傷に対する治療が健康保険法に基づく治療の範囲を超えるものであったと認めることができないことは、上記イ(ｲ)のとおりであり、上記単価を修正すべき事情もうかがわれない。

そうすると、被告が賠償すべき本件事故と相当因果関係のある治療費を算定するに当たっては、１点単価を10円とすべきである。

(ｶ)　以上によれば、本件事故と相当因果関係のある治療費等は、原告又は原告補助参加人の請求に係る総治療費等200万8860円から、①総治療点数４万0176点から減算すべき上記(ｱ)から(ｳ)までの合計１万6766点に25円を乗じた41万9150円、②総治療点数４万0176点から上記(ｱ)から(ｳ)までの合計１万6766点を減算した残余の治療点数２万3410点に15円を乗じた35万1150円、③同(ｲ)の25万8300円、④同(ｴ)の13万1760円をそれぞれ減じた残額の84万8500円となる。

なお、原告補助参加人は、本件組合が、原告補助参加人からの治療費の請求に従い、平成22年８月分までの治療費を支払ってきたところ、当該治療費について原告補助参加人と協議する機会があったにもかかわらず、協議をしなかったのであり、本来あるべき責務を果たしていないから、治療が終了した後に至って当該治療費が高額であると主張することは、信義則に反し、許されないと主張する。しかし、本件組合が本件クリニックにおける原告の治療費について一括払をした経緯、その後、本件組合が本件クリニックにおける原告の治療費について原告補助参加人との間で減額交渉に着手したものの、結局、同交渉が事実上の打ち切りとなった経緯は、前記１の認定事実(6)のとおりであるから、本件組合が、原告補助参加人からの請求どおり、平成22年８月分までの治療費を支払ったことをもって、本件組合と原告補助参加人との間で治療費の算定方式について合意が成立したと認定することはできないし、被告が本件訴訟において原告又は原告補助参加人の請求する治療費等が高額であると主張することをもって、信義則に反するものということもできない。

4　裁判例の示す基準

(1)　健保基準

　　加害者が負担すべき被害者の損害としての医療費が問題となる場合、不当利得返還請求訴訟（平成23年1点10円判決）でも、損害賠償請求訴訟（平成25年1点10円判決）でも、「健康保険法に基づく診療報酬体系による算定方法が一応の基準となる」。

　　健保基準は、厚生労働大臣が定めるところにより算定されるが、厚生労働大臣は、診療報酬につき直接利害関係を有する各界を代表する委員と公益を代表する委員によって構成される中央社会保険医療協議会に諮問する。その審議の結果出される答申の内容は、各界の利害を調和させ、かつ、公益を反映させたものとして、公正妥当なものと認められるので、自由診療契約における診療報酬額を定める場合でも、一応の基準となるのである。

　　なお、健保基準に否定的な見解は、交通事故による受傷は、突発かつ重症複雑多様な症状に対する高度の救急措置が必要であるから、経費に見合う料金を要求すべきとする。しかし、この点については、平成元年1点10円判決によって、交通事故の被害者の大半は軽症であること、救急措置を必要とする傷病者のうち交通事故被害者の占める割合は4分の1にも満たないこと、重症であるほど健康保険診療によっている国公立病院、大学病院に搬送されていることなどから、排斥されている。平成23年、25年1点10円判決では、医療機関から、このような主張さえなされなかったとおりである。

(2)　健保基準修正の合理的事情

　　もとより、健保基準によることが相当でない合理的事情が存する場合は、健保基準を修正することが認められる。

　　そこで、健保基準を修正すべき合理的事情が何であるのか問題となる。

　　平成23年1点10円判決は、「問題となる診療行為が、独自の先進的療法である場合」が例示されている。

　　しかし、手技が難しい、死亡に至るリスクも存在する治療法であったとしても、「健康保険診療で行うことができないものである」、「自由診療で行った場合に診療内容について差異が生じる」といった事情は認められない、「一般的な治療では困難を伴い、高度の専門的な知識や技量を要したとはいえない」として、健保基準を修正すべき事

Ⅳ　医療費に関する裁判例

情になることは認めていない。また、地域の慣行が存在しても、診療内容に着目して設けられた差異ではないから、健保基準を修正すべき事情とは認められないとしている。他にも25円で請求している医療機関がある、ということをもって、25円を請求することは認められないことは明らかとなっている。

　平成25年１点10円判決でも、健保基準に加算すべき合理的理由が認められないとしている。

　健保基準を修正すべき合理的事情として確かなのは、健康保険診療では対応できない診療行為、治療内容くらいである。

　なお、健康保険診療だと、画像撮影の回数が制限される、湿布の枚数が制限されるから自由診療とすべきであるなど主張がなされることがある。しかし、健保基準を修正する以前の問題として、その治療が、事故による受傷に対する治療として、必要性、相当性が認められることは当然の前提である。

　また、平成25年１点10円判決のとおり、マッサージ療法、鍼療法、理学療法を併用することは医師の有する治療内容の選択と実施にかかる裁量を逸脱していないといえるとしても、だからといって、健保基準とは異なる請求が認められるわけではなく、35点の算定に限定されていることからしても、健保基準における算定上の制約をもって、健保基準を修正すべき合理的事情にあたるわけでない。

　同様に、自由診療の患者には、法律相談のサービスがある、待合室が別である、など診療とは異なるサービスがあるとしても、それをもって加害者が負担すべき損害としての医療費を修正すべき事情と認めるのは無理である。

　加害者が負担するのが公平であると判断される医療費こそが、事故と相当因果関係が認められる被害者の損害として、損害賠償の対象となることをあらためて確認する必要がある。

V

高額診療に関する学説

Ⅴ　高額診療に関する学説

1　平成元年1点10円判決以前

(1)　五木田和次郎（五木田病院長）[1]

　平成元年1点10円判決が出される前から、交通事故被害者の治療に健康保険を使用することの合理性については、医師の立場からも、「自由診療なら治るが、健康保険では治らないという道理などない」として、健保診療一本化を率直に提言していた。

【交通事故医療でうったえる】[2]

　　自由診療なら治るが、全国民に医療を保障する健康保険では治らないという道理などあろうはずがありません。それにもかかわらず、交通事故医療の健保利用率は件数ベースで全国平均15％程度といいます。交通事故医療がすべて健保診療で行われるなら、医療費は自由診療の2分の1、あるいは3分の1ですみます。そこから浮くお金を被害者の生活保障に回すことができれば、交通遺児家庭をはじめ、交通事故被害者家庭の生活困窮などほとんどなくなるのではないでしょうか。

　　……健保診療か自由診療かを被害者に選択させるのは多くの場合実情に合わないばかりでなく、ある意味では酷でさえあるように思えます。健保診療、自由診療いずれかを選ぶのでなく、被害者からの特別の申し出がない限り、交通事故医療も原則として健保診療によることにしてはどうでしょうか。……

　　……健保診療一本にするためには自由診療が健保診療より高度高質の医療であるという多くの国民が持っている誤った認識を改めてもらわなければなりません。健保診療で治らなくて、自由診療でなら治る病気や傷害などあろうはずがありません。

　　……まず医師会が率先して救急病院はもとより、損害保険会社や各共済、診療報酬支払基金などに呼びかけ、交通事故医療の健保診療一本化の方策を工夫し、法律改正も含めて必要な措置を講じるように強く要望してほしいものです。……

(2)　伊藤文夫（自動車保険料率算定会（現：損害保険料率算出機構））

　自動車事故被害者の診療の現状をふまえ、自賠責保険における診療報酬基準案の必要性を提言したものである。

1）Ⅴ・Ⅸに紹介する学説の著者・講演者の職名・所属等は発表当時のものとする。
2）五木田和次郎「交通事故医療でうったえる」共済と保険310号（1984）72頁〜74頁。

1　平成元年1点10円判決以前

【自動車事故における医療費の現状】[3]

　　従来、自動車事故診療の特殊性として、①重度多発性外傷を伴う緊急救急医療であり、②また、それゆえ高度・高額の医療機器を導入しその維持運営に多額の経費を要すること、③交通事故はいつ発生するか予測がつかず、オン・コール体制を含めて医師・看護婦を24時間待機させていなければならない、等が指摘されてきたところである。もとより、これらの指摘は正鵠を射たものではあるが、他面、①については、救命救急センター等へ搬送された患者の実態をみる限り、その圧倒的部分が交通事故の被害者であるということはできず、交通事故の被害者とそれ以外の重度多発性外傷を受けた者に対する診療行為にどのような違いがあるのかについて今少し明らかにする必要があろうし、②についても救急告示病院に収容され高度医療機器を必要とする者のうち、交通事故の被害者の占める割合についての説得力ある説明が必要であろう。また③についても、救命救急センター等の第三次救急医療施設を別にすれば、救急医療情報システムの整備等の進展に伴い、あらゆる医療機関が交通事故被害者の搬送に備えて常に24時間待機体制を維持する必要性があるか、等の問題があるからである。しかし、その反面、健康保険による診療については租税特別措置法による税制上の優遇措置が認められているところであるが（同法26条・27条）、自由診療にはそのような税制上の優遇措置は認められておらず、病院経営の健全性の確保の視点からいって診療報酬基準案の策定にあたっては、この税制上の問題も無視できないポイントであろう。さらに自賠責保険については、被害者に重大な過失が認められるときには、損害賠償額から一定割合を減額し、また自賠責保険を超過する損害の場合に機能する任意保険では過失相殺をすることになるが、その場合に医療機関の持つ診療報酬債権の不履行危険をどのように評価し取扱うかについても検討されるべき大きな課題であろう。

むすび

　いずれにせよ、自動車事故の受傷に伴う診療について自由診療がここまで定着している現状を前提にしつつ、被害者に良質かつ公平な医療を保障し、かつ医療機関の現在の経営を圧迫せず医療機関の協力を得て交通事故被害者に対する救急医療の整備と診療の確保を図って行くためには、自賠責保険についての診療報酬基準案の策定さらには、公正な立場からの診療報酬基準に関する審査機関の設置は不可欠のところと思われる。

(3)　座談会「自動車事故における医療費をめぐる諸問題」

　自賠責基準への取組みについての座談会であるが、診療報酬基準案が策定された今日においても解決されていない問題点も既に指摘されていた。

3）伊藤文夫「自動車事故における医療費の現状」ジュリスト833号（1985）57頁～58頁。なお、同「自動車事故における医療費をめぐる問題」『総合特集 自動車事故』ジュリスト増刊42号（1986）99頁も同旨。

V　高額診療に関する学説

> 出席者　伊藤文夫・斉藤正巳・平野善次郎（自動車保険料率算定会）
> 　　　　古林治宏（千代田火災海上保険）
> 　　　　金澤　理（早稲田大学法学部教授）
> 　　　　田邨正義（弁護士）
> 　　　　渡辺富雄（昭和大学医学部教授）

【自動車事故における医療費をめぐる諸問題】[4]
● 金澤　理

> 金澤　確かに今おっしゃったように、そもそも交通事故医療については、第1に、その
> 基準の適用範囲をどのように設定するかという問題がありますね。つまり、自賠責保険
> だけに適用するのか、あるいは任意対人賠償保険にも適用するのか。基準の射程距離を、
> 現段階でどのようにお考えになっているのかということに非常に興味があります。
> 　第2に、社会保険診療との位置づけをどうするかの問題があります。賢明な策定者側
> の検討では、例えば健康保険の一律で、何倍でやるという形では考えておられないんじ
> ゃないかと期待するわけです。例えば非常に簡易かつ単純なものについては、健康保険
> あるいは労災保険の場合と同じように、1点単価いくらという考え方もあるでしょう。
> これに対し、高度な医療技術を要するもの、例えば頭部の骨折を伴う脳挫傷のような、
> 脳外科の専門医による手術の必要性があるようなものについては、被害者救済の見地か
> らより高い診療報酬基準を考えてもよいのではないかと思います。

● 田邨正義

> 田邨　自賠責保険で診療基準をつくること自体に私は若干の疑問を持っているわけで
> す。基準なら健康保険の診療基準があるわけで、それでなぜやれないのか、災害医療の
> 特性とは言いますが、その特性なるものについての分析を十分やらないで基準をつくる
> と、将来に禍根を残すおそれがあるのではないかというのが一つと、医師会の協力を得
> ることは非常に望ましいとは思いますけれども、協力を得るためにあまり基本姿勢を崩
> されると、ごく少数の悪質な例外はチェックできるようになるかもしれないが、しかし、
> 交通災害医療全体の適正化と医療費負担の軽減につながらないで終わるおそれがあるの
> ではないでしょうか。

(4)　塩崎勤（東京地裁民事27部判事）

　東京地方裁判所における交通事故事件の実情を報告する中で、裁判官として、被害
者救済の観点から、交通事故被害者の治療に健康保険を使用することを法的あるいは

4）座談会「自動車事故における医療費をめぐる諸問題」賠償医学2号（1985）42頁〜59頁。

1 平成元年 1 点10円判決以前

制度的に確立して抜本的に解決すべきと提言したものである。

【損害賠償と社会保障研究会 第29回報告書】[5]

> 交通事故の被害者の医療は、いわゆる自由診療がほとんどであるから、健康保険医の治療行為に関する報酬が基準になるかどうかが問題であるが、一般に健康保険の治療基準が交通事故の治療費の相当性の判断の 1 基準として考えることができようかと思われる。問題は、その相当性の限界をどこに求めるかであるが、下級審の判例を見ると、2 倍程度に制限するものがもっとも多い。しかし、このような制限は、医者の指示通りに治療を受けて実際に高い治療費を支払った患者に気の毒なことになり、医者のふところのみこやすことになるから、素人考えであるが、交通事故の医療費について、健康保険を適用すべきことを法的制度的に確立するなどして抜本的な解決をはかる方がベターではないかと考える。

(5) 西原道雄（神戸大学法学部教授）

自由診療であっても、損害賠償の対象になるのは、通常支払うべき医療費であるから、単価は原則として社会保険と同額でいい、と民法的アプローチから、自由診療における健保基準の合理性を提言したものである。

【交通医療費の適正化－交通事故損害賠償における医療費の相当性－】[6]

> ……社会保険と比べて交通事故の医療費は高いということが、しばしば問題になっておりますが、これに対して、交通事故の医療はほかの医療と違うんだということが、時としていわれます。最も代表的なものが、昭和44年に日本医師会が出した意見で、交通傷害に対する診療には一般の外傷や労働災害と違う独自の特殊性があるんだという趣旨が述べられております。どういうことか。『突発かつ重症、複雑、多様な症状を呈して、一刻の油断も許されない瀕死の症例に遭遇する。そして後遺障害の多様化がはなはだしい。重点的、集中的に適切な治療行為を施し、なお将来の合併症、偶発症状をも考慮しつつ、後遺症状の予防のためには特に全力を挙げて、新しい医学、医術の進歩に即応し……収容後も万全な監視をしなければならない。等々』とあります。そうすると、もし交通事故ではなく、崖から落ちたとか、通り魔に襲われたとかそのほかの理由で同じようなケガをした場合には、そんなことをしないでいいのかどうか。……通常かかる費用といえば、健康保険を初めとする社会保険がこれだけ普及している現代の日本において、

---

5) 塩崎勤「損害賠償と社会保障研究会 第29回報告書」（昭和60年 1 月25日）。
6) 西原道雄「交通医療費の適正化—交通事故損害賠償における医療費の相当性—」文部省科学研究「『交通災害』特定研究 交通災害の抑止と補償に関する学際的研究（1985年研究成果報告会）」（1986年 2 月 8 日）。

Ⅴ　高額診療に関する学説

一定の傷害に対するそこでの報酬額を基準にせざるを得ません。それがまさに普通の値段じゃないのか。もしそれより沢山の費用が要るという特別の事情があるのだったら、原告ないしは医療機関側がその理由を、特に主張し立証しなきゃならない。それに納得がいかなければ、勝手に高い値段をつけても認める必要はないんじゃないかという気がします。裁判官は医学の素人で分からないと言われることもありますが、分からなきゃ、普通やっている公定の相場を使えばよいわけですね。したがって原則としては、健保の１点分の治療の単価は10円でいいと思うんです。せいぜい課税の取り扱いの差を考えて、11円50銭、あるいは12円ぐらいまで……、基本的には社会保険を使えば10円で済むことを忘れてはなりません。……

⑹　西三郎（東京都立大学教授）

　自由診療における患者と医療機関との関係性に着目し、医師側が一方的に決めた料金に設定することは好ましくないとして、交通事故被害者の治療に健康保険を使用することを提言したものである。

【救急医療費の価格とそのあり方】[7]

　……現実に地区医師会の段階でみますと……健康保険を使ってくれれば問題はないんだと、健康保険でやってくれと、そのほうがありがたいというご意見の方々がすくなからずございます。健康保険を使ってみても、実際には自賠責のほうに請求がいくわけですから……自賠責を無視した医療費の支払い方式はあり得ないという解釈を取れば、健康保険を使ってもいいのではないかと、これは私の私的な見解です……もともと自由診療は……その条件が、この医学行為の中にあるのか、という点です……自由診療における供給者とディマンド側との間に、対等な情報交換がなされて、そして物品を購入するという自由市場の前提があるとすると、救急医療は自由診療の前提となる患者の側には、予知しない事故により、それを急速に処置しなければいけない。そのため、選択することができない、というのが救急医療の特色ではないか。それから、搬送してくれるのは公的手段である。
　そういうなかで、公的な搬送によるからといって救急医療が公的であるべきである、ということではありませんが、私的な自由市場のなかで任せておくことのできない特性をもっているのではないか。
　おおくの場合には、そういう知識をもたないものですから、救急車に乗せられるとどこへいくか分からない、というのが実態です。また、知識をもっていても、本人が意識が全くないし、それから保護者が全くいない状態において、どこへ連れていかれるかわ

7）西三郎「救急医療費の価格とそのあり方」昭和60年度文部省科学研究費交通災害の抑止と補償に関する研究第２班（救急医療体制と医療費）研究報告書（1986年３月）。

からない。そういう点で、患者の側としては、搬送先の選択ができない。そのうえ今度は、そこへ着いてからも、医療機関の選択もできない、医師の選択もできない、医師の診察拒否もできないという、こういう救急医療の特殊性を自由市場においての慣行料金という名のもとで、医師側が一方的に決めた料金に設定するということは、現在の制度のなかでは、私は好ましいものではないと思います。一般に、通信販売は一定期間で商品が気に入らなかったら返すことができるようになっています。救急の場合も、商品が気に入らなかったら返すことができる商品であれば、返して、別の病院へいってもう一回やり直しがきくんですけれども、それができない。……

(7) 渡辺富雄（昭和大学医学部教授）

　法医学からも、自動車事故傷害の診療行為は健保基準で賄えるとして、交通事故被害者の治療に健康保険を使用することを提言している。

【自動車事故と賠償医学】[8]

　東京地裁27部（交通部）の塩崎勤判事は「交通事故の医療費については、健康保険を適用すべきことを法的あるいは制度的に確立することが抜本的な解決になるのではなかろうかというようなことを考えている」という。筆者はこの意見に強く共鳴する。
　現在わが国の医療保険制度のなかで、診療報酬基準または協定が無いのは自賠責保険のみである。これを自由診療と呼ぶのは妥当性に欠ける。自由診療というのは受診者に市場原理が働く自腹での診療であって、自動車事故の被害者の場合は、加害者の他腹または保険会社に依存しての診療であって、医師側の独断的診療と請求を助長する弊害がある。
　現況では、自動車事故傷害の診療行為自体は健康保険の診療報酬基準で賄える筈である。それが不備なら健保の点数を改訂すべきである。
　自賠責保険の健全な運営にとって医療費の適正化は不可欠な問題である。虚心坦懐に、自賠責保険は被害者救済のための保険であって、医療のための保険ではない。医療費が高ければ、その分だけ被害者への慰謝料や休業損害の保険金が少なくなる。

(8) シンポジウム「交通事故と医療費問題」

　被害者の立場、救急医療の実情、法的見地からも、交通事故被害者の診療は、健保基準と同様であるべきとの提言である。

8）渡辺富雄「自動車事故と賠償医学」『総合特集 自動車事故』ジュリスト増刊42号（1986）26頁。

V　高額診療に関する学説

【シンポジウム　交通事故と医療費問題】[9]

　玉井義臣（交通遺児育英会専務理事）

　　……より本質的に、交通事故診療には健保診療は本当に不可能なのかどうか。一部
の悪徳医を云々するより、診療基準1.5倍とか２倍を健保基準に近づけることが大切
だと思うのですが……。私見では敢えて申しますが、健保の１点10円にすべきと思い
ます。……

　岡村正明（消防大学校教授）

　　……診療基準をどうするかという問題については、救急医療を要するのは交通事故
に限らず、他の原因による重傷のものも又大変な急病といろいろくるわけで、そうい
うものは健康保険の点数で行えて、交通事故だけが、何故20円、30円でなければなら
ないかというのは、医者としてもすっきりといたしません。

　西原道雄（神戸大学教授）

　　自由診療といいますが、診療が医師と患者の関係だけではなく、その費用を加害者
に払わせるとか、あるいは保険がついていて、要するに第三者に払わせる場合には、
同じ傷害に対して、個々の医師や病院が勝手に値段をつけ、あるものは高くかかり、
あるものは安くなるということは許されない。つまり、相当な範囲内でしか治療費支
払の義務は出てこないのであって、……あるいは保険会社が支払うからといって勝手
に値上げすることはそもそもできないので、1.5倍でも２倍でもおかしいのです。それ
を1.5倍とか２倍とかいっているのは、政策的配慮があるかも知れませんが、法律的な
議論としては無理というか通用しないと思うのです。意見として申し上げておきます。

　加藤一郎（成城学園長）

　　先ほど、1.5倍、２倍というのはおかしいという発言がありましたが、私もそう思い
ます。もし、被害者が保険証を携帯していて、病院で保険でやってくれといえば、病
院はそれでやらざるを得ないはずなのです。病院の方としては、保険の規則では有効
な治療はできないし、それでは不十分だから、保険では認められていない特別な治療
が必要だというのだと思うのですが、保険で大抵のことはできるはずですし、今まで
出てきた数字でいくと、保険の点数単価をただ何倍かしているだけで、保険外の薬を
特に必要で使用したという形にはなっていない。そうだとすれば当然保険と同じ1.0
倍でよいわけで、これは患者の弱味に付け込んで医師の収入増のためにやっているだ
けのことではないかと思うのです。

　　また、もし24時間待機しているために、人件費などの点で金がかかるというのであ
れば、それはそれで別の方法を考えて補うようにすべきであって、治療の内容につい
ては当然保険と同じ金額でいくべきだと思います。

　　今までは、医療側に随分遠慮して、いわれるとおりに払ったり、金額もそれほど多
額でもなかったから我慢して払ったりしていたのですが、ここで、医療の高額化がい

9）「報告４　判例に現われた医療費＜シンポジウム＞交通事故と医療費問題」交通法研究15号（1986）
　39頁以下。

1　平成元年1点10円判決以前

ろいろと問題化してきたのですから、自動車保険料率算定会や保険会社等の方でも合理的な線にもっていくように努力していただきたいと思います。

(9)　第112回国会議事録

国会においても、交通事故被害者の診療に健康保険を使用することの周知徹底の必要性が議論されていた。

【第112回国会議事録　永井孝信衆議院議員】[10]

……そこでこの交通事故における健康保険の利用問題が浮かび上がってきているわけであります。

これは59年6月26日の参議院の社会労働委員会の議事録でありますけれども、そこで交通事故の場合に健康保険が適用になるのかどうなのかという質問がなされているわけであります。これに対して、当時の政府委員として出席いたしました吉村さんが、「健康保険は適用されます。」と、まさに単純明快に答弁をされているわけであります。また、ずっと古い話でありますけれども、昭和43年10月12日に『健康保険及び国民健康保険の自動車損害賠償責任保険等に対する求償事務の取扱いについて』という通達が出されておりまして、その中でこの健康保険の関係について触れているわけでありますが、ちょっとご紹介申し上げますと、……。

（中略）

例えば病院・診療所とか医院へ行きますと、待合室に保険の取り扱いとかいろいろなことがパンフレットとかあるいは大きなポスターで受診者の皆さんに知ってもらうように掲示がしてあります。……交通事故の場合でも一般の社会保険が利用できますということの掲示は残念ながら私は見たことがない。なぜなんだろう。ほかのことはどんどん掲示はするけれども、この交通事故にかかわって一般の健康保険を利用できますという周知徹底は、厚生省は図っていると言うんだけれども、医院あるいは病院の待合室でそういう掲示は私はお目にかかったことがない。これはやはり自由診療の方が極端に言えば病院経営者あるいは医院の開設者にすれば利益が大きいから、利益の大きい方に自分たちはできるだけ診療を受けさせるようにしたい、そういう心があるからそうなっているのじゃないですか。……

(10)　江口保夫（弁護士）

平成元年1点10円判決以前に公表していた見解である。

自由診療であるからといって、医療側が自由に決められるものではない、社会常識

---

10)　第112回国会議事録（昭和63年3月24日）永井孝信衆議院議員（社会党）。

Ⅴ　高額診療に関する学説

に従った公正妥当な額であるべきであるから、社会保険診療と同様に扱うべきである。
筆者のこのような見解を採用したのが、平成元年1点10円判決にほかならない。

【交通事故の医療費（自由診療）について】[11]

> 　自由診療とは、医療機関と患者間に結ばれる医療契約に基づく診療をいい、それは通説によると準委任契約と解されている。尤も、自由だからといって医療機関において、投薬、検査及び処置などを行う場合に社会保険の基準に従わず恣意的に自由に決めてよいというものではなく、医療機関は委任の本旨に従い、善良なる管理者の注意をもって患者の診療に当たるべきであり、且つ現代医学の水準たる、学問的・技術的一般医学の水準のもとに診療に当たるべきものである。
> 　また、医療費についても社会保険の基準に従わず自由に決めてよいというものではなく現今の医療保険制度は国民皆保険といわれるまでに普及しており、傷害に応じた治療を受け、且つその治療費は社会保険により定められた額が保険者から医療機関に支払われているので、その額が通常の医療費というべきである。
> 　ことに、交通事故により緊急搬入された場合、受傷者は意識を喪失している場合もあり、仮りにそうでないとしても、緊急のために医療機関を選ぶ余裕もなくその医療機関の人的構成・物的設備、あるいは評判、医療費の高低等について知る機会も選択の余地もなく、直ちに医療契約がなされるのであって、このような準委任契約のときこそ医療費は社会常識に従い公正妥当な額とするのが至当ではなかろうか。
> 　……交通事故の医療費を他の事故の場合と差別したり、他の業種と比較し特に薬価について特別高利益を与える合理的理由はまったくなく、交通事故の医療費といえども社会保険による医療費と同等に扱うことが最も望ましい。

11）江口保夫「交通事故の医療費（自由診療）について」賠償医学5号（1987）2頁。

2　平成元年1点10円判決以降

(1)　山田卓生（横浜国立大学教授）

　交通事故医療費をめぐる問題として、平成元年1点10円判決をはじめとする単価問題を取り上げ、労災保険との対比より、1点あたりの単価を若干高くする（たとえば15円にする）ことは合理性があるが、すべて20円とすることは合理的とはいかなる意味でもいえないとしている。

【単価問題】[12]

> 　……、同じ傷害についても、自動車事故による場合と、それ以外の場合とで、単価＝医療費がことなることの正当化はきわめて難しい。とりわけ自損事故については、本人負担を理由として、健保基準によっていることを考えればそういえる。たしかに、交通事故による傷害については、より複雑で治療の困難なもの（脳障害、複雑骨折等）があるであろうが、それは数にしてみればきわめて少ない。交通事故傷害の大部分が、軽症事案であるとすれば、一般の医療費より高くすることの根拠ははく弱である。
>
> 　この点に関しては、労災事故について労働災害保険から支払われる医療費との対比がなされるべきであろう。労災事故に関しては、とりわけ労災事故に多い傷害（たとえば手指、四肢）については、一点単価を15円程度にするという扱いが定着している。これを参考にすれば、自動車事故に関しても、自動車事故に特有の傷害に関して、一点当たりの単価を若干高くする（例えば15円にする）ことには合理性があろう。これに対しておよそ交通事故に関しては、治療費、投薬費、検査費まで含めて、すべて20円とすることは合理的とはいかなる意味でもいえない。

(2)　山下丈（広島大学法学部教授）

　平成元年1点10円判決についての判例評釈である。自由診療における報酬額については、医療側とすれば、交通事故の特殊性といった視点から、医療供給問題と医療報酬問題が不即不離のものであることを強調しての反論の余地しかないのかもしれないが、本判決がそれも否定したことを確認している。

12）加藤一郎編『交通災害の抑止と補償』（ぎょうせい、1988）125頁。

V 高額診療に関する学説

【交通事故傷害の過剰診療と任意保険】[13]

> ……まず、従来の判例が端的に2倍を認めたというよりも、それ以上の請求に対して、2倍しか認められないとしたものであることが注目されるべきである、との指摘（山田卓生「交通事故医療費のあり方」加藤一郎編『交通災害の抑止と補償』122頁）に留意しなければならない。次に、本件判旨が上記のように、健康保険法の診療報酬体系の合理性・妥当性を強調し、保険診療でなく自由診療という形をとることのみによって高額化するのは不合理であり、自由診療についてもこれを基準とした上で、特に先進的な治療方法や医療技術が用いられた（かつ用いられるべきであった）場合にはその修正（加算・上乗せ）を認めるものとなす点は、将来、計算単価は1点10円かそれとも20円が正しいのかといった争いの繰り返しを回避すべく、柔軟な基準を提案したものといえよう。
>
> そして、こうした提案が裁判実務側から出てくる前提として、国民健康保険の療養取扱機関は、患者から被保険者証を提出され保険診療を求められた場合には、これを拒むことはできないのであり、交通事故被害者の診療につき、病院事務局長の「保険扱いにすると充分な治療、看護ができない」旨の不適切な発言に基づく保険診療への切り替え断念の意思は法律上無効であるとした事例（大阪地裁昭和60年6月28日判決、治療費請求事件、交民集18巻3号927頁）があったことは、まだ我々の記憶に新しい。
>
> このように見てくると、本判決と従来の裁判実務との間には、表面的に受け取られるほどの飛躍は存在しておらず、そしてそのことが本判決の信頼性を確固たるものになしえていると評価できるのである。
>
> 七 おわりに
>
> 本判決の説くところは、まことに正論であり（山田・前掲126頁参照（原文ママ））、医療側としては、Yも主張していたような交通事故医療の特殊性といった視点から、医療供給問題と医療報酬問題が不即不離のものであることを強調しての反論の余地しかないのかも知れない。そうした日本医師会の昭和44年10月の「自賠法関係診療に関する意見」のとる見解に対しても、本判決では、そのような事情は、「本件においては見出し得ない」としている。ここでも、判決が、あくまで個別事案を解決するための個別判断という民事訴訟事件判決の役割の範囲に慎重に留まろうとしている点に注目しなければならない。
>
> 本判決が、保険者側と医療側との交通事故（保険）医療制度のあり方をめぐる話し合いを阻害することなく、むしろ活発なものとする契機となることを期待したい。そして、このことこそ、個別紛争を解決する役割を担う第一線の裁判官のこうした判決にかける期待であろうと思う。

(3) 船越忠（浜松市医師会理事）

医療側には、1点10円判決について批判的なものもある。

---

13) 山下丈「交通事故傷害の過剰診療と任意保険」インシュアランス［損保版］3367号（1989）10頁。

もとより、社会保険診療がコストに見合わない、との前提が正しいのかどうかは判断しかねるが、社会保険診療がコストに見合わないからといって、交通事故加害者にその負担を求めることに合理性を認めるのは困難であると思われる。また、地域間の格差については平成23年判決でも否定されているところである。むしろ、医療側からも、「地域によって診療報酬額に大きな較差が生ずるような具体的な治療行為上の差が存在するとは考えられない」と否定的な見解も出されており（後記135頁）、コスト面を理由に、１点10円判決の判断根拠を覆すのは困難であろう。

【自動車事故における医療費の問題点】[14]

> 　……社会保障という立場を離れた自由診療においては、ある限られた範囲の診療行為（例えば外傷治療など）について社保診療報酬の制限された金額のみを基準にすると、医業経営的にみてコスト面からははなはだ合理性に欠けたものであると云ってよいと思う。
> （中略）
> 　……損する部分と得する部分を組合わせて全体としてバランスをとるという案分勘定の発想で決められている社保診療費の中では、外傷治療は明らかに損をする部分が多いということを意味する。
> とすれば、外傷治療の交通事故診療費を、社会保障として定められた社保診療報酬額で弁済するならば、損害を賠償すべき責務者のみが社会保障を受けるという矛盾を生じ、その付けは医師に一方的に押付けるという不公平・不合理が生ずることとなる。
> 　このように考えてくると、たとえ診療内容が同じであっても、その報酬額については社保診療と自由診療とでは実質的な差異があって何ら不思議ではなく、社保の報酬体系をモデルにする必然性のないことは明白である。
> （中略）
> 　……４分の１の第三者傷害の（責務者のいる）場合ぐらいは、少なくとも、そのコストに合った診療報酬を支払うべきだとするのが日医の見解である（昭和44年の日医見解）。
> （中略）
> 　……各地で自動車事故医療費に差があるのは、各地域の社会性・風土・気候その他複雑な因子がからんでおり、これに伴う治療行為の内容の違いが大きな要素であって、必ずしも経営上の理由ばかりではないと考えざるを得ないのである。
> （中略）
> 　……日医の通達によってその診療報酬額だけを議論することなく、制度そのものの運用方法などをも含め、もっと高い次元での患者救済という立場から、不幸な患者を少しでも少なくして、国民の福祉に貢献するために、問題解決に向け良き協力関係を作る義

14）船越忠「自動車事故における医療費の問題点」日本医事新報3420号（1989）96頁～98頁。

Ⅴ　高額診療に関する学説

務が両者にあるということである。

(4)　浅野直人（福岡大学教授）

　平成元年１点10円判決についての判例評釈である。健保基準の２倍が妥当である、といった判断を示していないことは明らかであるとしつつ、健保基準以上の特別の報酬額の是非が争われる場合は、医療機関が特別の事情があることを明らかにすべきことになるとする。なお、労災における診療報酬が１点11円、11円50銭であることには別の議論の余地があるとしている。

【平成元年１点10円判決判批】[15]

　　本判決は、交通事故医療について、一般的に健康保険診療の報酬体系を適用しうると主張しているように見えるが、実際には、個別の具体的事情による修正の余地があることを認めており、本件の特殊性がこのような判決を導き出したと評価することもできるかもしれない。しかし、少なくとも、従来の裁判例のように、一般的に健康保険医療における診療報酬の２倍の報酬請求は妥当である、といった判断を示していないことは間違いないことであり、健康保険の診療報酬以上の特別の報酬額の是非が争われる場合には、医療機関側が特別の事情があることを明らかにすべきことになり、本判決の考え方が定着すればその与える影響は大きいものと思われる。このほか、判決はさらに、判旨に引用したとおり、健康保険医療報酬に対する課税上の優遇措置を自由診療の報酬額算定にあたって考慮すべきものとし、労災診療報酬の算定上、課税医療機関に対して、１点あたり50銭が加算されることを参考に、薬剤料以外について、同様に取り扱うべきものとした。この点の考え方は、不公正な租税特別措置を是認するものとの批判もありうるであろうが、税制上の不公正の是正を個別の裁判の事案で行うことは妥当でなく、止むを得ない判断といえよう。ただし、50銭で本当に租税負担分を填補しうるかどうかは別途論議の余地があるかもしれない。さらに、本判決は、労働災害医療の診療報酬が１点11円ないし11円50銭であることについては、特に当事者の主張がなかったからであろうが、何らの考慮をしていない。この点については、なお、別に論議の余地がある、といえるかもしれない。

(5)　山上賢一（高知医科大学教授）

　医療側の視点もふまえた平成元年１点10円判決についての判例解説、『社会保障判例百選（第２版）』である。

---

15)　浅野直人「判批」判評371号（1990）29頁～30頁・判時1327号（1990）191頁～192頁。

地域による診療報酬額の較差が生じるような治療行為上の差が存在するとは考えられないとしたうえ、保険診療と自由診療の報酬額を異にすべきことを根拠付ける、診療行為の内容の違い等の実質的差異を合理的に説明し得る事情が必要として、本判決の判断が今後の損害賠償実務に及ぼす影響ははかりしれないものがあるとしている。

【自由診療と診療報酬の算定方法】[16)]

> 自由診療による報酬に関して、自動車保険料率算定会の統計によると、健康保険の点数に換算して、兵庫が2.55倍、東京が2.48倍であるのに対して、福島が1.69倍、沖縄が1.52倍であるという大きな地域較差が存在するとされているが、地域によって診療報酬額に大きな較差が生ずるような具体的な治療行為上の差が存在するとは考えられない。
> （中略）
> ……、保険診療の場合と自由診療の場合の診療報酬額を異にすべきことを根拠付けるには、診療行為の内容の違い等、その実質的差異を合理的に説明なし得る事情が必要であるといわなければならない。そして右のような差異についての合理的事情が存在するときには、その具体的な事情に応じて保険診療による報酬額に修正を加えることを認めるならば何ら不都合はない。
> ところで、裁量基準としての医学の水準は、医療がわが国の医学の発展段階に照応するものであることから、あくまでも医療の時におけるわが国のそれ、一般医家の医学知識を標準とすべきことは当然である。従って、医師としては、常に医学の水準に追いついていくべき義務（Fortbidungspflicht）があり、わが国で刊行される専門誌を閲読するようにすべきであって、もし専門の文献等で、より少ない危険で同一の治療効果を獲得することができるとの理由付けを伴う見解が発表された場合には、これを評価し、従前の臨床を断念すべきものであろう。また当該診療行為が独自の先進的療法である等の理由により健康保険法の診療報酬体系を基準とするのが相当でない場合には、諸般の事情を斟酌して、社会通念上合理的な診療報酬額を決定すべきであるが、この場合にも、健康保険法の診療報酬体系全体との均衡について配慮することが必要である。
> （中略）
> ……自由診療において、本件のように、診療報酬の合意を欠く場合には、健康保険法の診療報酬体系を基準として診療報酬を算定することとし、結論として健康保険法の診療報酬とほぼ同額の報酬を認めたに止まる本判決の判断は、今後交通事故による損害賠償の実務に及ぼす影響がはかり知れないものがあると考察される。

(6)　岩村正彦（東京大学教授）

平成元年1点10円判決についての判例解説、『社会保障判例百選（第3版）』である。

16）山上賢一「自由診療と診療報酬の算定方法」『社会保障判例百選〔第2版〕』別冊ジュリスト113号（1991）71頁。

V　高額診療に関する学説

　被害者が報酬額に無関心であることを奇貨として問題が生じていることをふまえたうえ、本判決について、医療機関の利得に法律上の原因があるか、自由診療契約上の根拠があるかという角度から検討した問題に対して精緻な論理構成により説得力ある論旨を展開したと注目に値するものとしている。

【自由診療と診療報酬の算定方法】[17]

> 　自由診療では、社会保険診療とは異なり、当事者が自由に報酬額を定めることができる。ところが、実際には、報酬額の取決めをしないことが多い。これは、交通事故については、強制・任意の自動車損害賠償責任保険から治療費が支払われうるので、被害者が報酬額に無関心なことによる。これを奇貨として、医療機関は、社会保険診療報酬体系（診療行為を細目に分類し、それぞれに点数を付与している）の1点単価（10円）よりも数倍高く単価設定することで、社会保険険診療に比べて相当高額の医療費を請求することがある。かくして、加害者・保険会社と被害者・医療機関との間で、右の1点単価をめぐって紛争に至る場合がある。本件もその一例である。
>
> （中略）
>
> 　本件は、前記裁判例のような不法行為請求ではなく、被害者に代わって治療費を負担した保険会社が、医療機関に対して、高額請求分を不当利得として返還請求した事案である。この点に本件の事案としての特徴がある。そこで、医療機関の得た利得（つまり治療費）に法律上の原因があるかを（民法703条）、被害者と締結して自由診療契約上の根拠があるかという角度から検討を加える必要が生じる。問題を難しくするのは、契約上報酬額についての合意がないことである。本判決は、この難問に対し、精緻な論理構成により、自由診療で、報酬額の合意を欠く場合の、診療報酬額の決め方について、説得力ある論旨を展開した注目に値するものである。

(7)　原田啓一郎（駒澤大学准教授）

　平成元年1点10円判決についての判例解説、『社会保障判例百選（第4版）』である。

　自由診療の報酬額は、その時点における医療水準において合理的に必要とされる診療内容について決定されるものであり、医師の任意に定めた額によるわけではないこと、誓約書などの合意の存在が認められるとしても、その後の診療内容などによってはその拘束力が否定されることも明らかにしている。

　報酬額の合意がない場合においては、診療報酬体系が診療行為の価格決定において参照し得る客観的な唯一の指標であるとして、本判決の判断には十分説得力があると

17）岩村正彦「自由診療と診療報酬の算定方法」『社会保障判例百選〔第3版〕』別冊ジュリスト153号（2000）64頁〜65頁。

している。

【自由診療と診療報酬の算定方法】[18]

　　……本判決は、自由診療の場合、契約自由の原則に基づき、医師と患者との間でその報酬額を自由に合意することができることを前提にしており、交通事故医療における自由診療それ自体を否定しているものではない。実務では、交通事故による傷病は自由診療扱いとし、診療契約の締結過程で誓約書等に診療報酬額を明示することにより報酬額に関する合意の存在を主張することが多い（緊急かつ重篤で医療機関に搬送されてきた被害者に対する診療の実情に照らすと、こうした取扱いが妥当であるかについて疑問は残る）。ただし、自由診療の報酬額は、その時点における医療水準において合理的に必要とされる診療内容につき、その難易度・医師の技術・一般の医療費水準との比較等を検討した上で決定されるものであり、医師の任意に定めた額によるわけではない（大阪地判昭和45・6・18判タ248号99頁など）。また、当事者間に診療報酬の額について誓約書による合意の存在が認められるとしても、その後の診療内容などによってはその拘束力は否定されることがある（横浜地判平成14・10・28交民集35巻6号1814頁）。

　　……他方、本判決は診療報酬額について合意が存在しないことを前提とする。判旨(i)以下では、まず、本件診療契約に診療報酬額に関して合意がない場合には、補充的解釈により、裁判所が報酬額を決定することを認めうる余地を示す。次に、裁判所は何を指標にして報酬額を決定しうるのかという問題になるが、判決は利害関係を有する各界の意見および公益を反映した公正妥当な診療報酬である健康保険法の診療報酬体系に一般の診療報酬の算定する基準としての合理性を見いだす。そして、報酬額の設定について合意の欠ける自由診療による場合でも、健康保険の診療報酬点数表は当該行為の価格設定の指標にもなると判示している。合意のない場合においては、診療報酬体系は診療行為の価格決定において参照しうる客観的な唯一の指標であることから、こうした判断には十分説得力があるといえる。

（中略）

　　……本判決の判断は、交通事故との相当因果関係を有する損害額の算定の判断に大きく影響しており、下級審裁判例の方向性は一定程度固まりつつあるといえる。

(8)　江口保夫（弁護士）

　平成元年1点10円判決について、当時、まとめたものである。今後のあり方について問題を提起していたものである。

---

18) 原田啓一郎「自由診療と診療報酬の算定方法」『社会保障判例百選〔第4版〕』別冊ジュリスト191号（2008）69頁。

Ⅴ　高額診療に関する学説

【自由診療における診療報酬単価を1点10円とした判決をめぐる諸問題】[19)]

> 　自由診療における医療費単価が健康保険診療の1.5倍乃至2.5倍と順次値上げされて来た。医療費裁判においても裁判所は、地域医療機関の医療費水準を参考として1点単価を2倍迄認めるような判決が言渡されて来た。また、診療内容についても自由診療には健康保険診療のような審査機関がないため、濃厚・過剰診療が一部医療機関において公然と行われているのが、交通事故医療の現状と思われる。
> 　そのように放任され、医療費が高額化されたのは医療機関のみの責任ではなく、支払者側である損保会社あるいは自動車事故を扱う共済組合が医療という専門分野は神聖な領域として、進んで入ろうとせず、医療機関の請求は正しいものとして、言われるままその支払をなして来たからである。また、医療がらみの交通事故訴訟においても、全損害の内医療費の占める割合が少ないため、休業損害・逸失利益・慰謝料等金額の嵩む分についてのみ減額努力してきた。また、裁判所も被告が医療費について争わなかったから、医療機関の発行した診療報酬明細書のみにより、診療内容や、診療報酬の1点単価について審理することなく、これを認めて来たものである。
> 　今後は適正な医療費支払のため、診療内容について詳細な検討をなし、かつ、1点単価も本件判決を参考として高額医療費請求に対しては減額努力すべきである。
> 　また、医療費を風船にたとえれば一旦膨らんだものを、上から押さえて1点10円にしたとしても、その押された分が廻りに膨らみ、それが濃厚・過剰診療あるいは長期遷延治療になる恐れがあると思われる。したがって、適正医療費とするためには上からも側面からもチェックする必要があり、場合によっては法的規制も必要ではなかろうか。今後の日本は高齢者社会を迎えるといわれ、益々国民医療費が増大し、負担が大きくなるといわれている今日、医療費については国民レベルで真剣に考えるべき問題であろう。

(9)　羽成守（弁護士）

　平成元年1点10円判決についての判例解説である。本判決が、交通事故による損害賠償額についての判断を避けているとの前提に立って批判している。もとより、その後の裁判例、ことに、平成23年、25年1点10円判決の判断からは大きくかけ離れている。

【自由診療における診療報酬単価を1点10円とした判決をめぐる諸問題】[20)]

> 　本判決は、契約自由の原則に則り、診療報酬契約の自由を全面的に認めている。
> 　……この判決の論理を一般的に敷衍すれば、（救急車で搬入されるような）交通事故に

---

19)　江口保夫＝羽成守「自由診療における診療報酬単価を1点10円とした判決をめぐる諸問題」判タ712号（1990）60頁。
20)　江口＝羽成・前掲注19）61頁～63頁。

おいて、自由診療が、存在する余地はほとんどなくなることとなろう。自由診療が必要か否かの問題はさておき、そもそも契約自由の原則に基づく医療契約（本判決では「準委任」としている）は、後に発生した健康保険という報酬支払制度の導入により、徐々に変質を来している。その上に本判決の如き運用がなされるときは、本判決が一般論として自由診療の存在を認めているにもかかわらず、緊急性のある交通事故に関しては、自由診療は存在できないこととなろう。

しかし、他方、本判決の論理に従えば、交通事故であっても、患者本人が、医師から合理的な医療行為の内容および報酬を事前に説明された上、自由な意思に基づいて、瑕疵のない自由診療契約を締結した場合、右契約は有効となる。

この場合、公序良俗等に反しない限り裁判所は診療報酬契約について判断できないが、自由診療契約に基づいて患者が医師側に支払った、あるいは支払の約束をした報酬額が、そのまま当該交通事故と相当因果関係のある損害とされるかは別問題であり、前述のごとく、本判決は、損害賠償額に関する判断を避けた。

⑽　木ノ元直樹（弁護士）

自由診療の意義を重視し、日本医師会の意見に肯定的な見解である。

もとより、それでも、自由診療の必要性が認められるのは、重傷事例に限られ、軽傷事例や他覚的所見のない傷病、むち打ち損傷について自由診療の必要性が肯定されることはほとんどないとしている。

【治療費】[21]

……交通外傷については、保険診療報酬体系の下での治療が必要かつ合理的な医療行為であるのが原則である。原則として、保険診療で認められた範囲の医療行為が交通外傷の治療として必要かつ合理的な範囲であると言うべきであり、特別の事情が認められない限り、加害者の治療費の賠償範囲はこの部分に限定されると考えられる。これが基本である。

5　例外的に自由診療の必要性は認められるか。

これについては、いかなる場合であっても健康保険診療報酬体系の下での治療が必要かつ十分な治療と評価されるべきであり、自由診療をそのまま認めることはできないとする見解もあるようであるが、このような硬直的見解には必ずしも賛同できない。

まず、交通事故による被害者の受傷度が重傷、重篤あるいは瀕死の事例もあり、このような場合には、前記日本医師会の意見は説得力を持ってくると考えられる。また、交通外傷に対する治療は、被害者の損害回復という側面のみならず、後遺障害を予防あるいは軽減するための損害拡大防止という機能も有しており、健康保険診療報酬体系の下

21）木ノ元直樹「治療費」飯村敏明編『現代裁判法大系6』（新日本法規出版、1998）301頁〜302頁。

Ⅴ　高額診療に関する学説

での治療ではこれが果たせないものの、高度先進医療を施すことによってこれが可能となり、被害者の総損害が抑制できる場合もあるのである。このような事例について、自由診療は不必要であるとは言えないであろうし、加害者の立場からしても、結果的に被害者の総損害を抑制する治療行為を否定する必然性はないはずである。

（中略）

したがって、健康保険診療報酬体系を一応の基準としながらも、例外的に、被害者の症状や治療経過等に照らして、自由診療による保険診療より高額な治療費が必要かつ合理的な事例がありうると考えるべきである。ただし、ここまで論じてきた中である程度明らかとなったと思われるが、自由診療の必要性が認められるのは、重傷事例に限られ、軽傷事例や、特に「鞭打ち損傷」等の他覚的所見のない傷病について、自由診療の必要性が肯定されることはほとんど考えられない。

⑾　伊藤文夫（損害保険料率算出機構）

平成元年1点10円判決以前から積極的に取り組んできた医療費問題についてまとめた論文である。診療報酬基準案について極めて公共性の高いものと位置付け、その策定・修正、具体的運用に、高い透明性と幅広い意見の吸収を行い、公的基準性の獲得に向かうべきとまとめている。

【自動車事故民事責任と保険の交錯】[22]

……診療報酬基準案の策定された地域では今後、自由診療に伴う診療報酬額は、患者と医療機関との間で特別の合意がある場合を除いて、当該基準案に示された金額を中心に展開して行くものと思われる。ただ、先に述べたように、この基準案は、医療機関と損害保険会社との間の私的経済的合意として位置づけられるべきものではなく、国民各層に広く影響を与える自賠責保険料の水準に決定的影響を与えるという意味で極めて公共性の高いものと位置づけられるものである。その意味で、その策定・修正・具体的運用には極めて高い透明性と、学識経験者等を通じた社会の幅広い意見の吸収を行い公的基準性の獲得に向かうべきものと思われる。

---

22)　伊藤文夫「自賠責保険における医療費問題の推移と現状」、「自動車事故と医療費」、「交通事故における自由診療と診療報酬額」『自動車事故民事責任と保険の交錯』（保険毎日新聞社、1999）。

3 平成23年・平成25年1点10円判決以降

(1) 加藤智章（北海道大学教授）

平成23年1点10円判決後もふまえた平成元年1点10円判決についての判例解説、『社会保障判例百選（第5版)』である。

1点10円判決が、社会保険診療でも治療し得る傷害に対する診療報酬額が、自由診療という形をとることのみによって高額化するのは合理性を欠くとした点を高く評価している。

【自由診療と診療報酬の算定方法】[23]

> ……、医療機関の得た利得である治療費に法律上の原因があるかについて、自由診療契約に基づく診療報酬請求権から検討することが求められる。ここで、契約上報酬額に関する合意がないことが問題となるが、本判決は、詳細な事実認定と精緻な論理構成によって、報酬額の合意を欠く場合における診療報酬額の決め方について、説得力ある論理を展開した点で注目に値する（同種事案として、東京地判平成23・5・31交民集44巻3号716頁がある)。特に、社会保険診療でも治療しうる傷害に対する診療報酬額が、自由診療によるという形をとることのみによって高額化するのは合理性を欠く、と述べた点は高く評価したい。

(2) 丸山一朗（損害保険料率算出機構）

平成23年1点10円判決についての判例解説である。

加害者が負担すべき損害としての診療報酬について、健保基準が一応の基準になり得ること、合理的な事情があれば修正して相当な診療報酬額が決定されること、合理的な事情が認められる一例として、被害者の症状が重篤で、独自の先進的療法が行われているケースとまとめている。

なお、診療報酬基準案と健康保険との関係の整理を今後の課題とあげている。

---

23) 加藤智章「自由診療と診療報酬の算定方法」『社会保障判例百選〔第5版〕』別冊ジュリスト227号（2016）65頁。

V　高額診療に関する学説

【交通事故診療報酬単価をめぐる問題】[24]

　……保険会社が医療機関に対し交通事故を原因として不法行為に基づいて生じる損害賠償金相当額を超える治療費（診療報酬）を支払ったときは、保険会社は医療機関に対して法律上の原因に基づかないで診療報酬を支払い、保険会社はその診療報酬相当額の損失を受け、医療機関はこれを不当に利得した（不当利得が成立する）関係になることが、本判決によって確認されたものと考える。

（中略）

　……「平成元年10円判決」および「平成23年10円判決」によって、交通事故の自由診療においても、その診療報酬については健康保険法の体系（1点単価10円）が一応の基準になり得ること、合理的な事情があればその基準を修正して相当な診療報酬額を決することができること、合理的な事情が認められる一例としては、被害者の症状が重篤であって、独自の先進的療法が行われているケースが想定されていることなどが確認されたものといえよう。

（中略）

　……保険会社が本件不当利得返還請求をすることは信義則に反するものと認められないと判示した。一括払い制度の現状を踏まえる限り、妥当な判断であると思われる。

（中略）

　……今後の課題として、自賠責診療報酬基準の将来の制度化に向けた検討が残されている。制度化の検討にあたってどうしても避けて通れない問題として、今般の「平成23年10円判決」がいみじくも示唆するとおり、健康保険との関係をどう整理するかという点が挙げられよう……。

(3)　坂東司郎（弁護士）

　高額診療に関する平成元年1点10円判決以降の裁判例、23年10円判決、25年10円判決などを紹介したうえ、1点10円を超える単価が認められる事情として、裁判実務について次のように報告している。

【弁護士から見た交通事故医療費の問題点】[25]

　交通事故の裁判実務においては、一般的な考え方として、「健康保険に基づく診療報酬単価を修正すべき事情」が認められない場合には、健康保険法の診療報酬体系（1点＝10円）を基準とする考え方が採られていると言える。

24）丸山一朗「交通事故診療報酬単価をめぐる問題」『自動車保険実務の重要判例―事例に学ぶ33のポイント―』（保険毎日新聞社、2017）119頁～123頁。
25）坂東司郎「弁護士から見た交通事故医療費の問題点」交通事故賠償研究会編『交通事故診療と損害賠償実務の交錯』（創耕社、2016）55頁～58頁。

……健康保険に基づく診療報酬単価を修正すべき合理性があれば、10円を超える単価が認められることはあり得るが、判決例を概観すると、これに当たるものとしては、以下のような事項が考えられる。

▶(1)　患者本人の同意

　10円判決は「健康保険基準によらず、自費診療によるとして病院の定めるところにより支払うと合意したと認めるに足る証拠はないので、裁判所が諸般の事情を考慮して決める」と述べていることからわかるように、患者と病院との間で、「病院の定めるところによって支払う」という合意がある場合には「1点＝10円」を超える単価が認められるということがあり得る。

（中略）

▶(2)　緊急性が認められる場合

　東京地裁平成9年8月29日判決（交民30巻4号1221頁）は、患者について、在留期限が切れて健康保険利用ができなかったという事情があったことに加え、患者の全身状態が重篤で緊急を有する場合で、かつ、その期間が11日間に過ぎなかったことを理由に、「1点＝25円」で算定することを妥当としている。

▶(3)　先進的あるいは特殊な医療行為

（中略）

　……、「高度・困難・先進技術を用いた治療」の場合には、1点＝10円を超える単価が認定される可能性があるということになる。

▶(4)　まとめ

(ア)　医療費単価が問題となるのは、多くは、事故で負った傷害が頸椎捻挫等軽症であったにもかかわらず、過剰診療がなされた場合である。したがって、上記修正要素のうち、(2)(3)が認められる場面はほとんどないと考えられる。他方、(2)(3)が認められる場合は、医師の応召義務との関係から言っても、その専門性に基づき、最善で高度な治療を施さなければならないのであって、「1点＝10円」の原則が貫かれるのが妥当とは言えない場合もあり得ると思われる。

(イ)　これらに対して、(1)の事情については、一旦、治療費は、被害者が単価に合意して、治療費を支払った場合でも、最終的には、加害者が負担することになるので、これを「合理的な事情」とすることには疑問もある。

（中略）

　診療契約が医師と患者との間で締結される契約であることに鑑みれば、保険診療とするか自由診療とするか、また、自由診療の場合に1点いくらと設定するかは、本来、当事者の自由である。ただし、交通事故の損害賠償を論ずるにあたっては、前記のとおり、合意の効力を無制限に認めることは困難であるが、事実上、社会通念に基づき、許容できないような極端な場合でなければ、患者の「承諾」がある場合には、その単価そのものは容認される傾向にあり、ただ、この場合でも、対象期間は合理的な期間に制限されることになると思われる。

Ⅴ　高額診療に関する学説

⑷　八島宏平（損害保険料率算出機構）

　自賠責保険における医療費の現状をふまえ、自賠責保険診療報酬基準案について、自由診療の治療費が自賠責保険支払基準に定める「必要かつ妥当な実費」と評価できるかを判断するガイドライン（上限の目安）であり、かつ、医療費請求全般をコントロールするというより一部の高額請求に対して上限を画する歯止め機能に主眼があったと考えられることから、基準案の制度化をめぐる問題点を整理している。

　診療報酬基準案の制度化にあたり、より原則に戻り、健保基準に準拠することも考えられるとしている。

【自賠責保険の歴史およびその運用経過と医療費の現状と課題】[26]

　　　基準案の性格と機能（競争制限的機能の有無）
　基準案は、自由診療の治療費が自賠責保険支払基準に定める「必要かつ妥当な実費」と評価できるかを判断するガイドライン（上限の目安）と解される。自由診療契約は医療機関・患者（被害者）間で成立しているため、加害者や自賠責保険会社が介入することはできないが、基準案に則って算定した診療報酬を医療機関が請求する形態をとれば治療費を適正化できると考えられる。
（中略）
　現在の基準案はガイドライン（上限の目安）なので医療機関に対する拘束力はないが、制度化の暁にはこれが認められることが自然である。前記の法定化でない制度化によって診療契約に自賠責保険者が介入できるのか、また、被害者（＝患者＝社会保険被保険者）が有する社会保険診療を受ける権利の行使との調整も難問である（厚生労働省見解は事故治療に対する健保適用可能というものでありこの見解との整合性を保つ必要がある。）。この点、基準案を自由診療に係る唯一の算定基準とせず、健康保険の診療報酬体系を用いて1点単価を調整する算定方法のように他の算定方法も選択的に許容する仕組みも検討すべきと考える。
（中略）
　現行基準案は労災保険の診療報酬体系に準拠しているが、より原則に戻って健康保険の診療報酬体系に準拠することも考えられる。現行が労災保険に準拠するのは外傷治療の専門性の面から自動車事故受傷と親和性があったことが原因と思われるが、自賠責保険では軽傷事案が9割を占める現状を踏まえると、労災保険との親和性がどこまで認められるのか改めて振り返ることが必要と考えられる。
（中略）
　基準案による診療報酬算定は自賠責保険金額（傷害による損害：120万円）による制約

26）交通事故賠償研究会編・前掲注25）八島宏平「自賠責保険の歴史およびその運用経過と医療費の現状と課題」16頁〜18頁。

を受けるので、保険金額を超えた場合にその適用範囲を確定させる必要がある。自賠責保険は医療費の他に慰謝料・休業損害等も支払対象にしているので被害者の損害総額が120万円を超えたケースでは、どの範囲まで算定基準を適用するのか整理しておく必要がある（また、この整理は自賠責保険を超過した損害に対する任意保険（対人賠償責任保険・人身傷害補償保険）との関連でも重大な問題である。）。前出のように医療費が自賠責保険の支払いの約50％を占める現状を考えると、医療費の請求が保険金額の50％である60万円を超えた時点で基準案の適用は強制されないと考えるのが穏当ではないかと思われる。

　……、基準案は医療費請求全般をコントロールするというより一部の高額請求に対して上限を画する歯止め機能に主眼があったと考えられることから、その制度化に当たっては柔軟で多様な選択肢が存在することが望ましいと考える。

　診療報酬基準案は、自賠責保険における支払基準のガイドライン（上限の目安）であるとの指摘はそのとおりである。

　医療機関と患者である被害者は、診療報酬基準案に拘束されるものではない。医療機関と患者の間で、自由診療契約が締結され、その診療報酬額について合意が成立していることを前提として、そのうち、自賠責保険の対象となる医療費の上限が、診療報酬基準案ということである。

　このとき、自賠責保険は責任保険であることは再確認する必要がある。

　すなわち、自賠責保険による支払いは、被害者が加害者に対して賠償を求めることができる損害に填補されるということである。換言すると、事故と相当因果関係が認められない医療費はもとより、因果関係が認められても（少なくとも訴訟においては）、過失相殺や素因減額が適用される損害には填補されない。

　そこで、被害者としてみれば、医療費は保険会社がすべて支払うものとして関心を寄せていなかったとしても、結局のところ、損益相殺的調整の結果、被害者が全く想定していないところで、自己負担分が大幅に増加しているのである。健保基準を超える高額の医療費を負担するのは加害者、保険会社だけではない。

　医療費問題としてはもちろんのこと、診療報酬基準案の制度化を検討するにあたっても、この点、被害者が十分に納得できるものでなければならない。

VI

医行為と医業類似行為

VI　医行為と医業類似行為

1　医　行　為

　医師法17条には、「医師でなければ、医業をなしてはならない」と規定されている。一見すると当然のように思われる規定であるが、患者が疾病の治療、負傷の治癒あるいは健康の増進を希望として訪れるのは医師だけに限らない。そこで、医師に限定されている医業とは何かが問題となる。

　この問題については刑事の分野を中心として争われてきたが、古くは、大審院大正5年2月5日判決[1]が、「医業とは反覆継続の意思を以て医行為に従事する」ことと定義しており、最高裁第三小法廷昭和30年5月24日判決[2]で、「医学上の知識と技能を有しない者がみだりにこれを行うときは生理上危険がある」程度に達している行為を医行為としている。最高裁大法廷昭和34年7月8日判決[3]も歯科医業に関して、「保健衛生上危害を生ずるおそれがないわけではない」行為としている。

　すなわち、医行為とは、「医師の医学的判断及び技術をもってするのでなければ人体に危害を及ぼすおそれのある行為」ということである（最高裁昭和56年11月17日判決[4]）。

―――――――――――――

1）大判大正5年2月5日刑録22輯109頁。
2）最三判昭和30年5月24日刑集9巻7号1093頁。
3）最判昭和34年7月8日刑集13巻7号1132頁・判時196号31頁。
4）最判昭和56年11月17日判タ459号55頁。

148

2 医業類似行為

(1) 医業類似行為

　前記のとおり、「医行為」とは、「医師の医学的判断および技術をもってするのでなければ人体に危害を及ぼすおそれのある行為」である。医師でない者が行う医行為ではない行為は、「医業類似行為」といわれる。

　医師が行う医行為は「診療」といわれるが、医業類似行為は「施術」と区別されている。

▶内閣衆質162第13号　平成17年2月10日　内閣総理大臣小泉純一郎

　　柔道整復師は、柔道整復師法（昭和四十五年法律第十九号）の規定に基づき柔道整復を業とする者であるが、その業務範囲については、昭和45年の柔道整復師法に係る提案理由説明において、「その施術の対象も専ら骨折、脱臼の非観血的徒手整復を含めた打撲、捻挫など新鮮なる負傷に限られている」とされていることを踏まえ、一般的に、骨折、脱臼、打撲、捻挫及び挫傷（以下「骨折等」という。）の施術と解しており、御指摘の腱鞘炎等の施術がその業務範囲に含まれるか否かについては、慎重に判断すべきものであると考えている。

（中略）

　　医師法（昭和二十三年法律第二百一号）は医師でない者が医業をなすことを禁止しているが、ここにいう「医業」とは、医師の医学的判断及び技術をもってするのでなければ人体に危害を及ぼし、又は危害を及ぼすおそれのある「医行為」を反復継続する意思をもって行うことであると解しており、医師が「医行為」として患者を診察、診断及び治療することを「診療」と呼んでいる。一方、柔道整復師法等は、「医行為」ではないが、一定の資格を有する者が行わなければ人体に危害を及ぼすおそれのある「医業類似行為」について、当該資格を有しない者が業として行うことを禁止しており、このうち柔道整復師が業として行う柔道整復を、医師が行う「診療」とは区別して「施術」と呼んでいる。

　　医療保険制度における柔道整復師の施術の取扱いについては、このような考え方の下で、「柔道整復師の施術に係る療養費の算定基準」（昭和60年5月20日付け保発第56号厚生省保険局長通知）において、医師の行う診療についての「初診料・再診料」と区別し、「初検料・再検料」を算定することとしているところであり、これを変更する考えはない。

Ⅵ 医行為と医業類似行為

⑵ 法律に基づく医業類似行為

　医行為ではないものの、柔道整復師、あん摩マッサージ指圧師、はり師、きゅう師の行う施術は、一定の資格を有する者が行わなければ人体に危害を及ぼすおそれのある「医業類似行為」であり、当該資格を有しない者が業として行うことは禁止されている。これらは、厚生労働省による業務独占を認められる公的資格である。

柔道整復師法

（定義）

第2条　この法律において「柔道整復師」とは、厚生労働大臣の免許を受けて、柔道整復を業とする者をいう。

2　この法律において「施術所」とは、柔道整復師が柔道整復の業務を行なう場所をいう。

（業務の禁止）

第15条　医師である場合を除き、柔道整復師でなければ、業として柔道整復を行なってはならない。

あん摩マツサージ指圧師、はり師、きゆう師等に関する法律

第1条　医師以外の者で、あん摩、マツサージ若しくは指圧、はり又はきゆうを業としようとする者は、それぞれ、あん摩マツサージ指圧師免許、はり師免許又はきゆう師免許（以下免許という。）を受けなければならない。

第12条　何人も、第1条に掲げるものを除く外、医業類似行為を業としてはならない。ただし、柔道整復を業とする場合については、柔道整復師法（昭和四十五年法律第十九号）の定めるところによる。

第12条の2　この法律の公布の際引き続き三箇月以上第1条に掲げるもの以外の医業類似行為を業としていた者であって、あん摩師、はり師、きゆう師及び柔道整復師法等の一部を改正する法律（昭和三十九年法律第百二十号。以下一部改正法律という。）による改正前の第19条第1項の規定による届出をしていたものは、前条の規定にかかわらず、当該医業類似行為を業とすることができる。ただし、その者が第1条に規定する免許（柔道整復師の免許を含む。）を有する場合は、この限りでない。

2　第4条、第7条から第8条まで及び第9条の2から第11条までの規定は、前項に規定する者又はその施術所について準用する。この場合において、第8条第1項中「都道府県知事（地域保健法（昭和二十二年法律第百一号）第5条第1項の政令で定める市（以下「保健所を設置する市」という。）又は特別区にあっては、市長又は区長。第12条の3及び第13条の2を除き、以下同じ。）」とあるのは「都道府県知事、地域保健法第5条第1項の政令で定める市（以下「保健所を設置する市」という。）の市長又は特別区の区長」と、同条第2項中「都道府県知事」とあるのは「都道府県知事、保健所を設置する市の市長又は特別区の区長」と、第

9条の2第1項中「都道府県知事」とあるのは「都道府県知事（保健所を設置する市又は特別区にあっては、市長又は区長。以下同じ。）」と読み替えるものとする。

(3) 法律に基づかない医業類似行為

　カイロプラクティック、整体、中国整体、クイックマッサージなど多種多様の健康産業がある。しかし、それらは法律に根拠があるわけではなく、公的資格でもない。

　そうであるにもかかわらず、このような医業類似行為が認められているのは、柔道整復師法、あん摩マッサージ指圧師、はり師、きゅう師に関する法律が禁止するところの医業類似行為は、「一定の資格を有する者が行わなければ人の健康に害を及ぼす虞のある業務行為」に限定されているからである。すなわち、改正前のあん摩師、はり師、きゅう師および柔道整復師法に関してであるが、最高裁大法廷昭和35年1月27日判決[5]は、「憲法22条は、何人も、公共の福祉に反しない限り、職業選択の自由を有することを保障している。されば、あん摩師、はり師、きゅう師及び柔道整復師法12条が何人も同法1条に掲げるものを除く外、医業類似行為を業としてはならないと規定し、同条に違反した者を同14条が処罰するのは、これらの医業類似行為を業とすることが公共の福祉に反するものと認めたが故にほかならない。ところで、医業類似行為を業とすることが公共の福祉に反するのは、かかる業務行為が人の健康に害を及ぼす虞があるからである。それ故前記法律が医業類似行為を業とすることを禁止処罰するのも人の健康に害を及ぼす虞のある業務行為に限局する趣旨と解しなければならない」と判示している。

　もっとも、カイロプラクティック療法により傷害が発生し、後遺症が残存したとして3,500万円を超える損害賠償請求が認められた裁判例（大阪地裁平成元年7月10日判決[6]、神戸地裁昭和58年12月20日判決[7]など）が出るなど、法律に基づかない医業類似行為であっても、人の健康に害を及ぼすおそれが全くないわけではないから、その限界は不明確といわざるを得ない。

5）最判昭和35年1月27日刑集14巻1号33頁・判時212号4頁。
6）大阪地判平成元年7月10日判時1340号118頁・判タ725号199頁。
7）神戸地判昭和58年12月20日判時1127号132頁・判タ526号233頁。

Ⅵ　医行為と医業類似行為

3　柔道整復

(1)　柔道整復師による施術費

　公的資格に基づく医業類似行為の施術費で、交通事故による損害賠償実務において最も問題となることが多いのは柔道整復師による施術費である。

　すなわち、医行為を行う医師と、法律に定めのない医業類似行為・民間療法の中間に位置する公的資格に基づく医業類似行為であるが、柔道整復師等は、整形外科領域における代替医療として、その施術費が必要かつ相当な費用であるかどうかが問題となる場面が多いのである。

(2)　柔道整復師

　柔道整復師とは、厚生労働大臣の免許を受けて、柔道整復を業とする者である（柔道整復師法2条）。骨つぎ、接骨院、整骨院といわれている。

柔道整復師法
（定義）
第2条　この法律において「柔道整復師」とは、厚生労働大臣の免許を受けて、柔道整復を業とする者をいう。
　2　この法律において「施術所」とは、柔道整復師が柔道整復の業務を行なう場所をいう。

　柔道整復とは、格闘技の柔道の中から発生し、普及したものであるが、骨や筋、関節などの外傷による打撲、捻挫、骨折、脱臼などに施術することである。柔道整復師法に、「柔道整復」を正面から定義した規定はない。

　15条で、柔道整復師の柔道整復業務の独占を規定、16条で外科手術、薬品投与等を禁止し、17条で応急手当の場合以外、医師の同意を得た場合を除いては、脱臼、骨折の施術が禁止されている。

　なお、この規定の仕方は、あん摩マッサージ指圧師、はり師、きゅう師に関する法律でも同様である。

柔道整復師法
（外科手術、薬品投与等の禁止）
第16条　柔道整復師は、外科手術を行ない、又は薬品を投与し、若しくはその指示

152

> をする等の行為をしてはならない。
>
> **あん摩マツサージ指圧師、はり師、きゆう師等に関する法律**
>
> 第4条　施術者は、外科手術を行い、又は薬品を投与し、若しくはその指示をする
> 　等の行為をしてはならない。

> **柔道整復師法**
>
> （施術の制限）
>
> 第17条　柔道整復師は、医師の同意を得た場合のほか、脱臼又は骨折の患部に施術
> 　をしてはならない。ただし、応急手当をする場合は、この限りでない。
>
> **あん摩マツサージ指圧師、はり師、きゆう師等に関する法律**
>
> 第5条　あん摩マツサージ指圧師は、医師の同意を得た場合の外、脱臼又は骨折の
> 　患部に施術をしてはならない。

　裁判例では、柔道整復について、「打撲、捻挫、脱臼および骨折に対して、外科手術、薬品の投与またはその指示をする等の方法によらないで応急的若しくは医療補助的方法によりその回復をはかることを目的として行う施術」とされている[8]。

　健康保険の療養費の支給対象となる柔道整復師の施術も、「急性又は亜急性の外傷性の骨折、脱臼、打撲及び捻挫」とされている（**資料1**「柔道整復師の施術に係る療養費の算定基準の実施上の留意事項等について」参照）。

(3)　施術の制限

　柔道整復師法、裁判例からも明らかなとおり、柔道整復師の施術は

① 打撲

② 捻挫

③ 医師の同意のもとでの脱臼（応急手当を除く）

④ 医師の同意のもとでの骨折（応急手当を除く）

についての施術に限定されている。

　最高裁まで争われた有名な事案であるが、柔道整復師がレントゲンを撮影した事案について、最高裁第一小法廷平成3年2月15日判決[9]は、診療放射線技師および診療エックス線技師法（昭和58年改正前）違反とした。

　また、医師の資格のない柔道整復師が風邪の症状を訴える患者に対して誤った治療法を繰り返し指示した結果、患者が死亡した事案において、最高裁第一小法廷昭和63

8）長野地松本支判昭和47年4月3日下民23巻1～4号149頁・下民31巻9～12号965頁・判時682号56頁。

9）最一判平成3年2月15日刑集45巻2号32頁・判時1381号133頁・判タ763号187頁。

Ⅵ　医行為と医業類似行為

年５月11日判決[10]は、業務上過失致死を認めた。

　なお、上記平成３年最高裁判決において排斥された上告趣意は、柔道整復師に関する問題（一般的でない解釈・誤解も含め）の所在を確認する意味において、有効であると思われるので紹介する。

【最一判平成３年２月15日刑集45巻２号32頁】

主文
本件上告を棄却する
理由
　被告人本人の上告趣意のうち、判例違反をいう点は、所論引用の判例はいずれも事案を異にして本件に適切でないから、所論は前提を欠き、その余は、憲法25条違反をいう点を含め、実質において単なる法令違反の主張であって、すべて刑訴法405条の上告理由に当たらない。
被告人の上告趣意（昭和62年５月29日付）
１、「接骨」は医業である。
　柔道整復師の主要業務である接骨は医業である。接骨行為は、人体の創傷を治癒すべき手術の一種であり、常業としてこれをなすことは医業の範囲に属する。このことは明治18年内務省甲第７号達「入歯歯抜口中治療接骨等営業ノ者ハ明治16年第34号布達二拠リ医術開業試験ヲ経ルニ非サレハ新規開業不相成候条従来ノ営業者ハ此際各地法庁二於テ鑑札ヲ付与シ相当ノ取締法相立可申此旨相異候事」との通達により、明治18年以前から接骨業をしてきた者を除き、その他の者はすべて医師の免許を受けなければ接骨業をすることが出来ないとされたことから明らかである（大審院大正３年１月22日刑二判決、大正２年（れ）第2326号、刑録20輯50頁、新聞921号28頁）。本件は第一審、第二審判決とも、接骨を医行為に当たらぬとして、右の大審院判決と相反する判断をしている。しかしながら、接骨が医業に属することは明治18年以降行政的には確定し、大審院は大正３年その旨の判決をしている。医師法第17条の医業の範囲に接骨が含まれることは確定した判例であり、柔道整復師法第15条も医師は柔道整復を業として行うことができる旨明らかにしているのである。したがって、柔道整復師業は、医業に含まれ、医業の一部である。
２、柔道整復師法は医師法の特別法である。
　医師法は医業の全分野にわたって適用されるものである。ところで、医業の中の一部である接骨については柔道整復師法が適用されるのである。あたかも法律業務において弁護士法が全分野をカバーするのに対し、司法書士法、行政書士法、税理士法等が法律業務の中の一部分について適用されるのと同様である。このことは、柔道整復師の免許を受けずして業として柔道整復を営み、患部に施術した場合、医師法違反になるか柔道

10）最一判昭和63年５月11日判時1277号159頁・判タ668号134頁。

整復師法違反になるかの場合問題となる。これについて厚生省医務局長は、「あん摩・はり・きゅう・柔道整復営業法第１条の規定は、医師法第17条に対する特別法的規定であり、したがって免許を受けないで、あん摩、はり、きゅう、または柔道整復を業として行った場合は脱臼または骨折の患部に行ったと否とを問わず同法第１条違反として同法第14条第１号により処罰されるべきであり、医師法第17条違反として処罰されるべきではない。」と回答していることからも明らかである。（昭和25年２月16日医収第97号　山形県知事あて、厚生省医務局長回答）

３、「診断」は柔道整復師の義務である。

　　柔道整復師・按摩・はり師・灸師等の医業に従事する者には患者の症状について、それぞれの療法が適応するかどうか診断すべき義務がある。診断の結果充分の確信が持てないときは専門医の診断治療をなすべき注意義務を負わせているのである。診断が医師法第17条により禁じられていてマッサージ師には注意義務がないと主張しても広義の医行為をなす者は診断しなければその責任を問われる旨判例は明示している。（昭和37年２月22日熊本地方裁判所の判決、昭和36年（レ）第20号下級民集13巻２号261頁）

　　また、灸師についても禁忌症状の有無、疾病治療または予防の目的達成の為もっとも適切有効な灸点を定める為診断行為がみとめられる。このため診療には必要に応じ聴診器、血圧計、体温器、音叉打診器、咽頭鏡、舌圧器、知覚計のごとき器械類の使用は妨げられない。これらの器械の使用が許されるのは、被術者に危害を及ぼす恐れのない器械であること、灸師には灸による治療、予防の目的達成のために必要な診断をなすべき義務があることによる。したがって、このような場合、右器械が医師の用いるものと同じであっても何等医師法違反には当たらないとされている。（大審院昭和12年５月５日刑五判決、昭和11年（れ）第3538号刑集16巻638頁、新聞4170号12頁）。この点についても本件の第一審、第二審判決は、右の大審院判決に反し、柔道整復師のなした診断を医師法違反としている。柔道整復師の業務も、マッサージ師、灸師と同じく医業に属することは明らかであり、その為診断をしなければ注意義務違反に問われることは確定した判例である。柔道整復師は、治療の目的達成の為には、必要な診断をなすべき義務があり、診断をしたこと、診断の為医師と同じ機器を用いたことによって医師法第17条違反には当らないのである。

４、「診断」は柔道整復師の業務の範囲に属する。

　　前項に述べたとおり、柔道整復師が治療をなす場合、診断は義務であるが、同時に必要な業務の範囲に属する。このことは、厚生省が昭和51年４月１日から実施している「柔道整復師学校養成施設指導要領」において柔道整復師養成の学校の授業科目として診察の方法と応用、検査法を教えることとされていることからも明らかである。即ち、同要領によれば診察の方法とその応用として、

　　１、問診
　　２、視診
　　３、打診

4、聴診

　　5、触診

　　6、測定法

　　7、知覚検査

　　8、反射検査

検査法として、

　　1、理学的検査（Ｘ線の見方を含む）

　　2、化学的検査

　　3、運動機能検査

を教授すべきこととされている。特に理学的検査においてはＸ線診断を教えることとなっている。また、「柔道整復師学校養成施設指定規則」では、これらの学校はシャーカステン１個を備え、Ｘ線診断について実習を行うことが定められている。

　これらの事実は、とりもなおさず柔道整復師の業務が医業の一部であって「診断」が必須の業務内容であることを示すものである。診断には当然に科学の進歩にともなって発明され応用された機器を利用することとなり、その中にＸ線診断を含むことに疑いはないのである。医学全体の進歩発展の中で柔道整復師のみが数十年前の診断法に限定され、業務の適正を図り、公益の確保に必要なものであるにも拘わらず特定の機器の使用を禁じられ、特定の診断方法を禁じられることは国民の健康をまもる医業の使命に反し、公益の福祉を害することになるのである。すなわち、Ｘ線の放射が、かっては人体に重大な影響を及ぼすとして医師とエックス線技師、放射線技師等の資格者のみの操作できる機器として法の制限のもとにおかれたが、科学の進歩、発展に伴いＸ線の放射は、古美術品等文化財の内部、考古学上の遺跡の内部、工業製品の内部の検査などあらゆる方面の検査方法として広く使用され、人体については医師、歯科医師の指揮下にある従業員たる無資格者の手によって日常的に使用されている。それらの資格者であるエックス線技師自らこのような一般化されたＸ線機器の操作について専門性の主張が出来ずエックス線技師の仕事は大病院における癌治療の為の放射線、アイソトープ等の使用に移っている。このことは、本件の違反したとされる根拠法令の診療エックス線技師法が廃止され、診療放射線技師法のみとなったことに反映しているのである。したがって、柔道整復師業においても患部の正確な状態を知り、適切な治療をする為科学の進歩発展に応じた機器を使用することを何等制限する法令はなく、これらを積極的に利用することは、その業務範囲に属する事であり、国民の健康の為に役立ち公共の福祉を増進することとなるのである。今日の柔道整復師業はＸ線写真による診断なくしては治療の効果をあげ得ずＸ線写真の使用を禁ずる第一、第二審の判決は技術の進歩を数十年前の状態にとどめようとするもので憲法第25条に違反し国民の健康な生活を営む権利を害するものである。

5、Ｘ線写真による診断は適法である。

　そこで、本件のＸ線診断行為について考察する。被告人のなした行為は被告人が認め、

これを争わないが、X線診断行為は、次ぎのとおり2つに分れている。

　1、X線による撮影行為

　　器械を操作し、シャッターボタンを押す行為

　2、出来上がったX線写真を見て診断する行為

　　シャーカステンにかけて患部の状態を知り、その原因をつきとめる行為

　　診療放射線技師法が禁止しているのは、前記の1、の行為であって、それは究極の
ところ撮影のためにシャッターボタンを押す行為を禁止しているのである。（放射線
技師は俗にスイッチマンと呼ばれている。）その行為がX線機器の操作によって放射
線が人体に及ぼす影響の大きさに鑑み、特定の資格者に限り免許を与えたものである
ことは、被告人もこれを認め、被告人がシャッターボタンを押したことも認めるので
ある。

　　これに反し、前記2、の行為は柔道整復師の義務であり、かつ、業務の範囲に属し、
そのための教育を受け、試験に合格し、日々の業務の中で適切な治療をするために必
須の行為である。判例においても、柔道整復師の施術のための必要からしたX線照射
はきびしく非難すべきものではなく、医師、歯科医師、X線技師がボタンを押して撮
影すればその結果を診断治療に利用することはなんら差し支えないとされている。そ
のためにX線照射装置を施術所に備え置くことは施術を容易にすることであり、適法
に使用出来るものであるとされ、没収もされていない。（第一審甲府地方裁判所都留支
部昭和56年3月16日判決昭和54年（わ）第20号、第二審東京高等裁判所昭和56年12月25
日判決昭和56年（う）第697号、最高裁第一小法廷昭和58年7月14日判決昭和57年（あ）
第122号、判例タイムズ506号92頁1983年11月15日）。右判決は、柔道整復師の施術所に
X線照射装置を備えること、撮影の結果を診断治療に利用することは、施術を容易に
することであり適法であると述べ、放射線技師法の違反にあたる行為は結局シャッタ
ーボタンを押した1点のみである。柔道整復師のなしたX線を照射する前の準備行為
も撮影後の結果の利用も何等違法ではなく適法な行為とされている。本件は、右判例
の柔道整復師のした行為と全く同じ行為（傷害は除き）をしたものである。被告人は放
射線技師法違反にあたるシャッターボタンは押しているが、その後の結果利用を医師
法違反としている第一審、第二審判決は、右判例に違反していると言わざるを得ない。

6、X線写真の読影は罪とならない。

　本件の一・二審の判決は医行為を明確にせず、単純に医師のなす行為が医行為である
とし、大審院判例、最高裁判例に反してそれと同じ行為をしたものはすべて違法である
としている。しかしながら、柔道整復師、按摩師、はり師、灸師等は、西洋医学とは別
個の歴史のなかで成立し発展してきたもので、その治療効果が認められ、国民の支持を
えて業として成り立っている。政府もまた明治以後の医事法制の中に組み入れ、医師の
なす行為と重複して医行為に属するものとして認めてきた。大審院時代から判例も、こ
れらの業務が医行為の一部分であるとしている。したがって、柔道整復師の行為と医師
の行為とは部分と全体の関係にすぎず、柔道整復師は医行為のうち制限された一部分に

ついて診断し、治療することがその業務である。この点は、司法書士と弁護士との関係に酷似しており、法律判断権の有無について弁護士がこれを独占し、司法書士がその業務範囲内において法律診断をして書類作成をすることが違法となるのであろうかという問題と同様である。一審松山地方裁判所西条支部昭和52年１月18日判決、昭和51年（わ）第143号、二審高松高等裁判所昭和54年６月11日判決、昭和52年（う）第49号。司法書士と弁護士の関係も部分と全体の関係であり併存しているので、弁護士は司法書士の業務をすべて為しうる。右判決では両者の関係は明白に分業関係に立つとされ、司法書士は自己の業務範囲内では法律判断を為しうるのは当然とされている。同じように医師は、併存している柔道整復師の業務をすべてなしうる。柔道整復師は医行為の一部であるその業務範囲内において診断行為を為しうることは法理上当然と言えるであろう。されば、本件において、Ｘ線写真の「読影により骨折の有無等疾患の状態を診断し、もって医業をなす……を業とした」との起訴事実はなんら罪となるべき事実には当たらないのである。第一審、第二審は、明治以来、柔道整復師等医業の一部を分担している各業と医師との関係について、数多く出されている大審院判例、最高裁判例に反し、柔道整復師業と医業との関係について判断を誤り、罪となるべき事実にあたらない事実まで有罪としたものである。写真による診断は、骨折を診断する一方法であり、Ｘ線写真を利用して診断することは公益に合致する。本件における写真撮影の為シャッターボタンを押した行為が違法であったとしても、作成された写真について診断した行為が違法であるかどうかは別に判断されるべきであり、先に述べた判例に於いて柔道整復師に関するエックス線技師法違反等事件について、Ｘ線の機器と撮影された写真とは適法に使用しうると判断されており何等罪となっていないのであるから、その点に関し同じである本件についても罪とならないものと言わねばならない。

⑷　脱臼、骨折における医師の同意、応急手当

　脱臼、骨折の患部に対する施術は、応急手当の場合を除き、医師の同意が必要である（柔道整復師法17条）。

　医師の同意が求められる趣旨は、以下、東京地裁交通専門部の吉岡透裁判官も確認しているとおり[11]である。

【吉岡透裁判官「整骨院における施術費について」】

　……法17条の趣旨は、患者の人体に危害が生じるのを防止することにあると解されます。つまり、この法17条本文は、柔道整復師の施術が医師の行う医業に対する補助的なものであることに照らし、柔道整復師が脱臼又は骨折の患部に施術をする場合に、患者の人体に危害が生じることを防止するために医師の同意を必要とした規定であり、法17

11）吉岡透裁判官「整骨院における施術費について」『民事交通事故訴訟 損害賠償額算定基準〔2018版〕下巻（講演録編）』（公益財団法人日弁連交通事故相談センター東京支部、2018）31頁。

条ただし書は、医師の診察を受けるまで骨折又は脱臼の患者を放置すれば、その生命、身体に重大な危害を来すおそれがあるときに、柔道整復師がその業務の範囲内において、患部を一応整復する行為としての応急手当をすることを許した規定であると解されます。

　……、医師の同意があるということは、柔道整復師による施術に医学的な必要性、有効性があることをうかがわせる事情になります。そして、脱臼又は骨折の患者の患部に施術をすることについて、応急手当以外には医師の同意を要求することにより、患者の人体に危害が生じるのを防止するという法17条の趣旨に照らせば、法17条における医師の同意は、予め医師から包括的な同意を得ておくことは許されず、あくまで患者を診察した上で与えられたことを要するものと解すべきであり、このような医師の同意なく脱臼又は骨折の患部に施術がなされた場合には、医学的な必要性、有効性がないことを強くうかがわせる事情になると考えられます。

　行政としても、古くから「『医師の同意』は、個々の患者が医師から得てもよく、また施術者が直接医師から得てもよいが、いずれの場合でも、医師の同意は患者を診察した上で与えられることを要する。」[12]と解している。

　また、「応急手当」についても、「『応急手当』とは、医師の診療を受けるまで放置すれば患者の生命又は身体に重大な危害をきたすおそれがある場合に、柔道整復師がその業務の範囲内において患部を一応整復する行為をいう。……また、応急手当後、医師の同意を受けずに引き続き施術をすることはできない。」と解している。

　健康保険の療養費の算定上も、脱臼又は骨折に対する施術は医師の同意を得たものでなければならない（**資料1**「柔道整復師の施術に係る療養費の算定基準の実施上の留意事項等について」参照）。

　この点に関して、医師の同意のない柔道整復師の骨折等に対する施術の必要性、相当性を明確に否定した東京地裁交通部判決、これを維持した高裁判決は注目に値する。

　当該事案は、平成27年2月1日、車両どおしの出合い頭事故に同乗していた女性が病院で受診、レントゲン画像上の明らかな肋骨骨折は認められないと診断されたが、4月2日になって右第8肋骨骨折と診断された。そこで、2月3日より被害者を施術していた柔道整復師が、負傷部を胸部打撲から右肋骨骨折と訂正した4月10日付け施術証明書および施術費明細書に基づき骨折の施術費も請求したが、加害者の保険会社は支払いに応じなかった。そこで、被害者の加害者に対する損害賠償請求権の譲渡を受けた柔道整復師が、加害者に対し骨折に対する施術費を請求するとともに、保険会社に対し慰謝料を請求したが、原審、控訴審とも柔道整復師の請求を排斥したものである。

---

12) 厚生省健康政策局医事課『逐条解説 あん摩マッサージ指圧師、はり師、きゅう師等に関する法律／柔道整復師法』（ぎょうせい、1990）174頁。

Ⅵ　医行為と医業類似行為

■東京地判平成30年１月31日自保ジャ2032号179頁■

　⑵ア　本件事故当日のＢ病院でのレントゲン検査では、丁山に肋骨骨折は認められず、FAST でも明らかな異常所見は認められなかったところ、日本整形外科学会整形外科専門医である庚山五郎医師も、上記レントゲン検査の画像上、皮質骨のずれは認められず、肋骨骨折の合併症としてみられる胸腔内臓器である肋膜、気管、肺の損傷や気胸、血胸も FAST 等で認められないとして、右肋骨骨折と診断することは不可能であるとしている。

　そして、Ｂ病院の医師は、前記各検査結果等を前提に、肋骨骨折の診断はしなかったものの、レントゲン画像に映らない肋骨骨折の可能性も視野に入れつつ、消炎鎮痛薬を処方し、経過観察とした上、痛みが増強するようであれば CT 検査で評価することとする旨、その医学的知見に基づき以後の治療方針を決定しており、これに加え、更に肋骨骨折に対する整復操作等の施術を行う必要性・相当性は認められない。

　イ　原告は、肋骨付近のクリック音や腫脹、激痛等から肋骨骨折と判断することは可能であり、この判断に基づく施術は必要かつ相当であると主張し、これに沿う医師の意見書を提出する。

　しかし、柔道整復師法17条は、「柔道整復師は、医師の同意を得た場合のほか、脱臼又は骨折の患部に施術をしてはならない。ただし、応急手当をする場合は、この限りでない。」と規定しているところ、平成27年４月２日以前に医師により肋骨骨折の診断はされておらず、肋骨骨折に対する施術を行うことについて医師の同意はない。そして、前記認定のとおりのＢ病院初診時の画像所見や FAST の結果のほか、同初診時には、胸部に発赤、疼痛が認められるも、呼吸音に左右差はなく清明で、平成27年２月28日付け施術証明書・施術費明細書では、原告による初診時「胸部疼痛大」等とされているものの、同月10日のＢ病院受診時には、前日より胸部の痛みは軽快しており、今後痛みが増強するようであれば CT 検査を行うとされるなど、経過観察とすることにより丁山の生命・身体に重大な危害が及ぶような状況にはなかったと考えられること、合併症を伴わない肋骨骨折については、骨折部に転位が認められても骨折の整復操作は胸膜損傷の危険があり、有害無益であるとの医学的知見があることなども総合して考慮すれば、本件において、平成27年４月２日以前の時点で、肋骨骨折に対する応急手当として整復操作等の施術を行う必要性・相当性は認められない。

　ウ　したがって、肋骨骨折に対する施術費は、本件事故による損害として認められない。

（中略）

　原告は、被告保険会社の担当者が、柔道整復師である原告の診断を徹底的に否定し、あたかも原告の診断能力が医師より低いかのような発言をしたなどと主張するが、仮に被告保険会社の担当者が原告主張の文言を述べたとしても、その内容や本件の治療経過等に照らせば、同発言は、本件の施術費の支払については医師の診断を重視して行う旨、本件事実関係の下における被告保険会社の方針を伝えたにすぎないものと考

えられ、柔道整復師である原告の能力等を問題にしたものとは直ちにはいえない。上記発言等が、慰謝料を発生させるべき違法性を有するものとはいえず、慰謝料は認められない。

■東京高判平成30年7月18日自保ジャ2032号174頁■

控訴人は、控訴人が丁山の骨折に対する施術をする必要性・相当性があったと主張する。

しかしながら、控訴人が丁山の施術をした時には、医師による骨折の診断はされていなかったのみならず、かえって、医師は、丁山を経過観察とした上で、痛みが増強するようであればCT検査で評価するとの治療方針を決定していたから、控訴人による上記施術は、医師の治療方針に合わないものであったというべきである。

なお、丁山がD整形外科において骨折と診断されたのは、本件事故から2ケ月が経過した後であるから、このことをもって、丁山が本件事故時に骨折していたと直ちにいうこともできない。

以上によると、上記施術は、その必要性・相当性に疑問があるといわざるを得ず、少なくとも、その費用が本件事故と相当因果関係のある損害に当たるとは認められないというべきである。

(中略)

控訴人は、丁山がD整形外科において骨折と診断されたことにより、打撲との従来の診断の誤りが判明したにもかかわらず、被控訴人保険会社の従業員が、控訴人に対し、打撲の施術として施術料を支払う旨の文書を送付し、控訴人との会話において、打撲を骨折に変更することはできないなどの発言をしたことは、控訴人の名誉感情を害するものとして、不法行為に当たると主張する。

しかしながら、丁山がD整形外科において骨折と診断されたのは本件事故から2ケ月が経過した後であることからすると、打撲であるとの従来の診断が誤りであったとは直ちにいえない。また、上記の文書の送付や発言は、単に、被控訴人保険会社の本件の処理方針を控訴人に伝えただけのものであるから、その表現内容に照らすと、これによって控訴人の名誉感情が害されたとも認め難い。

したがって、被控訴人保険会社の従業員の上記発言等が控訴人に対する不法行為に当たるということはできず、控訴人の上記主張は、合理的な根拠はなく、これを採用することができない。

(5) 施術の内容

① 整 復 法

外傷性脱臼について、麻酔を使わず、手でもみほぐし、牽引して整復する。なお、脱臼には、外傷によるもののほか、関節の組織異常による病的脱臼もあるが、病的脱

Ⅵ　医行為と医業類似行為

臼は柔道整復師の施術対象には含まれない。

②　固　定　法

　脱臼・骨折について、ギブスや添木といった硬性材料、包帯や三角巾、サポーターといった軟性材料によって固定する。なお、脱臼・骨折の固定法には、手術によりプレートなどで骨を直接固定する内固定もあるが、柔道整復師の施術対象である固定法は、直接でなく皮膚の外側から固定する外固定である。

③　後　療　法

　患部の機能回復のために実施される施術である。

　揉む、さする、叩く、押すなど、手で刺激を与えた患部の自然治癒力を高める「手技療法」、自動・他動の運動により機能回復を図る「運動療法」、光・電気・熱といった物理的エネルギーを用いる「物理療法」などがある。

　物理療法のうち、温めるものを「温罨法」、冷やすものを「冷罨法」、人の健康に危害を及ぼすおそれのない電気光線器具を使用するものを「電療法」という。

(6)　柔道整復師の施術費をめぐる社会問題

　柔道整復師の施術をめぐっては、交通事故被害者の施術費とは別途、健康保険における療養費の請求の場面においても、古くから、療養費支給の対象とならない症状に対する施術に対する請求、多部位、長期にわたる施術、部位変更・再度施術（部位ころがし）などの不正請求が問題となっている。

　近年話題となったのは、平成21年11月11日、内閣府行政刷新会議ワーキングチーム「事業仕分け」第２ＷＧにおいて、医療関係の適正化・効率化の一環として、柔道整復師の療養費に対する国庫負担が取り上げられ、柔道整復師の３部位請求に対する給付の見直しがなされるに至ったことである（**資料２**　「行政刷新会議ワーキングチーム「事業仕分け」第２ＷＧ」参照）。

　会計検査院においても、平成21年度決算検査報告として、平成22年10月28日付け厚生労働大臣あて「柔道整復師の施術に係る療養費の支給について」が出された（**資料３**　「平成21年度決算検査報告／会計検査院」参照）。

　このような社会問題を背景として、平成26年３月発行の損害保険料率算出機構「自動車保険の概況　平成25年度（平成24年度データ）」から、「医療費の現況」として、柔道整復師の施術に関するデータが公表されるに至った。

VII

損害賠償の対象となる施術費

Ⅶ　損害賠償の対象となる施術費

1　施術費問題

(1)　相当因果関係

　交通事故により受傷した被害者が医療機関で治療を受けた際の医療費が、加害者が負担すべき損害賠償の範囲に含まれるかどうかが、交通事故損害賠償実務における「医療費問題」であるのと同様に、被害者が柔道整復師等の施術を受けた際の施術費が、加害者が負担すべき損害賠償の範囲に含まれるかどうかが、「施術費問題」である。

　施術費問題は、交通事故と相当因果関係が認められる範囲の損害、加害者が負担すべき損害の問題であることは、医療費問題と同じである。

(2)　損害賠償実務

　赤い本では、「治療費」とは別途、「柔道整復（接骨院、整骨院）、鍼灸、マッサージ等の施術費、器具薬品代」について、「症状により有効かつ相当な場合、ことに医師の指示がある場合などは認められる傾向にある」と解説している[1]。青本では、「治療費、入院費」とは区別され、「鍼灸、マッサージ費用、あるいは温泉治療など」について、「鍼灸、マッサージ費用は医師の指示により受けたものであれば認められる。医師の指示は積極的なものでなくとも、施術を受けることによる改善の可能性が否定できないことからとりあえず施術を受けることを承認するという消極的なものも含まれる。このような医師の指示・承認がなくとも、改善効果があれば賠償を認める例もある。」と解説されている[2]。

　赤い本、青本とも、医師による治療費とは区別した記載となっている。

　自賠責支払基準では、「柔道整復等の費用」として、「免許を有する柔道整復師、あんま・マッサージ・指圧師、はり師、きゅう師が行う施術費用は、必要かつ妥当な実費とする。」とある。

(3)　過剰・濃厚施術と高額施術

　医師の診察による治療費の場合であっても、柔道整復師による施術費の場合であっても、事故と相当因果関係が認められなければ加害者が負担すべき損害として認めら

---

1)『民事交通事故訴訟損害賠償額算定基準〔2019版〕上巻（基準編)』（公益財団法人日弁連交通事故相談センター東京支部、2019) 3頁。

2)『交通事故損害額算定基準〔26訂版〕』（公益財団法人日弁連交通事故相談センター、2018) 12頁。

れない点では異なるところではない。その意味においては、施術費について、医師の診療行為と同様に「過剰・濃厚施術」、「高額施術」と問題が指摘されてもおかしくはないはずであるが、一般的にはそのような表現はされていない。

　というのは、柔道整復師は施術方法に制限があり、特に患者の健康状態に関し医学的見地から行う総合的判断は医師しかできないことから、施術自体の「必要性」が問題となるからである。医師の治療のように、個々の治療内容が不必要であるとか不適切であるとかいうレベルではない。よって、必要性・相当性・合理性とするのみで、質の問題と金額の問題を併せて、因果関係が認められる施術費はいくらと処理することが多いのである。

(4)　施術費算定の基準

　柔道整復師における施術についても、健康保険が適用されるので健保基準（柔道整復師の療養費の算定基準）は存在する。

　ただし、医師による診療が療養の給付であるのに対し、施術費については、療養費の給付（現金給付）である。

健康保険法

（療養費）

第87条　保険者は、療養の給付若しくは入院時食事療養費、入院時生活療養費若しくは保険外併用療養費の支給（以下この項において「療養の給付等」という。）を行うことが困難であると認めるとき、又は被保険者が保険医療機関等以外の病院、診療所、薬局その他の者から診療、薬剤の支給若しくは手当を受けた場合において、保険者がやむを得ないものと認めるときは、療養の給付等に代えて、療養費を支給することができる。

2　療養費の額は、当該療養（食事療養及び生活療養を除く。）について算定した費用の額から、その額に第74条第1項各号に掲げる場合の区分に応じ、同項各号に定める割合を乗じて得た額を控除した額及び当該食事療養又は生活療養について算定した費用の額から食事療養標準負担額又は生活療養標準負担額を控除した額を基準として、保険者が定める。

3　前項の費用の額の算定については、療養の給付を受けるべき場合においては第76条第2項の費用の額の算定、入院時食事療養費の支給を受けるべき場合においては第85条第2項の費用の額の算定、入院時生活療養費の支給を受けるべき場合においては第85条の2第2項の費用の額の算定、保険外併用療養費の支給を受けるべき場合においては前条第2項の費用の額の算定の例による。ただし、その額は、現に療養に要した費用の額を超えることができない。

　よって、柔道整復師による施術を受けたとき、保険者は、療養に要した費用（初検料

Ⅶ 損害賠償の対象となる施術費

と施術料）から一部負担金を控除した費用を施術者に支払う。すなわち、施術費全額を支払った患者が自ら、保険者に対し、一部負担金を超える額を療養費として請求しなければならない。

　もとより、柔道整復師の施術にかかる療養費の支払いについては、公益社団法人日本柔道整復師会所属の柔道整復師が行った施術および昭和63年7月14日付け保発第89号通知に基づいて保険者等との間に契約を締結した柔道整復師が行った施術については、例外的に受領委任払いが認められていた（**図表1**参照）。

　受領委任とは、療養費支給の対象となる施術を行った施術者が、患者からは一部負担金のみ受け取り、患者に代わって、保険者に対し療養費を請求し、これを受領するものである。療養費の受領の委任を受けたという意味で、受領委任払いといわれる。受領委任払いは、受領委任の制度に参加する保険者等に関する取扱いである。

　これまでは、柔道整復師にのみ認められていたが、はり、きゅうおよびあん摩マッサージ指圧についても、受領委任制度が導入され、平成31年1月1日から取扱いが開始されている。

図表1　療養費の請求方法等の比較（平成30年まで）

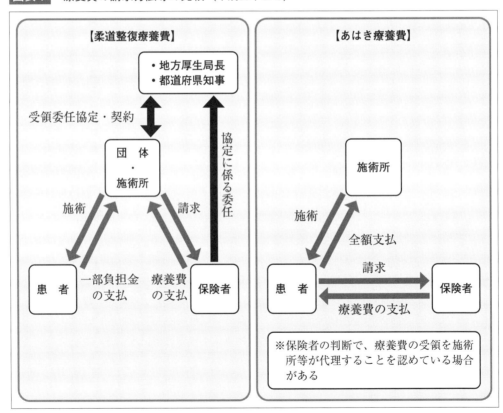

出典：厚生労働省ホームページ

健保基準に準ずる労災基準はあるが、自賠責保険診療報酬基準案のような自賠責基準はない。

なお、平成5年8月2日に自動車保険料率算定会（現在の損害保険料率算出機構）の内部通達として出された「自賠責保険における治療関係費（柔道整復の費用）の支払いの適正化」は、労災基準に準拠したものである。個々の施術に対する拘束力が認められるものではなく、平成7年に撤回されているが、社団法人日本柔道整復師協会に理解と協力を要請し、了承を得たものとして、必要かつ妥当な実費の算定の目安（いわゆる目安料金）として機能している。

VII　損害賠償の対象となる施術費

2　施術費に関する裁判官講演

(1)　損害としての施術費

　被害者が負担した施術費のうち、必要性・相当性・合理性が認められる範囲については相当因果関係のある施術費として、加害者が負担すべき損害と認められる。

　必要性・相当性・合理性が認められるための要件については、東京地裁交通部の裁判官が、「赤い本」の講演を通して明らかにしている。もとより、裁判官の独立は憲法上保障されているところであるから、後記裁判官の見解が裁判所の見解であるものではないし、個々の事案によって結論が異なるのは当然であるが、時代背景もふまえた非常に重要な見解として研究の必要がある。

(2)　近藤宏子裁判官（「赤い本」平成6年版）[3)]

①　施術費の必要性・相当性
(i)　医師による指示がある場合

　そもそも医師による診療行為は、高度な医学的専門知識と技術を用いて医師が患者の症状に応じて時機を得た適切な治療を行うものであるから、治療方法の選択も当該医師に裁量が認められているので、治療行為として、マッサージ指圧按摩等の方法を選択することも、通常の場合は、原則として、医師の裁量の範囲内であると認められる。よって、通常の場合、医師による指示のある場合の整骨院等での施術費は相当因果関係の範囲内であると判断される。

(ii)　医師による指示がない場合

　医学的に必要性、合理性の立証ができれば相当因果関係が認められる。

　そこで、マッサージ、鍼、灸等東洋医学に基づく施術は、医学的合理性が一般的に認められているのかどうかという根本的な疑問が出てくる。そもそも、いわゆる東洋医学に基づく施術の基本的な理念とは何か、西洋医学的、科学的にみて合理的といえるのかどうかという問題である。東洋医学に基づく施術に共通する基本的な考え方としては、六臓六腑（一般にいわれる五臓六腑に心臓を1つ付け加えたもの）をつなぐ14本の気の流れ路を東洋医学で「経絡」と呼んでいるが、この経絡をなでる、さする、押す、もむ、経絡に影響を与えるツボを鍼、灸で刺激し、気の流れすなわち循環体系を

3）近藤宏子裁判官「整骨院における施術費の認められる範囲」『民事交通事故訴訟・損害賠償額算定基準〔平成6年版〕』（東京三弁護士会交通事故処理委員会、1994）。

整え、患部の沈痛、消炎作用をおこさせ、痛みを和らげ、血の巡りを良くする等の効果が上がるといった考え方がある。

　このような施術は、一面では西洋医学と相通ずる点があると思われるし、他面では相容れない点もある。したがって、結局は、ある特定の傷害に対して、ある特定の施術の必要性、合理性が立証できるかどうかという問題に尽きることとなる。

②　医療行為の治療費の相当性

　報酬金額が社会保険における診療報酬算定基準額の２倍から2.5倍を超える部分については相当因果関係がないと考える裁判例が多い。

　整骨院等における施術行為についても、健康保険を使うことが可能であり、施術料の相当性についても、医療行為の場合と同様に社会保険における診療報酬算定基準額の２倍から2.5倍程度を超える部分については相当性を欠くとの裁判例があり、このように解することが妥当である。

(3)　片岡武裁判官（「赤い本」平成15年版)[4]

①　東洋医学の施術費を損害として請求できる要件

　第１に、原則として、施術を受けるにつき医師の指示を受けることが必要である。なぜなら、受傷の内容と程度につき医師による診断等の必要性があるし、施術には限界があるほか、施術効果の判定にも困難さがあるからである。しかし、東洋医学に基づく施術については、西洋医学的治療より効果的な臨床例もあるし、施術内容には整形外科の治療の代替機能もある。また、施術の利便性（かかり易さ）、地域の実情等患者側の事情を考慮すると、医師の指示がなくとも施術を認めるべき場合もあると考える。

　第２に、施術につき医師の指示があるかないかを問わず、次の要件を満たす必要がある。

(i)　施術の必要性

　施術を行うことが必要な身体状況にあったということである。各施術が許される受傷内容であることや、従来の医療手段では治療目的を果たすことが期待できず、医療に代えてこれらの施術を行うことが適当である場合、または西洋医学的治療と東洋医学に基づく施術とを併施することにより治療効果が期待できる場合でなくてはならないと考える。医師の指示がある場合には、通常、この要件は満たしているとみてよいであろう。

---

4 ）片岡武裁判官「東洋医学による施術費」『民事交通事故訴訟・損害賠償額算定基準〔平成15年版〕』
　（東京三弁護士会交通事故処理委員会、2003）322頁。

（ii）　施術の有効性

施術を行った結果、具体的な症状緩和の効果が見られるということである。

（iii）　施術内容の合理性

施術が、受傷内容と症状に照らしたとき、過剰・濃厚に行われていないか（症状と部位との一致、施術内容が適正に行われているか）を検討する必要がある。

（iv）　施術期間の相当性

受傷の内容、治療経過、疼痛の内容、施術の内容およびその効果の程度等から、施術を継続する期間が相当であることである。

（v）　施術費の相当性

報酬金額が社会一般の水準と比較して妥当であることが必要である。

②　医師の指示が原則として必要であると考える理由

（i）　医師による診断の必要性

患者の健康状態に関し医学的見地から行う総合的判断は、医師しかできない。すなわち、医師は、専門的知識と経験に基づき、個々の患者の個体差を考慮しつつ、変化する病状に応じて治療を行う[5]。しかし、頸部に捻挫が存在するとの柔道整復師の判断は、レントゲン診断等に基づく確定的な判断によるものではなく、その症状が他の疾病によるものである可能性を除外するものではないし、医学的な因果関係の有無の判断を含まないものである。

（ii）　医師による治療の必要性

整形外科の治療、特に捻挫に係る診断学、手術療法、装具療法等は、近年急速に進歩しており、外観上は単なる捻挫と思われるものであっても、筋や腱が断裂している場合があり、速やかな外科的手術が必要なときもある。他方、柔道整復師は、外傷による身体内部の損傷状況等を的確に把握するためのレントゲン、MRI 検査ができない。

（iii）　施術効果の判定の困難性と限界

施術には、筋麻痺の緩和効果等の対症効果があるとしても、施術の手段・方式や成績判定基準が明確でないため、客観的な治療効果の判定が困難である。また、柔道整復師は、医師と異なり、外科手術、薬品投与等が禁止されるなど（柔道整復師法16条）、施術は限られた範囲内でしか行うことができない。

（iv）　施術自体の多様性

施術者によって施術の技術が異なり、施術方法、程度が多様である。

（v）　施術の問題点

重篤な器質的損傷が見落とされている危険がある。

5）同旨、山形地判平成13年4月17日交民集34巻2号519頁。

③　施術の有効性

　施術により治療効果が上がっていることを立証するためには、本来は、一定期間ごとに医師の診断を受け、サーモグラフィー、筋電図およびシンチグラフィー等の検査を行い、疼痛の原因を精査し、施術の効果を検証する必要がある。しかし、現状では、医師が患者に対し、治療の一環として東洋医学に基づく施術を利用することを勧めたり、あるいは、指示するということは考えにくい現況にあるし、上記の各検査方法を実施できる病院にも限りがあるので、常に上記の検査を受けることを求めるのも現実的ではない。したがって、痛みはこれを感じる患者の主観的体験であり、どの程度緩解すれば自制内といえるか判然としないものの、施術により症状が緩解していることが立証できるのであれば、治療効果が上がっていると認めてもよいものと考える。

④　施術期間の相当性

(i)　柔道整復

①　健康保険の取扱い（昭和61年6月6日保険発第57号）

　打撲、捻挫に対する施術が、初検の日から3か月を超えて継続する場合は負傷部位、症状、施術の継続が必要な理由を明らかにした理由書を療養費支給申請書に添付するものとされている。

②　整形外科医からの意見

　整形外科医は、むち打ち損傷等については、治療（施術）期間を区切る必要があり、同期間としては1か月、長くとも3か月とみるのが相当であるとしている。すなわち、整形外科医は、骨折や脱臼がなく、脊髄症でも神経根症でもないむち打ち損傷については、医学的にみて3か月程度で、急性期、亜急性期を経て治癒ないし症状固定に至るとされ、頸椎捻挫型の80%は、1か月以内に治癒し、重症例でも3か月以内に軽快するのがほとんどであると論述している[6]。したがって、そのような前提に立った場合は、3か月が経ってもまだ通院して治療を受けなければならない状態にあるというのは、その治療が外傷の本質的治癒にとってさして効果が上がっていないことを示しているともいえる。

③　結　　論

　施術期間は、初療の日から6か月を一応の目安と考える。しかし、6か月を超えたからといって一律に打ち切るものではなく、受傷の内容、治療経過、疼痛の内容、施術効果等の観点から、施術の必要性の立証ができれば、これを超える期間についての施術を認めるべきである。

6）森健躬監修『鞭打ち損傷ハンドブック』（日本損害保険協会、1987）103頁。

Ⅶ　損害賠償の対象となる施術費

⑤　柔道整復師の施術費の算定基準

柔道整復師の施術費の算定基準としては、2つの方向がある。

（i）　いわゆる保険基準説

第1に、前に述べた平成5年の通知で示され、平成7年に撤回されたとされる、それまでの自賠責保険の取扱いを基本とし、モノおよび技術は、労災料金の1.5倍から2倍を上限の目安としたらどうかと考える。なぜなら、柔道整復師の施術は専ら徒手整復によるものであり、施術者によって施術の技術も異なり、施術の内容も多様であるから、施術者の技能の差はそのまま集客数と料金の多寡に関連することになるし、交通事故の特殊性等を考慮すると、労災料金を基礎としつつも、ある程度の幅を持たせる必要がある。

（ii）　いわゆる割合説

第2に、施術の期間、料金、施術の必要性等の事情を斟酌して、施術費総額の何割の限度で認めるという考え方もある。裁判所が、独自に健康保険と労災保険が定めるような施術料金算定基準を策定するのは、手続的にも内容的にも難しいものがあるし、事案にもよるが、各施術内容を検討し労災料金を基に計算することは煩瑣である。柔道整復師による施術費を認める裁判例においても、施術費の何割の限度で認めるという考え方を採用しているものがある。

（4）　吉岡透裁判官（「赤い本」平成30年版）[7]

①　施術費の請求が認められる要件（その1）

① 施術が症状固定までに行われたものであること
② 施術録に記載された施術が現になされたこと

②　施術費の請求が認められる要件（その2）

（i）　必要かつ相当な施術行為であること

【必 要 性】

① 施術の必要性

施術を行うことが必要な身体状況にあったこと

② 施術の有効性

施術を行った結果として具体的な症状の緩和が見られること

【相 当 性】

③ 施術内容の合理性

施術が、受傷内容と症状に照らし、過剰・濃厚に行われておらず、症状と一致

7）吉岡透裁判官「整骨院における施術費について」『民事交通事故訴訟・損害賠償額算定基準〔2018版〕下巻（講演録編）』（公益財団法人日弁連交通事故相談センター東京支部、2018）27頁。

した部位につき、適正な内容として行われていること

④　施術期間の相当性

　受傷の内容、治療経過、疼痛の内容、施術の内容およびその効果の程度等から、施術を継続する期間が相当であること

⑤　施術費の相当性

　報酬金額が社会一般の水準と比較して妥当なものであること

(ii)　医師の指示がある場合、ない場合

　医師が患者に対して整骨院での施術を受けるように指示をしている場合には、資格を有する医師が患者の治療方法の一つとして柔道整復師による施術を積極的に選択したことを意味しているから、特段の事情がない限りは、①施術の必要性、②施術の有効性があることを強くうかがわせる事情になる。

　もっとも、①施術の必要性、②施術の有効性は、必要かつ相当な施術における必要性に対応するものであるから、医師が整骨院の施術を指示していれば、当然に施術費の全額が請求できるわけではない。これに加えて、必要かつ相当な施術における相当性に対応する③施術の合理性、④施術期間の相当性、⑤施術費の相当性が認められるかが検討されなければならない。

　医師の指示がなかったとしても、①施術の必要性、②施術の有効性について具体的な主張・立証がされたのであれば、さらに、③施術の合理性、④施術期間の相当性、⑤施術費の相当性が認められる場合には、施術費が交通事故による損害と認められる。

(iii)　問題のある事案

　交通事故の被害者において、事故直後から頻回に、場合によってはほぼ連日整骨院に通院し、施術内容も通院頻度もあまり変わらないにもかかわらず、6か月を経過したとたんに整骨院の通院を止め、きっかり6か月分で、かつ、整形外科における治療費の何倍にも上るような高額な施術費を請求するといった事案が散見される。

　しかし、6か月というのはあくまで一応の目安であり、④施術期間の相当性は、必要かつ相当な施術における相当性を判断する考慮要素の一つにすぎない。④施術期間の相当性について一応の目安は満たすとしても、施術内容も通院頻度もあまり変わらず、6か月を経過したとたんに整骨院の通院を止めていることから、施術を行うことが必要な身体状態にあったとか、施術効果が上がったとは見ることができないとして、①施術の必要性、②施術の有効性に問題があると判断されることもあり得る。

　また、頻回に通院していることから、受傷内容と症状に照らし、施術が過剰・濃厚に行われているとして、③施術の合理性に問題があると判断されることもあり得る。

　さらには、施術費が高額であることから、⑤施術費の相当性に問題があると判断されることもあり得る。

Ⅶ　損害賠償の対象となる施術費

ⅳ　総合的な検討

施術費の請求は、この５つの考慮要素を総合的に検討し、必要かつ相当な施術の費用であると認められる場合に、損害として認められることになる。

③　必要かつ相当な施術行為の費用と認められない場合の損害の範囲

（ⅰ）　保険基準説

施術費について、労災保険料金の1.5倍から２倍を上限の目安にするという考え方である。

また、これと類似する考え方として、労災保険の算定基準ではなく、それよりも低額な健康保険の算定基準を用いるのが相当とするものもある。

（ⅱ）　割合説

施術の期間、料金、施術の必要性等の種々の事象をしん酌して、施術費総額の何割かという限度で認めるという考え方である。

④　小　　括

保険基準説による処理は、整骨院の施術録の「施術内容」欄およびこれに対応する「金額」欄を健康保険ないし労災保険の算定基準に引き直すという主張・立証がなされることを前提としているが、かかる主張・立証は、現実には加害者側にとっても相当煩雑であり、負担が大きいのではないだろうか。保険基準説による処理をした裁判例が少数にとどまっていることは、このような現実の主張・立証の負担の大きさを反映しているものと思われる。

これに対し、割合説による処理は、このような現実の主張・立証の負担を強いることはないし、施術費の割合認定を裁判官の裁量的な判断にかかわらせており、実情に即した柔軟な解決を可能にさせるという利点もあることから、裁判例の多くを占めていると考えられる。

このような裁判実務の現状をふまえれば、整骨院における施術費を自由診療によって請求した場合に、そのこと自体で直ちに保険基準を参照して施術費を制限するというような基準を立てることは、考えにくい。

もっとも、割合説による場合には、損害として請求できる施術費の割合を具体的に認定するにあたり、施術の期間、料金、施術の必要性等といった種々の事情をしん酌するとされている。

たとえば、健康保険基準によると、近接部位については１部位として算定される結果、２部位の請求にとどまるのに対し、自由診療にはこのような近接部位による制限はないとして４部位の請求がされているような場合には、全く同一の施術がされたにもかかわらず、自由診療によると健康保険基準による請求額の単純に２倍の額が請求

されることになる。

　このような事情は、自由診療による施術費が社会一般の水準と比較して妥当なものとするには疑問を生じさせる事情といえるから、割合説による場合であっても、この点につき具体的な主張・立証があれば、割合を認定するにあたってしん酌できる事情であると考えられる。

VIII

施術費に関する裁判例

Ⅷ　施術費に関する裁判例

1　平成22年以前

(1)　東京地裁平成14年2月22日判決

　自動車と衝突した自転車の運転者（男・57歳・整骨院院長）の整骨院における施術費175万2,050円の請求について、施術の必要性、施術内容の合理性、施術の相当性、施術の有効性について、個別具体的な主張・立証を必要とするとして、請求を認めず、慰謝料の費目で計上するのが合理的かつ相当とした。

■東京地判平成14年2月22日判時1791号81頁■

　　ア　鍼灸マッサージ等の施術の必要性、合理性
　　負傷した被害者が病院又は診療所において受けた医師又は歯科医師（以下、歯科医師と併せて「医師」と総称する。）による治療は、特段の事情のない限り、その治療の必要があり、かつ、その治療内容が合理的で相当なものであると推定され、それゆえ、それに要した治療費は、加害者が当然に賠償すべき損害となるから、加害者がこれを争う場合には、加害者が積極的に個別具体的な主張立証をしなければならない、と解すべきである。
　　これに対し、被害者が自らの治療のために、あん摩マッサージ指圧師、はり師、きゅう師又は柔道整復師（以下「あん摩マッサージ師等」という。）による施術を選択した場合には、その施術を行うことについて医師の具体的な指示があり、かつ、その施術対象となった負傷部位について医師による症状管理がなされている場合、すなわち、医師による治療の一環として行われた場合でない限り、当然には、その施術による費用を加害者の負担すべき損害と解することはできないのであって、施術費を損害として認めるためには、被害者は、①そのような施術を行うことが必要な身体状態であったのかどうか（施術の必要性）、②施術の内容が合理的であるといえるかどうか（施術内容の合理性）、③医師による治療ではなく施術を選択することが相当かどうか（施術の相当性。医師による治療を受けた場合と比較して、費用、期間、身体への負担等の観点で均衡を失していないかどうか）、④施術の具体的な効果が見られたかどうか（施術の有効性）、等について、個別具体的に積極的な主張、立証を行わなければならない、と解すべきである。なぜなら、あん摩マッサージ師等は、医師と異なり、その施術は限られた範囲内でしか行うことができない（外科手術、薬品投与等の禁止、脱臼又は骨折の患者に対する施術の制限等。あん摩マッサージ指圧師、はり師、きゅう師等に関する法律4条、5条、柔道整復師法16条、17条）上、その施術内容の客観性、合理性を担保し、適切な医療行為

を継続するために必要な診療録の記載、保存義務が課せられていないこと（医師法24条１項、２項、歯科医師法23条１項、２項の診療録の記載及び保存義務に関する規定が、前記各法律にはない。）、外傷による身体内部の損傷状況等を的確に把握するために重要な放射線による撮影、磁気共鳴画像診断装置を用いた検査をなし得ないこと（医師の指示の下に医師又は診療放射線技師が機械操作することとなる。診療放射線技師法23条、２条２項。）、それゆえ外傷による症状の見方、評価、更には施術方法等にも大きな個人差が生じる可能性があること、施術者によって施術の技術が異なり、施術方法、程度が多様であること、自由診療で報酬規程がないため施術費が施術者の技術の有無、施術方法等によってまちまちであり、客観的で合理的な施術費を算定するための目安がないこと、といった点が指摘され、これらの事情を考慮すると、あん摩マッサージ師等による施術については、医師の治療のような必要性、合理性、相当性の推定をすべきではなく、それゆえ、施術費を、医師の治療費と同様に、加害者の負担すべき損害とするのは相当でないからである。

（中略）

　前示のとおり、Ｙ整骨院での施術が有効であったことは認められるが、その施術を行うことの必要性、合理性、相当性が認められない以上、同施術に要した費用を損害として加害者に負担させるのは相当ではない。

　もっとも、前示のとおり、施術が原告の症状に有効であったこと、この施術期間中整形外科の治療費の支出がなかったこと（原告が医師による治療を選択せず、これを受ける機会が少なかったため、算定されるべき治療費に係る損害額も少なくなる。）を考慮すると、施術費を損害として計上せずに被害者たる原告の自己負担としてしまうことは、必ずしも、公平の観点から見て相当とはいい難い。

　当裁判所は、原告が、施術費を自己負担をしてでも施術を受けて軽快させたいと思う程度の症状に苛まれていた、との観点から、これを、後述する慰謝料の加算事情として積極的に評価するのが相当であると考える。これに対し、施術費中の幾らかを損害額として割合的に認定する考え方もあり得るが、そのような算定をするための合理的な基礎資料を収集、整理し、提出することは一般に容易ではなく、本件でもそれは十分でないため、割合数値を設定することは困難である。そこで、本件では、民事訴訟法248条によって、あえて施術費の費目で損害額を認定するよりは、むしろ、算定困難な損害額の算定として有用な慰謝料の費目で計上するのが合理的かつ相当であると判断した。

(2) 千葉地裁平成15年10月27日判決

　整骨院こと柔道整復師が、施術費17万3,850円のうち既払額を除いた金８万3,250円を交通共済組合に対して請求した施術費請求訴訟である。

　柔道整復師が自動車共済契約を引き受けている共済協同組合に対して直接請求することができるかという問題については、医療機関の保険会社に対する請求を否定した

大阪高裁判決平成元年5月12日[1]があるが、本判決は、それと同様の考え方を前提としつつ、債務引受けを認めたうえ、被告共済の支払基準によるべきとして施術費請求を棄却した。義務がないにもかかわらず共済が債務引受けを認めるのであれば、共済の支払基準によることが前提となっている。

■千葉地判平成15年10月27日交民集36巻5号1431頁■　　　　　　　　　　　（筆者江口担当）

> ……自動車共済契約を引き受けている共済協同組合が、医療機関等に対し、交通事故の被害者の治療費や施術費を、加害者の損害賠償債務の額の確定前に、直接、支払うことを約すのは、加害者、被害者、自賠責保険の保険者、医療機関等と連絡の上、いずれは支払を免れないものと認められる範囲の金額を支払うことが、被害者にとって便宜であるだけではなく、早期に被害者に適切な医療等を受けさせることにより損害の拡大を防止することができるからであると考えられる。
>
> そうすると、被告の原告に対する申し入れが、Jの原告に対する施術費の支払債務につき、立て替え払いをする用意があることを予告するに過ぎないものとはいえず、適正な施術費については、被告が債務引き受けをするというものであると解される。
>
> したがって、原告と被告との合意により、適正な施術費については、被告は、原告に対し、その支払義務を負うものというべきである。
>
> （中略）
>
> ……被告が原告に対し、施術費を支払う義務を負う理由は前記のとおりであるが、この支払は、交通事故による損害賠償義務の額が確定する前になされるもので、被告は、もともとは、原告に対し直接に支払うべき義務があるわけではないのに、あえて合意により支払いをするものであることからすると、施術費の単価については、当事者間で特段の合意をしない限り、被告の定める基準によることが前提となっていたものというべきである。そして、この特段の合意があったことについては証拠がない。
>
> そうすると、被告が原告に対して支払うべき施術費は、被告の既払金額のみであるというべきである。よって、原告の請求は理由がないので、棄却する。

(3) 東京高裁平成16年8月31日判決（控訴棄却）／（原審）東京地裁平成16年3月29日判決

　原審東京地裁判決は、整骨院の720万円以上の施術費が問題となった損害賠償請求訴訟であるが、本判決は、目安表、厚労省の療養費算定基準、健康保険診療報酬算定方法の手引等を参考に、損害の対象となるのは50万円とした。

　被告において、施術に必要な期間はせいぜい1か月であると控訴したが、控訴審東京高裁判決も、原審同様、施術に必要な期間を6か月として控訴を棄却した。

1）大阪高判平成元年5月12日判タ705号202頁。

■東京地判平成16年 3 月29日自保ジャ1589号 2 頁■　　　　　　　（筆者江口担当）

　　D整骨院の治療に効果が認められるとしても、 1 年以上もの長期間にわたって、合計
185日もの通院が必要であったかどうかについては、立証が十分であるとはいえない。D
整骨院柔道整復師の意見書（証拠略）によれば、筋肉症候群やBarre-Lieou症状が治療の
長期化の原因であるとされているが、かかる症状についても、医師による確定的な診断
がなされておらず、ある程度の期間が経過しても症状が改善されないのであれば、長期
化の原因を見極めるために医師の診断を受ける必要があるとも考えられ、頸椎捻挫の場
合における通常の治療期間も考慮すれば、相当な施術期間は 6 か月程度とみるべきであ
り、本件においては、平成12年 2 月末まで（通院実日数96日）が必要な施術期間と認め
られる。
　　さらに、原告が請求するD整骨院の施術費は、720万円以上もの高額な金額であり、平
均した 1 日あたりの施術費も 3 万9,040円と通常の整骨院の施術費の数倍以上にものぼ
り、社会的に妥当な範囲を大きく超えているといわざるを得ない。
　　このような事情を総合すると、D整骨院の施術は、整形外科における治療に代わるも
のとして必要性が認められるものの、その全ての期間及び部位について必要でありかつ
相当な施術であったことの立証がなされているとはいえない上、施術費が相当であると
は到底認められないから、自賠責保険施術料金（目安表）（証拠略）。但し、同表は、拘
束力のあるものではなく、社団法人日本柔道整復師協会に対する「適正化要請」が平成
7 年に撤回され、自賠責保険において、現在は法的に定められた算定基準が存在しない
ことは当裁判所に顕著である。）、厚生労働省の定めた柔道整復師の施術に係る療養費の
算定基準（（証拠略）添付資料 9 ）、健康保険における診療報酬算定方法の手引（証拠略）
も参考にした上、原告の請求する施術費のうち、50万円の限度で本件事故と因果関係の
ある損害と認めるのが相当である。

⑷　大阪高裁平成22年 4 月27日判決／（原審）神戸地裁平成21年10月21日判決

　 3 歳の子を同乗、母が運転する普通乗用自動車に、駐車場でバックして出てきた被
告運転の普通乗用自動車が衝突、母子が傷害を負ったと主張した事故について、母子
が施術料債務の弁済に代えて、被告に対する損害賠償請求権を接骨院である原告に譲
渡したため、施術料相当の損害賠償が請求された。なお、予備的請求として、被告の
示談代行をしていた保険会社が施術料を支払う旨を約したと施術料が請求されたが、
支払合意が否定されている。
　母親は、 2 日通院した病院では頸椎捻挫で 2 週間の加療見込みと診断されたが、原
告では、頸部捻挫・腰部捻挫・胸部打撲・左手関節捻挫・左肘関節打撲と診断され、
5 か月半施術した。子は、病院では対症療法をする程度の左肘打撲と診断されたが、
原告では、左肘関節打撲・上背部打撲と診断され、 3 か月弱施術した。これらの施術

VIII　施術費に関する裁判例

料として、労災保険基準の2倍が請求された。

　原審は、母子の施術をいずれも必要かつ相当な施術期間としたうえで、労災保険基準の1.2倍を必要かつ相当な範囲の金額とした。

　しかし、控訴審は、本件事故により受けた傷害について、母親は頸椎捻挫に止まり、他の傷害を受けたことを認めることはできないと否定したうえ、内出血もなかった打撲傷に数か月も施術を続けた明らかに過剰な施術であり、初期の7日程度は安静、その後の7日程度の理学療法をするのが一般的として、必要性があった施術は6回とした。また、子についても著しく過剰な施術であるとして施術料を全否定した。そのうえで、自由診療であるからといって、無限定に高額の施術料を徴収することは許されるものではない、医師による診察治療を受けた場合の治療費を著しく超えることはできないとし、労災算定基準の上限額（保険会社の目安料金）が相当であるとした。

■大阪高判平成22年4月27日自保ジャ1825号110頁■

　　花子の損害
　　……頸椎捻挫の治療は、初期においては、患部の安静の保持を旨とし、事故後7日程度で多くは治癒するが、その後も症状が残る場合に同程度の期間理学療法を施行し、初期の段階で患部の状況も分からないままマッサージ等の外力を加えることは症状を悪化させたり、治癒機転を遅らせることになると認められる。これによれば、B病院における医師が、加療期間を2週間としたのは合理的な診断であったといいうる。そして、上記診察報酬明細書の被控訴人の施術開始の日から同年6月30日までの施術内容をみるに、上記のように負傷のない部分まで毎日のように電療治療などがされており、原審被控訴人本人の供述でも内出血もなかった打撲傷に数ケ月も電療治療、温罨法等を続けるなど明らかに過剰の施術といって良い。上記のとおり、初期の7日程度は安静を旨とし、その後7日程度の理学療法をするのが一般的な治療法であるとの点から、花子に対する施術については、その必要性があったのは、合計6回程度と認めるのが相当である。
　　被控訴人は、その施術料について、自由診療であるとして、労災保険柔道整復師施術料金の労災算定基準の2倍の額を請求する。しかしながら、交通事故の被害者に対する自由診療であるからといって、無限定に高額の施術料を徴収することは許されるものではない。交通事故の被害者に対する治療であっても、必要な治療費を超えるものを加害者に負担させる理由はない。本件の場合、通常の医師による治療に加えて柔道整復師による治療を必要としたという事情は立証されていないから、その施術料は、医師による診察治療を受けた場合の治療費を著しく超えることはできないというべきである。そこで、その額は、別紙算定基準における労災算定基準の上限額とするのが相当である。そうすると、花子の本件交通事故と相当因果関係をもつ施術料としては、初検料2,700円、再検料5回分1,900円（380円×5）、初回処置料1,070円、冷罨法料1,000円（200円×5）、後療料5,700円（1,140円×5）、電療料5,500円（1,100円×5）、温罨料950円（190円×

5）、指導管理料4,100円（820円×5）、明細書料3,000円、診断書料3,000円の合計2万8,920円である。

（中略）

夏子が受けた権利侵害及び損害

……夏子は、本件事故当日、花子とともにB病院を受診し、左肘打撲と診断され、治療としては対症療法をする程度とされ、その翌日に花子とともに同病院を受診していないから、夏子の上記受傷の程度は軽微なものであったというべきである。

したがって、被控訴人が、同月4日に花子とともに被控訴人を受診した夏子について、左肘関節打撲及び上背部打撲と診断し、同年6月30日までに62日間施術をしたのは、夏子の上記受傷の程度に照らし相当な範囲を著しく超える過剰な施術であったといわざるを得ず、これについての施術料が、本件事故と相当因果関係があったと認めることはできない。

(5)　東京地裁平成22年5月11日判決

第1事件は、交通事故被害者が加害者に対する損害賠償請求をする事案、第2事件は、整骨院開業者が被害者に対して施術費を請求する事案である。

被害者が加害者に対して損害賠償請求することができる施術費、整骨院開業者が被害者に対して請求することができる施術費が同額であるとするとともに、その額については、健康保険、労災保険、自動車保険（交通事故）のいずれを利用する場合であっての施術内容に違いはなく、傷病の違いもなく、健康保険よりも労災、労災よりも目安表、それよりも整骨院の料金表の金額は高額であるが、その合理的な理由は明らかでないとして、加害者および保険会社が承諾した額とした。

■東京地判平成22年5月11日平成21年（ワ）第41331号損害賠償反訴請求事件／平成21年（ワ）第37182号損害賠償反訴請求事件■

主　　　文

1　第1事件反訴被告甲は、第1事件反訴原告（第2事件反訴被告）に対し、114万8392円及びこれに対する平成17年7月17日から支払済みまで年5分の割合による金員を、第1事件反訴被告乙、同丙及び同丁は、第1事件判訴原告（第2事件反訴被告）に対し、それぞれ38万2797円及びこれに対する同日から支払済みまで年5分の割合による金員を、支払え。

2　第2事件反訴被告（第1事件反訴原告）は、第2事件反訴原告に対し、88万4470円及びこれに対する平成18年5月21日から支払済みまで年5分の割合による金員を支払え。

3　第1事件反訴原告（第2事件反訴被告）及び第2事件反訴原告のその余の請求を、

Ⅷ　施術費に関する裁判例

いずれも棄却する。
4　訴訟費用は、第1事件、第2事件を通じ、これを12分し、その5を第1事件反訴原告（第2事件反訴被告）の、その4を第1事件反訴被告らの、その3を第2事件反訴原告の負担とする。
5　この判決第1項及び第2項は、仮に執行することができる。

事　実　及　び　理　由

第1　請求
　1　第1事件
　　第1事件反訴被告甲（以下甲という。）は、第1事件反訴原告（第2事件反訴被告）（以下、「原告」という。）に対し、149万8360円及びこれに対する平成17年7月17日から支払済みまで年5分の割合による金員を、第1事件反訴被告乙、同丙及び同丁（以下、これら3名を併せて「被告乙ら」といい、被告甲と併せて「被告ら」という。）は、原告に対し、それぞれ49万9453円及びこれに対する同日から支払済みまで年5分の割合による金員を、支払え。
　　（ただし、被告甲に対する請求は、70万6630円に、第2事件の判決が認容されることを条件としその認容額元本の20分の9（全部認容の場合は79万1730円）を加算した金額を請求額元本とするものであり、被告乙らに対する請求は、それぞれ、23万5543円に、第2事件の判決が認容されることを条件としその認容額元本の20分の3（全部認容の場合は26万3910円）を加算した金額を請求額元本とするものである。）
　2　第2事件
　　原告は、第2事件反訴原告（以下「X」という。）に対し、175万9400円及びこれに対する平成18年5月21日から支払済みまで年5分の割合による金員を支払え。
第2　事案の概要
　　第1事件は、原告が、亡戊との間の交通事故によって受傷したとして、同人の相続人である被告らに対して、民法709条に基づいて、損害賠償請求（Xの施術料を含む。）をする事案である。
　　第2事件は、整骨院を開業しているXが、原告の上記傷害に対する施術を行ったとして、原告に対して、契約に基づいて、施術料の請求をする事案である。
　1　前提事実（争いがない事実又は証拠により容易に認められる事実）
　⑴　事故の発生、責任原因、相続、過失割合の合意
　　ア　平成17年7月16日午後2時45分ころ、東京都A区の交差点において、亡戊運転の普通自動車と原告運転の自動二輪車が衝突した（以下「本件事故」という。）。
　　イ　亡戊には、交差点を右折する際に、右方を確認しなかった過失がある。
　　ウ　亡戊は死亡し、妻である被告甲、子である被告乙らが相続した。
　　エ　本件事故による原告の損害に対する賠償について、原告と被告らの間で、過失割合を、原告1割、亡戊9割とする合意がある。
　⑵　原告の受傷と治療・施術

ア　原告は、本件事故により、右肩、右肘、右膝、左肘打撲、腰椎捻挫の傷害を受けた。

イ　原告は、上記傷害の治療のため、O病院に2日間通院して治療を受けたほか、平成17年7月20日から平成18年4月15日まで、152日間、Xが開設しているX整骨院に通院し、施術を受けた。

ウ　原告は、Xの求めに応じて、同人に対し、平成17年8月1日付けで、「平成17年7月16日の交通事故に関わる治療費の一切の権限をX整骨院に委任致します。万が一保険会社治療費支払い（が）ない場合でも全額お支払い致します」と記載した「委任状」と題する文書及び「平成17年7月20日の交通事故に関する治療品について全額を責任もってお支払い致します」と記載（日付は16日の誤りである。）した「承諾書」と題する文書（以下、併せて「本件承諾文書」という。）を交付した。

(3)　原告の損害（X整骨院の施術費と弁護士費用以外）

　本件事故による原告の損害のうち、治療費、通院交通費、休業損害、通院慰謝料の合計は、152万1746円であり、（原告は、このほか、X整骨院の施術費と弁護士費用を主張している。）、6万8810円が支払われている。

2　争点

(1)　原告が被告らに対して損害賠償請求することができる施術費及び弁護士費用はいくらか

（原告の主張）

　　施術費　　　　第2事件で認容される施術費の金額

　　弁護士費用　30万円

（被告らの主張）

　被告らが支払うべき施術料は、必要かつ妥当な実費であり、基本的には労災保険柔道整復師施術料金算定基準（以下「労災基準」という。）に準じるのが相当である。Xの原告に対する施術は、ごく通常の内容に過ぎない。亡戊が契約していたO損害保険株式会社（以下「O損保」という。）は、示談代行として、Xに対して、平成17年7月末ころ、施術費用の料金目安表（労災基準を若干上回るもの。以下「目安表」という。）を送付している。

　したがって、被告らが支払うべき施術料は、目安表に基づく88万4470円を超えない。

(2)　Xが原告に対して契約に基づき請求することができる施術費はいくらか

（Xの主張）

　Xと原告は、平成17年7月20日、本件交通事故による原告の傷害の施術をする契約を締結した。この際、Xは、O損保の担当者との間で、Xが定めた料金表（以下、「料金表」という。）に基づき請求をしてよい旨の合意をした。また、Xは原告との間で、本件承諾文書によって、O損保が支払をしない場合は、原告が支払

う旨の合意をした。

　　　　原告に対する料金表に基づく施術料は、175万9400円である。

　　（原告の主張）

　　　　社会的に相当な施術料は、労災基準によって算出される65万4560円である。

　　　　原告とXの合意は、XがO損保に直接請求し、原告には事故負担がない旨の合意と解すべきである。

第3　争点に対する判断

1　争点(1)（損害賠償請求における施術料等）について

　(1)　証拠によれば、次の事実が認められる。

　　ア　被告らの示談代行をしているO損保は、平成17年7月20日、原告から整骨院に通院することとしたとの連絡を受けたため、そのころ、Xに対して、電話で料金体系について説明をした上、「施術証明書作成のお願い」という文書を目安表とともに送付した。その電話の際及び上記文書送付の直後に、Xから、目安表に基づく施術料とすることに対する異議はなく、その後も、料金表に基づく請求はなかった。

　　イ　O損保は、平成18年4月19日、原告から整骨院の通院が終了したとの連絡を受けたので、同日、電話で、Xに対して、施術証明書・施術費明細書を送付するように依頼した。この時、Xからは、施術料について具体的な話はなかった。Xは、O損保に対して、同年5月20日ころ、料金表に基づいた施術料を記載した施術証明書・施術費明細書を送付した。これに対して、O損保は、平成18年5月24日付けで、目安表に基づいて、原告が受けた施術の費用について、88万4470円を支払う旨を、Xに伝えた。

　　ウ　原告がXにおいて受けた施術の費用は、労災基準では、65万4560円であり、Xが定めた料金表によれば、175万9400円である。目安表の施術費は、各費目ごとに労災基準と同額又は1.2倍（一部は2倍）である。

　　　　なお、主要な施術について、健康保険の基準、労災基準、目安表、料金表による各料金は、次のとおりである（単位は、円）。

	健康保険	労災基準	目安表	料金表
初検料	1,270	2,250	2,700	3,000
打撲・施療料	740	890	1,070	2,000
温罨料	80	100	120	500

　　エ　X整骨院の患者は、健康保険利用が95%、労災保険利用が3%、交通事故（自動車保険利用）は1ないし2%である。X整骨院においては、健康保険利用、労災保険利用、交通事故の場合で、施術の内容に違いはない。

　(2)　上記認定に対し、Xは、本人尋問において、①O損保からの電話はあったが、その電話では、同社の料金体系の話はなく、整骨院の料金があると告げるとその

承諾を受けた、②目安表等の送付は受けておらず、目安表は見たことがなかった旨供述する。

しかし、O損保がXに電話をしたのは、施術料をO損保の基準額にするためであることは明らかであるから、O損保の担当者がその点を告げないことは考えられない。また、O損保が、金額不明なままXが定めた料金を承諾することも考えられない。Xが本件承諾文書を原告に交付させたのは、O損保が料金表による施術料を支払わない場合に備えたものであることは明らかであり、Xは、当時から、O損保が料金表による施術料を支払わない方針であることを認識していたと推測される。したがって、目安表を知らなかったなどと述べるXの供述は信用することができない。

(3) (1)の事実を前提に検討する。

被告らの示談代行を行っていたO損保は、Xに対して、施術が開始して間もなく、目安表に基づく料金を支払う旨を告げていることが認められる。これに対して、被告ら及びO損保とXとの間で料金表に基づいて施術料を支払う旨の合意があった事実は認められない。X整骨院では、健康保険、労災保険、自動車保険（交通事故）のいずれを利用する場合であっても、施術の内容に違いはない。労災基準は、労災保険を利用する場合の施術料の基準を定めるものであって、業務従事中の事故による傷病に対しても利用されることがあり、この場合、傷病の内容、程度等において、交通事故による傷病と違いはないと考えられる。労災基準は、健康保険基準と比較して、ある程度高額である。目安表の基準は、労災保険より若干高額である。Xが定めた料金表の施術料は、労災基準や目安表と比較すると、相当に高額であるが、労災基準より相当に高額とする合理的な理由は明らかでない。

以上の各事情を総合して考慮すると、本件交通事故と相当因果関係がある損害として被告らが原告に対して賠償責任を負うX整骨院の施術料は、労災保険を上回る金額であり、かつ、被告ら及びO損保が承諾をしていると認められる88万4470円とするのが相当である。

(4) そうすると、原告の損害額は、以下のとおりである。

ア	治療費、通院交通費、休業損害、通院慰謝料の合計（第2の1(3)）	
		152万1746円
イ	X整骨院施術料（第3の1(3)）	88万4470円
ウ	アとイの合計	240万6216円
エ	過失相殺（ウから10％減額、第2の1(1)エ）	216万5594円
オ	損害のてん補（第2の1(3)）	6万8810円
カ	エーオ	209万6784円
キ	弁護士費用（相当として認められる金額）	20万0000円
ク	カ＋キ	229万6784円

ケ　被告甲（クの2分の1、第2の1(1)ウ）　　　　　　114万8392円

　　　被告乙ら（クの6分の1、第2の1(1)ウ）　　　　各38万2797円

(5)　よって、第1事件は、原告が、被告甲に対して114万8392円及び本件事故の日の後である平成17年7月17日から支払済みまで年5分の割合による遅延損害金の、被告乙らに対して各38万2797円及び同様の遅延損害金の、各支払を求める限度で理由がある。

2　争点(2)（契約に基づく請求における施術料）について

(1)　原告は、Xとの施術契約に基づいて施術料を支払うべき義務がある。

　　　この施術契約には、①原告の交通事故による受傷を原因とするものであり、被害者である原告としては、施術料は加害者が支払うべきものであり、被害者である原告が支払うとは考えていないと推認されること、②施術契約は身体や健康に関するものであり、その料金は合理性のある費用であることが要請されること、③原告は、現に打撲等による痛み等があり、その治療を専門家（柔道整復師）であるXに依頼するのであるから、施術の内容等はXに委ねるほかないこと等の事情がある。

　　　こうした事情を考慮すると、原告とXとの間で、施術料は、通常の施術ではされない施術が行われた等の特別の事情がない限り、交通事故と相当因果関係が認められる範囲の施術費として加害者である被告らが支払うべき金額とするとの合意があると解するのが相当である。本件承諾文書は、加害者側の保険会社が、相当因果関係が認められる範囲内の施術費の支払をしない場合には、上記支払がない金額を原告が支払う旨を合意したものと解すべきである。

　　　したがって、原告がXに施術契約に基づいて支払うべき施術費は、1(3)のとおり、88万4470円である。

(2)　よって、第2事件は、Xが、原告に対して、施術費88万4470円及びこれに対する施術の後である平成18年5月21日から支払済みまで年5分の割合による遅延損害金の支払を求める限度で理由がある。

2 近時の裁判例

(1) 横浜地裁平成28年1月28日判決

軽微追突事故で、事故から3日後から5か月余、79日通院した整骨院の施術費88万0,370円の請求について、整骨院に通院した日が79日という点が信用できないとして、施術録に記載された12日分の施術を認めたうえ、事故と相当因果関係が認められる治療期間は2か月であることから、5日のみ因果関係を認めたうえ、施術内容も過剰であるとして、5日分の施術費の2分の1、3万6,025円のみを認めた。なお、控訴審ではさらに減額した和解が成立した。

■横浜地判平成28年1月28日自保ジャ1976号147頁■

(2) 本件整骨院への通院の有無

……本件事故の状況やC病院の受診内容からすれば、原告の受傷内容は軽微なものといえ、通院に時間をかけ、休業してまで、約5ケ月間に50日以上も本件整骨院に通院していたことは考え難い。

エ 以上の事情からすれば、原告本人、証人丙川の各供述、施術証明書・施術費明細書の記載内容について、原告が本件事故後に本件整骨院に通院して施術を受けたことは信用できるが、原告が本件整骨院に通院した日が、79日であるという点では信用できない。

前記(1)の認定事実によれば、本件施術録は負傷の原因等が書かれていないなど、記載内容が十分なものではなく、調査会社の調査後に書き直されたことがうかがわれるなど、不自然な点はあるが、原告が本件事故後に本件整骨院に通院して施術を受けたことを踏まえると、本件施術録に記載された12日分の施術が行われたという点では、信用性を否定することはできない。

したがって、原告が本件整骨院に通院して施術を受けた事実は、本件施術録に記載された12日について認めることができる。

(3) 治療期間

……被告車は低速で前方に停止していた原告車に追突し、原告車は、本件事故により、リヤバンパカバーの交換が必要となったが、被告車には本件事故による損傷が確認されていないことが認められ、本件事故の衝撃は軽微なものであったと推認できる。

そして、原告は、本件事故直後に警察に通報せずに本件会社の業務のために作業現場に行っており(前記(1))、本件整骨院への通院は本件事故から3日後である。(前記(1)、

(2))。しかも、本件事故から4日後の原告の頸椎、腰椎の可動性は良好であり、本件事故から5日後の原告の右手関節については回内・回外に問題はなく、腫脹もなかったのであり、原告が本件事故で負った外傷性頸部症候群、腰部捻挫、右手関節捻挫は自覚症状のみで、他覚的所見は認められなかったものである（前記(1)）。また、原告は、C病院において、平成22年7月21日付けで「今後の経過が良好な場合に限り、本日から約1週間から10日間の通院加療を要する」と診断されており（前記(1)）、その後に症状が特に悪化したなどという事情も認められない。

　以上の事情を考慮すれば、原告が本件事故で負った傷害については、長期間の治療を要するものではなく、相当因果関係が認められる治療期間は長くとも本件事故から2ヶ月程度とするのが相当である。本件施術録に記載された通院12日のうち、本件事故と相当因果関係が認められるものは、平成22年7月20日、同年8月17日、同年8月27日、同年9月4日、同年9月10日の合計5日とするのが相当である。

　(4)　施術費の相当額
　……原告は本件整骨院への通院について医師の指示を受けていない（弁論の全趣旨）。また、施術の前提となる本件施術録に記載された原告の傷害の症状についての判断内容は、前記(3)のとおり信用できず、その判断内容よりも原告の傷害の症状が軽微なものであったことなどを考慮すれば、本件整骨院の施術内容が原告の症状にとって過剰なものであったといえる。

　したがって、本件整骨院の施術内容が、原告が負った傷害の症状にすべて必要なものであったとはいえない。

　そこで、上記施術費の合計7万2,050円の2分の1に相当する3万6,025円が、本件事故との間で相当因果関係の認められる施術費というべきである。

(2)　大阪地裁平成28年11月10日判決

　後方から追い越し左折してきた車両と接触して受傷したとする35歳整骨院等経営者が約半年間、151日通院した整骨院の施術費116万1,760円について、施術証明書および施術録の記載内容が信用できないとして、否定された。

■大阪地判平成28年11月10日自保ジャ1992号122頁■

　……原告は、平成26年7月29日から同年8月6日までの間、海外渡航中であったにもかかわらず、B整骨院の施術証明書及び施術録には、上記期間中にも同月3日を除き連日施術を行った旨の記載がある上、施術録には「8／5　HPで薬を飲む。握力を測定され、状況をみながら丁山先生の指示通りにする。」と、あたかも原告が同月5日に施術を受けたかのような具体的な記載がされており、明らかな虚偽記載がある。

　また、B整骨院の同年2月28日付け施術証明書には、「2／26日にa区で事故をし、2

／27、C病院へ検査をし来院、その後、D病院へ行き、病院の指示に従い、当院へ」と記載されているところ、上記(1)のとおり、原告が本件事故後にD病院を受診したのは同年3月3日が最初であり、B整骨院の初診日である同年2月27日には未だD病院を受診していないのであるから、上記記載も明らかに事実と異なっている。

　さらに、B整骨院の施術録には、「5／30　D病院から薬の増量があったと。副作用できついと。」と記載されているが、D病院の診療録によれば、処方される内服薬が変わったのは同年6月7日、変更後の薬について原告が「しんどい」と申告したのは同月18日であり、それ以外に薬の副作用に関する記載はなく、上記の施術録の記載もD病院における診療経過と齟齬がある。

　以上のとおり、B整骨院の施術証明書及び施術録には明らかに虚偽又は事実と異なる記載が複数あることに加えて、原告がB整骨院の経営者であることに照らせば、B整骨院の施術証明書及び施術録の記載内容については、到底信用することができない。
（中略）
　……原告が、本件事故の翌日である平成26年2月27日以降、頚椎捻挫、腰背部捻挫、右上肢打撲、右腸骨部打撲の傷病名でC病院及びD病院に通院し、同年8月28日、丁山医師により症状固定と診断されたことが認められる。

　もっとも、上記(1)アのとおり、原告は、本件事故において身体の右側が当たったことはないというのであるから、上記傷病名のうち右上肢打撲及び右腸骨部打撲については、本件事故時の状況と整合しない。

　また、上記(1)のとおり、上記通院中に原告が訴えた症状のうち、左上肢のしびれ、右足のふらつき、腰のふらつき、両大腿外側のしびれについての訴えは、それぞれ本件事故から約1ケ月、約2ケ月半、約3ケ月、約4ケ月が経過した頃に出現していること、事故後約6ケ月が経過した症状固定時には、それまで診療録に全く現れていない症状の訴えが多数出現していること、……、以上の各症状を客観的に裏付ける他覚的所見や神経学的所見はないことなどに照らすと、以上の各症状について、本件事故との相当因果関係を肯定することはできない。

　……B整骨院の施術証明書及び施術録については、これを信用することができず、他に原告のB整骨院への通院を裏付ける客観的証拠はない。

　……以上によれば、本件事故と相当因果関係のある原告の傷害及び通院治療としては、頚椎捻挫及び腰背部捻挫による平成26年2月27日から同年8月28日までの間のC病院及びD病院への通院（通院実日数合計18日）に限り、これを認めるのが相当である。

(3)　大阪高裁平成30年3月20日判決／（原審）神戸地裁尼崎支部平成29年10月30日判決

　対向車線からはみだした車両と衝突して受傷したとする27歳男性が5か月余（実通院63日）通院した整骨院の施術費22万3,171円について、医師の同意もなく、有効かつ

Ⅷ　施術費に関する裁判例

相当な施術とも認められず、本件事故と相当因果関係がある損害とは認められないと
否定した。

■大阪高判平成30年3月20日自保ジャ2026号158頁■

　　控訴人一郎は、丙川医師の同意を得て、D整骨院で必要な施術を受けたとして、D整
骨院での治療費が本件事故と相当因果関係のある損害である旨主張する。
　　しかし、丙川医師は、控訴人一郎のD整骨院での施術についての照会に対し、「何の連
絡もなし　かってに行っている」、「相当と思わない」旨回答しており、D整骨院での施
術に同意していない。その他上記同意を認めるに足りる証拠はない。また、控訴人一郎
において、C外科での治療のほかにD整骨院での施術が必要であったとの医学的根拠も
見当たらない。控訴人一郎の上記主張は採用できない。

■神戸地尼崎支判平成29年10月30日自保ジャ2026号164頁■

　　……原告一郎が、C外科に対し、整骨院で施術をするにあたっての同意書を出してほ
しいと希望したことはうかがわれるものの、他方で、C外科の担当医は、原告一郎の整
骨院での施術につき、何も連絡を受けておらず施術を受けるように指示したこともない
こと、原告一郎の身体状況からも整骨院での施術が必要な状態とは考えていなかったこ
と、医師による治療ではなく整骨院での施術を選択することが相当とは考えておらず、
整骨院での施術が原告一郎の症状に有効かつ具体的な効果があるかについては不明であ
ると考えていたことが認められる。
（中略）
　　……D整骨院での原告一郎の傷病名は「頸椎捻挫」、「左手関節捻挫」及び「左股関節
捻挫」であり、超音波、アイシング、温熱療法等の処置が行われていることが認められ
るところ、並行して通院していたC外科でも低周波やホットパック等の処置が行われて
いることからすれば、C外科が理学療法の設備を有していない病院であることを前提と
する原告一郎の上記主張は採用できない。また、原告一郎の症状が時間の経過により改
善したとしても、それがD整骨院での施術に基づくものであることを認めるに足りる的
確な証拠はない。したがって、D整骨院での施術が、原告一郎の症状に有効かつ相当な
場合であるとまでは認められない。
　　㋒　以上によれば、D整骨院での施術費用22万3,171円について、本件事故と相当因果
関係がある損害とは認められない。

IX

施術費に関する学説

IX　施術費に関する学説

(1)　丸山一朗（損害保険料率算出機構）

　施術費に関する大阪高判平成22年4月27日判決の判例解説である。「施術の必要性」、「施術内容の合理性」、および「施術期間の相当性」、「施術費の妥当性」それぞれについて分析している。

【柔道整復師の施術費認定】[1]

> 　柔道整復師による施術が整形外科的な治療に代わって行われるのが一般的である以上、その施術費は特段の事情がない限り医療機関における治療費を著しく超えることはできない、という判旨の判断は極めて妥当なものであると考える（Xの請求する施術費を1日あたりに換算すると10,368円の高額となる。本件において整形外科的な治療が行われていた場合の金額と比較をすると、その差は浮き彫りになるものといえよう）。整形外科的な治療が行われた場合と比較をして著しく高額な施術費が請求されたケースについては、判旨がいうとおり、柔道整復師側においてその必要性を当然立証すべきであろう。D保険会社の目安料金に基づき請求額を大幅にカットした本判決の結論は、この点においても妥当なものであると考える。
> 　5　本判決は、施術部位、施術期間、施術費のすべてにおいて柔道整復師側の請求額を大幅に減額した事例として、実務に与える影響は少なくないものと考える。「施術の必要性」を損害賠償の入口の段階でしっかりと押える必要があることに加えて、「施術内容の合理性」「施術期間の相当性」「施術費の妥当性」の問題について極めて示唆に富んだ指摘を行っており、交通事故における柔道整復師の施術費請求の現状に対しても警鐘を鳴らす事例であるといえよう。
> 　繰り返しになるが、現行の自賠責保険実務においては、支払基準上の「必要かつ妥当な実費」を判断するための明確な指標を持ち合わせていない。旧目安料金の考え方自体については、前記のとおり「労災保険基準に準じる」ものとして裁判例上も一定の評価がなされていることから、これをベースにした上で、例えば合理的な施術期間、施術部位（近接部位）の認定の考え方などについて、今日的な観点から修正を図るべきではないだろうか。自動車ユーザーの保険料によって運営されている自賠責保険制度をより健全なものとするため、実務としてはまさに一歩踏み出す時期を迎えているものと考える。

(2)　三浦潤（関西大学教授）

　平成元年1点10円判決の説示は、柔道整復師の施術費についても妥当するとして、施術内容が、施術の必要性、有効性、内容の合理性および期間の相当性の各要件を満たす範囲を確定したうえ、その範囲について健保基準を具体的に算定し、これと柔道

1）丸山一朗『自動車保険実務の重要判例』（保険毎日新聞社、2017）136頁～137頁。

整復師の請求額を比較対照して相当性を判断すべきとする。

【柔道整復師の施術費をめぐる若干の問題】[2]

　　……、一部の柔道整復師が、自由診療の名のもとに極めて高額な施術料を請求しているという現状にかんがみるとき、交通事故の被害者が医師の指示なしに柔道整復師の施術を受けた場合の施術費の相当性を判断するためには、まず当該施術内容が、施術の必要性、有効性、内容の合理性及び期間の相当性の各要件を満たす範囲を確定した上で、当該範囲の施術料額を健康保険の「柔道整復師の施術に係る療養費の算定基準」に基づいて具体的に算定し、このようにして算定した施術料額と柔道整復師の請求に係る施術料額とを比較対照して相当性を判断すべきであると考える。
（中略）
　　……東京地判（東京地判平成元年3月14日平成元年1点10円判決）の説示は、柔道整復師の施術料についても妥当するものというべきである。なぜなら、㋐健康保険における柔道整復師の施術に係る療養費の算定基準は、厚生労働省の社会保障審議会医療保険部会柔道整復療養費検討専門委員会で審議・決定されることになっており、健康保険診療における報酬額の決定の場合に準じて、公益を反映されるものとして、一応公正妥当なものと推定されるし、施術報酬額についても、自由診療であるからといって、施術者側が恣意的に自由に決めてよいというものではなく、報酬金額が社会一般の水準と比較して妥当であることが要求されるところ、現今の医療保険制度は国民皆保険といわれるまでに普及しており、健康保険により定められた額が保険者から施術者側に支払われているので、その額が通常の施術報酬額というべきであるし、㋑柔道整復師が行うことができる施術の内容は、医師の診療行為と比較して極めて限定されたものである上、施術者によって施術の技術が異なり、施術方法、程度が多様であるとはいっても、このような差異が、保険診療による場合には施し得ない施術が行われ、その結果報酬額の高額化を招来する事情となるとはおよそ考えられないところであり、保険診療でも施療し得る傷害に対し、自由診療によるということのみによって高額化するのは、合理性を欠くことも、医師の診療行為の場合と同様というべきだからである。

2）三浦潤「柔道整復師の施術費をめぐる若干の問題」『交通事故紛争処理の法理（公財）交通事故紛争処理センター創立40周年記念論文集』（ぎょうせい、2014）384頁～386頁。

資　料

1　柔道整復師の施術に係る療養費の算定基準の実施上の留意事項等について
2　行政刷新会議ワーキングチーム「事業仕分け」第2WG
3　平成21年度決算検査報告／会計検査院

資　料

1　柔道整復師の施術に係る療養費の算定基準の実施上の留意事項等について

○柔道整復師の施術に係る療養費の算定基準の実施上の留意事項等について

(平成九年四月一七日)

(保険発第五七号)

(各都道府県民生主管部 (局) 保険・国民健康保険主管課 (部) 長あて厚生省保険局医療課長通知)

　柔道整復師の施術に係る療養費の算定及び審査の適正を図るため、今般、算定基準の実施上の留意事項等に関する既通知及び疑義等を整理し、別紙のとおり定め、本年五月一日より適用することとしたので、貴管下の関係者に柔道整復師を対象とする講習会の開催等を通じ周知徹底を図るとともに、その取扱いに遺漏のないよう御配慮願いたい。

別紙

　　柔道整復師の施術に係る算定基準の実施上の留意事項

第一　通則

1　療養費の支給対象となる柔道整復師の施術は、柔道整復師法 (昭和四五年四月一四日法律第一九号) に違反するものであってはならないこと。

2　脱臼又は骨折 (不全骨折を含む。以下第一において同じ。) に対する施術については、医師の同意を得たものでなければならないこと。また、応急手当をする場合はこの限りではないが、応急手当後の施術は医師の同意が必要であること。

3　医師の同意は個々の患者が医師から得てもよく、又施術者が直接医師から得てもよいが、いずれの場合であっても医師の同意は患者を診察した上で書面又は口頭により与えられることを要すること。なお、実際に医師から施術につき同意を得た旨が施術録に記載してあることが認められれば、必ずしも医師の同意書の添付を要しないこと。

　　また、施術につき同意を求める医師は、必ずしも整形外科、外科等を標榜する医師に限らないものであること。

4　現に医師が診療中の骨折又は脱臼については、当該医師の同意が得られている場合のほかは、施術を行ってはならないこと。ただし、応急手当をする場合はこの限りでないこと。

　　この場合、同意を求めることとしている医師は、原則として当該負傷について診療を担当している医師とするが、当該医師の同意を求めることができないやむを得ない事由がある場合には、この限りではないこと。

　　なお、この場合における当該骨折又は脱臼に対する施術料は、医師が整復又は固定を行っている場合は整復料又は固定料は算定せず、初検料、後療料等により算定すること。

5　療養費の支給対象となる負傷は、急性又は亜急性の外傷性の骨折、脱臼、打撲及び捻

挫であり、内科的原因による疾患は含まれないこと。なお、急性又は亜急性の介達外力による筋、腱の断裂（いわゆる肉ばなれをいい、挫傷を伴う場合もある。）については、第五の3の(5)により算定して差し支えないこと。

6　単なる肩こり、筋肉疲労に対する施術は、療養費の支給対象外であること。

7　柔道整復の治療を完了して単にあんま（指圧及びマッサージを含む。）のみの治療を必要とする患者に対する施術は支給対象としないこと。

8　既に保険医療機関での受診又は他の施術所での施術を受けた患者及び受傷後日数を経過して受療する患者に対する施術については、現に整復、固定又は施療を必要とする場合に限り初検料、整復料、固定料又は施療料を算定できること。なお、整復、固定又は施療の必要がない場合は、初検料、後療料等により算定すること。

9　保険医療機関に入院中の患者の後療を医師から依頼された場合の施術は、当該保険医療機関に往療した場合、患者が施術所に出向いてきた場合のいずれであっても、支給対象としないこと。

10　骨折、脱臼、打撲及び捻挫に対する施術料は、膏薬、湿布薬等を使用した場合の薬剤料、材料代等を含むものであること。

11　患者の希望により後療において新しい包帯を使用した場合は、療養費の支給対象とならないので、患者の負担とするもやむを得ないものであること。なお、その際、患者が当該材料の使用を希望する旨の申出書を患者から徴するとともに、徴収額を施術録に記載しておくこと。

12　柔道整復師宅に滞在して手当てを受けた場合に要した食費、寝具費、室代等は支給対象としないこと。

第二　初検料

1　患者の負傷が治癒した後、同一月内に新たに発生した負傷に対し施術を行った場合の初検料は算定できること。

2　現に施術継続中に他の負傷が発生して初検を行った場合は、それらの負傷に係る初検料は合わせて一回とし、一回目の初検のときに算定するものであること。

3　同一の施術所において同一の患者に二以上の負傷により同時に初検を行った場合であっても、初検料は一回とすること。この場合、施術者が複数であっても、初検料は合わせて一回のみとすること。

4　患者が任意に施術を中止し、一月以上経過した後、再び同一の施術所において施術を受けた場合には、その施術が同一負傷に対するものであっても、当該施術は初検として取り扱うこと。

　なお、この場合の一月の期間の計算は暦月によること。すなわち、二月一〇日～三月九日、七月一日～七月三一日、九月一五日～一〇月一四日等であること。

5　同一の患者について、自費施術途中に受領委任の取扱いができることとなった場合は、同一の負傷に関するものである限り、その切り替え時の施術について初検料は算定できないこと。その際、施術録及び支給申請書の「摘要」欄に「○月○日自費初検、○月○日健保被保険者資格取得」等の記載をしておくこと。

資　　料

　　なお、保険種別に変更があった場合も同様とすること。その際、施術録及び支給申請
　書の「摘要」欄に「○月○日初検、○月○日保険種別変更による健保被保険者資格取得」
　等の記載をしておくこと。
6　患者が異和を訴え施術を求めた場合で、初検の結果何ら負傷と認むべき徴候のない場
　合は、初検料のみ算定できること。
7　時間外加算及び深夜加算の取扱いについては、以下によること。
⑴　休日加算と時間外加算又は深夜加算との重複算定は認められないこと。
⑵　時間外加算又は深夜加算は、初検が時間外又は深夜に開始された場合に認められる
　ものであるが、施術所においてやむを得ない事情以外の都合により時間外又は深夜に
　施術が開始された場合は算定できないこと。
⑶　各都道府県の施術所における施術時間の実態、患者の受療上の便宜等を考慮して一
　定の時間以外の時間をもって時間外として取り扱うこととし、その標準は、概ね午前
　八時前と午後六時以降（土曜日の場合は、午前八時前と正午以降）及び休日加算の対
　象となる休日以外の日を終日休術日とする施術所における当該休術日とすること。
⑷　施術時間外でも実態上施術応需の体制をとっているならば、時間外加算は認められ
　ないこと。
⑸　深夜加算は、深夜時間帯（午後一〇時から午前六時までの間をいう。ただし、当該
　施術所の表示する施術時間が深夜時間帯にまで及んでいる場合は、深夜時間帯のうち
　当該表示する施術時間と重複していない時間をいう。）を施術時間としていない施術
　所において、緊急やむを得ない理由により受療した患者について算定すること。した
　がって、常態として又は臨時に当該深夜時間帯を施術時間としている施術所に受療し
　た患者の場合は該当しないこと。
⑹　施術所は、施術時間をわかりやすい場所に表示すること。
8　休日加算の取扱いについては、以下によること。
⑴　休日加算の算定の対象となる休日とは、日曜日及び国民の祝日に関する法律（昭和
　二三年法律第一七八号）第三条に規定する休日をいうものであること。なお、一二月
　二九日から一月三日まで（ただし一月一日を除く。）は、年末・年始における地域医療
　の確保という見地から休日として取扱って差し支えないこと。
⑵　休日加算は、当該休日を休術日とする施術所に、又は当該休日を施術日としている
　施術所の施術時間以外の時間に、緊急やむを得ない理由により受療した患者の場合に
　算定できるものとすること。したがって、当該休日を常態として又は臨時に施術日と
　している施術所の施術時間内に受療した患者の場合は該当しないものであること。
⑶　施術所の表示する休日に往療した場合は、往療料に対する休日加算は算定できない
　こと。
第三　往療料
1　往療は、往療の必要がある場合に限り行うものであること。
2　往療料は、下肢の骨折又は不全骨折、股間節脱臼、腰部捻挫等による歩行困難等真に
　安静を必要とするやむを得ない理由により患家の求めに応じて患家に赴き施術を行った

場合に算定できるものであり、単に患者の希望のみにより又は定期的若しくは計画的に患家に赴いて施術を行った場合には算定できないこと。

3　二戸以上の患家に対して引き続き往療を行った場合の往療順位第二位以下の患家に対する往療距離の計算は、柔道整復師の所在地を起点とせず、それぞれ先順位の患家の所在地を起点とするものであること。ただし、先順位の患家から次順位の患家へ行く途中で、その施術所を経由するときは、第二患家への往療距離は、その施術所からの距離で計算すること。

　　この場合、往療距離の計算は、最短距離となるように計算すること。

4　往療の距離は施術所の所在地と患家の直線距離によって算定すること。

5　片道一六kmを超える往療については、当該施術所からの往療を必要とする絶対的な理由がある場合に認められるものであるが、かかる理由がなく、患家の希望により一六kmを超える往療をした場合の往療料は、全額患者負担とすること。

6　同一家屋内の二人目以降の患者を施術した場合の往療料は、別々に算定できないこと。

7　難路加算における難路とは、常識で判断されるもので、第三者に納得され得る程度のものでなければならないこと。

8　暴風雨雪加算における暴風雨又は暴風雪とは、気象警報の発せられているものに限られ、気象警報の発せられない場合は原則として認められないこと。

9　夜間加算については、以下によること。

⑴　夜間の取扱いについては、おおむね午後六時から翌日の午前六時まで、又は、午後七時から翌日午前七時までのように、一二時間を標準として各都道府県において統一的に取扱うこと。

⑵　後療往療の場合は算定できないこと。

10　往療に要した交通費については、患家の負担とすること。往療時に要したバス、タクシー、鉄道、船等の交通費は、その実費とすること。自転車、スクーター等の場合は、土地の慣例、当事者間の合議によるべきであるが、通例は交通費に該当しないこと。

第四　再検料

1　再検料は、初検料を算定する初検の日後最初の後療の日のみ算定できるものであり、二回目以降の後療においては算定できないこと。

2　医師から後療を依頼された患者、既に保険医療機関での受診又は他の施術所での施術を受けた患者及び受傷後日数を経過して受療する患者の場合は、初検料を算定した初検の日後最初の後療の日に算定できること。

第五　その他の施術料

1　骨折の部・不全骨折の部

⑴　肋骨骨折における施術料金は、左右側それぞれを一部位として所定料金により算定するものであること。

⑵　指・趾骨の骨折における施術料は、骨折の存する指・趾一指（趾）を単位として所定料金により算定し、指・趾骨の不全骨折における施術料金は、一手又は一足を単位とし所定料金により算定するものであること。

資　　料

(3)　関節近接部位の骨折又は不全骨折の場合、同時に生じた当該関節の捻挫に対する施術料金は骨折又は不全骨折に対する所定料金のみにより算定すること。

(4)　膝蓋骨骨折の後療については、特に医師から依頼があった場合に限り算定できるものであること。

　　　この場合の料金は初検料と骨折の後療料等により算定することとし、支給申請書の「摘要」欄に後療を依頼した医師又は医療機関名を付記すること。

(5)　頭蓋骨骨折又は不全骨折、脊椎骨折又は不全骨折、胸骨骨折その他の単純ならざる骨折又は不全骨折については原則として算定できないが、特に医師から後療を依頼された場合に限り算定できるものであること。その場合は、支給申請書の摘要欄に後療を依頼した医師又は医療機関名を付記すること。

(6)　肋骨骨折にて喀血し、又は皮下気泡を触知する場合、負傷により特に神経障害を伴う場合、観血手術を必要とする場合、臓器出血を認め又はその疑いのある場合には、必ず医師の診療を受けさせるようにすること。

(7)　近接部位の算定方法については、第五の4の(1)を参照すること。

2　脱臼の部

(1)　指・趾関節脱臼における施術料金は、脱臼の存する指・趾一指（趾）を単位として所定料金により算定するものであること。

(2)　先天性股関節脱臼等の疾病は、支給対象としないこと。

(3)　顎関節脱臼は左右各一部位として算定して差し支えないが、同時に生じた同側の顔面部打撲に対する施術料金は、脱臼に対する所定料金のみにより算定すること。

(4)　近接部位の算定方法については、第五の4の(1)を参照すること。

3　打撲・捻挫の部

(1)　打撲・捻挫の施術が初検の日から三月を超えて継続する場合は、負傷部位、症状及び施術の継続が必要な理由を明らかにした別紙様式1による長期施術継続理由書を支給申請書に添付すること。

　　　なお、同様式を支給申請書の裏面に印刷及びスタンプ等により調製し、又は、「摘要」欄に長期施術継続理由を記載して差し支えないこと。

(2)　指・趾の打撲・捻挫における施術料は、一手又は一足を単位として所定料金により算定するものであること。

(3)　打撲の部においては、顔面部、胸部、背部（肩部を含む。）及び殿部は左右合わせて一部位として算定すること。

(4)　肩甲部打撲は、背部打撲として取扱うものであること。なお、肩甲部打撲の名称を使用しても差し支えないが、肩甲部及び背部の二部位として取扱うものではないこと。

(5)　筋又は腱の断裂（いわゆる肉ばなれをいい、挫傷を伴う場合もある。）については、打撲の部の所定料金により算定して差し支えないこと。

　　　算定に当たっては、以下によること。

　　ア　支給の対象は、介達外力による筋、腱の断裂（いわゆる肉ばなれ）であって柔道整復師の業務の範囲内のものとすること。

なお、打撲及び捻挫と区分する必要があることから、支給申請書に記載する負傷名は挫傷として差し支えないこと。

イ　算定部位は次のものに限ること。

(ア)　胸部挫傷

　胸部を走行する筋の負傷であって、肋間筋、胸筋等の損傷であるもの

(イ)　背部挫傷

　背部を走行する筋の負傷であって、広背筋、僧帽筋等の損傷であるもの

(ウ)　上腕部挫傷

　上腕部を走行する筋の負傷であって、上腕二頭筋、上腕三頭筋等、肩関節と肘関節の間の損傷であるもの

(エ)　前腕部挫傷

　上腕部を走行する筋の負傷であって、円回内筋、手根屈筋、腕橈骨筋等、肘関節と手関節との間の損傷であるもの

(オ)　大腿部挫傷

　大腿部を走行する筋の負傷であって、大腿四頭筋、内転筋、大腿二頭筋等、股関節と膝関節の間の損傷であるもの

(カ)　下腿部挫傷

　下腿部を走行する筋の負傷であって、腓腹筋、ヒラメ筋、脛骨筋等、膝関節と足関節の間の損傷であるもの

ウ　胸部及び背部は、左右合わせて一部位として算定すること。

(6)　近接部位の算定方法については、第五の4の(1)を参照すること。

4　その他の事項

(1)　近接部位の算定方法

ア　頚部、腰部又は肩関節のうちいずれか二部位の捻挫と同時に生じた背部打撲（肩部を含む。）又は挫傷に対する施術料は、捻挫に対する所定料金のみにより算定すること。

イ　左右の肩関節捻挫と同時に生じた頚部捻挫又は背部打撲に対する施術料は、左右の肩関節捻挫に対する所定料金のみにより算定すること。

ウ　顎関節の捻挫は、捻挫の部の料金をもって左右各一部位として算定して差し支えないが、同時に生じた同側の顔面部打撲に対する施術料は、捻挫に対する所定料金のみにより算定すること。

エ　指・趾骨の骨折又は脱臼と同時に生じた不全骨折、捻挫又は打撲に対する施術料は、骨折又は脱臼に対する所定料金のみにより算定すること。

オ　関節近接部位の骨折の場合、同時に生じた当該骨折の部位に最も近い関節の捻挫に対する施術料は、骨折に対する所定料金のみにより算定すること。

　また、関節捻挫と同時に生じた当該関節近接部位の打撲又は挫傷に対する施術料は、別にその所定料金を算定することなく、捻挫に対する所定料金のみにより算定すること。この場合の近接部位とは、次の場合を除き、当該捻挫の部位から上下二

資　　料

　　　関節までの範囲のものであること。
　　　①　手関節捻挫と前腕部打撲又は挫傷（上部に限る。）
　　　②　肘関節捻挫と前腕部打撲又は挫傷（下部に限る。）
　　　③　肘関節捻挫と上腕部打撲又は挫傷（上部に限る。）
　　　④　肩関節捻挫と上腕部打撲又は挫傷（下部に限る。）
　　　⑤　足関節捻挫と下腿部打撲又は挫傷（上部に限る。）
　　　⑥　膝関節捻挫と下腿部打撲又は挫傷（下部に限る。）
　　　⑦　膝関節捻挫と大腿部打撲又は挫傷（上部に限る。）
　　　⑧　股関節捻挫と大腿部打撲又は挫傷（下部に限る。）
　（注）　上部、下部とは、部位を概ね上部、幹部、下部に三等分した場合のものであること。
　　　　なお、当該負傷の施術継続中に発生した同一部位又は近接部位の負傷に係る施術料は、当該負傷と同時に生じた負傷の場合と同様の取扱いとすること。
　　カ　近接部位の算定例は次のとおりであること。
　　　①　算定できない近接部位の負傷例（骨折・不全骨折の場合）

	骨折・不全骨折の種類	算定できない近接部位の負傷例
1	鎖骨骨折	肩部の打撲、肩関節捻挫
2	肋骨骨折	同側の一〜一二肋骨の骨折 同側の胸部打撲又は挫傷 同側の背部打撲又は挫傷
3	上腕骨骨折（上部）	肩部打撲、肩関節捻挫
4	上腕骨骨折（下部）	肘部打撲、肘関節捻挫
5	前腕骨骨折（上部）	肘部打撲、肘関節捻挫
6	前腕骨骨折（下部）	手関節捻挫、手根・中手部打撲
7	手根骨骨折	手関節捻挫、中手部打撲、中手指関節捻挫
8	中手骨骨折	中手骨一〜五個々の骨折 手関節捻挫、手根部打撲、中手指関節捻挫 指部打撲、指関節捻挫
9	指骨骨折	手根・中手部打撲、中手指関節捻挫指部打撲、指関節捻挫
10	大腿骨骨折（上部）	殿部打撲、股関節捻挫
11	大腿骨骨折（下部）	膝部打撲、膝関節捻挫
12	下腿骨骨折（上部）	膝部打撲、膝関節捻挫
13	下腿骨骨折（下部）	足根部打撲、足関節捻挫
14	足根骨骨折	足関節捻挫、中足部打撲、中足趾関節捻挫
15	中足骨骨折	中足骨一〜五個々の骨折 足関節捻挫、足根部打撲 中足趾・趾関節捻挫、趾部打撲

1 柔道整復師の施術に係る療養費の算定基準の実施上の留意事項等について

16 趾骨骨折	足根・中足部打撲、中足趾関節捻挫趾部打撲、趾関節捻挫

② 算定できない近接部位の負傷例（脱臼・打撲・捻挫・挫傷の場合）

脱臼・打撲・捻挫・挫傷の種類	算定できない近接部位の負傷例
1 頚部捻挫	肩峰より内側の肩部打撲
2 肩関節脱臼・捻挫	上腕上部又は幹部の打撲又は挫傷
3 肘関節脱臼・捻挫	上腕下部又は幹部の打撲又は挫傷 前腕上部又は幹部の打撲又は挫傷
4 手関節脱臼・捻挫	前腕下部又は幹部の打撲又は挫傷 手根・中手部打撲
5 中手指・指関節脱臼・捻挫	手根・中手部打撲、指部打撲、指関節捻挫
6 背部打撲又は挫傷	同側の胸部打撲又は挫傷
7 腰部打撲	殿部打撲
8 股関節脱臼・捻挫	大腿上部又は幹部の打撲又は挫傷 同側の殿部打撲
9 膝関節脱臼・捻挫	大腿下部又は幹部の打撲又は挫傷 下腿上部又は幹部の打撲又は挫傷
10 足関節脱臼・捻挫	下腿下部又は幹部の打撲又は挫傷 足根・中足部打撲
11 中足趾・趾関節脱臼・捻挫	足根・中足部打撲、趾部打撲、趾関節捻挫

③ 算定可能な部位の負傷例（骨折・不全骨折の場合）

骨折・不全骨折の種類	算定可能な部位の負傷例
1 鎖骨骨折	頚部捻挫 上腕部打撲又は挫傷
2 肋骨骨折	左右の肋骨骨折 左右反対側の胸部・背部打撲又は挫傷
3 上腕骨骨折（上部）	肘部打撲・肘関節捻挫
4 上腕骨骨折（下部）	肩関節捻挫・肩部打撲
5 前腕骨骨折（上部）	手関節捻挫・手部打撲
6 前腕骨骨折（下部）	肘関節捻挫・肘部打撲
7 手根骨骨折	前腕部打撲又は挫傷、指関節捻挫・指部打撲
8 中手骨骨折	前腕部打撲又は挫傷
9 指骨骨折	一指単位の算定、手関節捻挫
10 大腿骨骨折（上部）	膝部打撲、膝関節捻挫、腰部打撲・捻挫
11 大腿骨骨折（下部）	腰殿部打撲、股関節捻挫、下腿部打撲又は挫傷
12 下腿骨骨折（上部）	大腿部打撲又は挫傷、足関節捻挫
13 下腿骨骨折（下部）	膝部打撲、膝関節捻挫、中足部打撲

資　　料

14	足根骨骨折	下腿部打撲又は挫傷、趾関節捻挫、趾部打撲
15	中足骨骨折	下腿部打撲又は挫傷
16	趾骨骨折	一趾単位で算定、足関節捻挫

④　算定可能な部位の負傷例（脱臼・打撲・捻挫・挫傷の場合）

	脱臼・打撲・捻挫・挫傷の種類	算定可能な部位の負傷例
1	頚部捻挫	一側の肩関節脱臼・捻挫 背部打撲又は挫傷（下部）
2	背部打撲又は挫傷	胸部打撲又は挫傷（同側を除く。） 一側の肩関節捻挫
3	腰部捻挫	背部の打撲又は挫傷（上部） 股関節捻挫、殿部打撲（下部）
4	肩関節脱臼・捻挫	上腕下部の打撲又は挫傷 背部打撲又は挫傷（下部） 頚部捻挫（ただし、肩関節一側の場合）
5	肘関節脱臼・捻挫、肘部打撲	上腕上部の打撲又は挫傷 前腕下部の打撲又は挫傷
6	手関節脱臼・捻挫	前腕上部の打撲又は挫傷、中手指・指関節捻挫 指部打撲
7	中手指・指関節脱臼	一指単位で算定
8	指関節捻挫	手関節捻挫
9	腰部打撲	背部打撲又は挫傷（上部）、股関節捻挫
10	股関節脱臼・捻挫	大腿下部の打撲又は挫傷、腰部打撲・捻挫
11	膝関節脱臼・捻挫	大腿上部の打撲又は挫傷 下腿下部の打撲又は挫傷
12	足関節脱臼・捻挫	下腿上部の打撲又は挫傷 中足趾・趾関節脱臼・捻挫、趾部打撲
13	中足趾・趾関節脱臼	一趾単位で算定

(2)　罨法料

　　ア　骨折又は不全骨折の受傷の日から起算して八日以上を経過した場合であっても、整復又は固定を行った初検の日は、温罨法料の加算は算定できないこと。また、脱臼、打撲、不全脱臼又は捻挫の受傷の日より起算して六日以上を経過して整復又は施療を行った初検の日についても算定できないこと。

　　　　ただし、初検の日より後療のみを行う場合は算定して差し支えないこと。

　　イ　温罨法と併せて電気光線器具を使用した場合の電療料の加算は、柔道整復師の業務の範囲内において低周波、高周波、超音波又は赤外線療法を行った場合に算定できること。

　　　　なお、電気光線器具の使用は、柔道整復業務の範囲内で行われるものに限られるものであること。

1 柔道整復師の施術に係る療養費の算定基準の実施上の留意事項等について

(3) 施術部位が三部位以上の場合の算定方法

ア 多部位逓減は、骨折、不全骨折、脱臼、捻挫及び打撲の全てのものが対象となること。

イ 三部位目から四部位目までの施術部位については、所定料金にそれぞれの逓減率を乗じた額を算定し、五部位目以降の施術に係る後療料、温罨法料、冷罨法料及び電療料については、五部位目までの料金に含まれること。

なお、多部位の負傷の施術中、特定の部位に係る負傷が先に治癒し、施術部位数が減少した場合は、減少後の施術部位数に応じた逓減率を乗じた額を算定するものであること。

ウ 逓減率が変更されるのは他の部位が治癒したことによる場合のみであり、三部位以上の施術期間中、その日に二部位のみについて施術するような場合については逓減率は変更されないこと。

エ 施術録には、六部位目以降の負傷名も含め記載すること。

オ 部位ごとの算定の過程において一円未満の端数が生じた場合は、その都度小数点以下一桁目を四捨五入することにより端数処理を行うものとすること。

(4) 長期施術の場合の算定方法

ア 長期に係る減額措置については、各部位ごとにその初検日を含む月(ただし、初検の日が月の一六日以降の場合にあっては当該月の翌月)から起算するものとすること。

イ 部位ごとの算定の過程において一円未満の端数が生じた場合は、その都度小数点以下一桁目を四捨五入することにより端数処理を行うものとすること。

(5) 長期・多部位の施術の場合の算定方法

ア 地方社会保険事務局長及び都道府県知事に対し、「柔道整復師の施術に係る療養費の算定基準」(昭和六〇年五月二〇日付け保発第五六号別紙)の備考5に掲げる施術(以下「長期・多部位の施術」という。)の場合の定額料金を算定する旨を届け出た施術所において、柔道整復師が当該施術を行った場合は、施術部位数に関係なく、一二〇〇円を算定し、当該施術に要する費用の範囲内に限り、これを超える金額の支払いを患者から受けることができること。

ただし、柔道整復師が扱う骨折、脱臼、打撲及び捻挫が国の公費負担医療制度の受給対象となる場合は、患者からの特別の料金の徴収については認められないものであること。

イ 患者から特別の料金を徴収しようとする場合は、患者への十分な情報提供を前提として、当該特別の料金に係る施術の内容、料金等を施術所内の見やすい場所に明示するものとすること。

ウ 特別の料金の設定については、施術所単位で同一のものとし、例えば柔道整復師ごと、又は患者ごとに異なった料金の設定は行わないこと。なお、部位数又は施術内容に応じた料金の設定を行っても差し支えないこと。

エ 特別の料金については、その徴収の対象となる施術に要するものとして社会的に

資　　料

みて妥当適切な範囲の額とすること。

オ　当該施術を行い、長期・多部位の施術の場合の定額料金を算定し、患者から特別の料金を徴収した場合は、その旨を施術録に記載しておくこと。

(6)　金属副子加算

ア　骨折、脱臼の整復及び不全骨折の固定に際し、特に施療上金属副子による固定を必要としてこれを使用した場合に、整復料又は固定料の加算として算定できること。

イ　金属副子加算の対象となるのは、使用した金属副子が網目状のものである場合に限ること。

ウ　金属副子加算は、固定に使用した金属副子の数にかかわらず、次の基準により算定できるものであること。

①　大型金属副子加算については、固定部位の範囲が一肢又はこれに準ずる範囲に及ぶ場合

②　中型金属副子加算については、固定部位の範囲が半肢又はこれに準ずる範囲に及ぶ場合

③　小型金属副子加算については、固定部位の範囲が前記の①又は②に及ばない程度の場合

エ　金属副子加算の所定金額には、金属副子の費用及び包帯等の費用が含まれているものであること。

(7)　施術情報提供料

ア　施術情報提供料は、骨折、不全骨折又は脱臼に係る柔道整復師の応急施術を受けた患者について、保険医療機関での診察が必要と認められる場合において、当該患者が、柔道整復師の紹介に基づき、実際に保険医療機関に受診した場合に、紹介状の年月日が初検日と同一日である場合に限り算定できるものであること。

イ　紹介に当たっては、柔道整復師は事前に紹介先の保険医療機関と調整の上、別紙様式2により施術情報提供紹介書を作成し、患者又は紹介先の保険医療機関に交付しなければならないものであること。また、交付した文書の写しを施術録に添付しておくとともに、請求にあっては、支給申請書に同文書の写しを添付すること。

ウ　保険医療機関と電話等で予め連絡の上で紹介し、受診についても確認する等連絡を密にするとともに、紹介する保険医療機関の選定に際しては患者の利便性等も考慮すること。

エ　紹介先の保険医療機関については、骨折等の診療に適切と認められる診療科（例えば整形外科等）を標榜する保険医療機関とすること。

オ　レントゲン撮影のために保険医療機関に紹介した場合及びレントゲンの撮影を保険医療機関に依頼した場合については、算定できないものであること。

カ　柔道整復師が骨折、不全骨折又は脱臼であると判断して応急施術を行い、保険医療機関に紹介した場合であっても、紹介先の保険医療機関において骨折等でないと診断された場合は、やむを得ない場合を除き、原則として算定できないものであること。

キ　保険医療機関に紹介した患者について、一定期間の治療後に医師の指示により再度柔道整復師に後療を依頼された場合については、初検料は算定できないこと。なお、この場合、後療料等を算定できること。

第六　施術録について

1　療養費の支給対象となる柔道整復師の施術については、別添の記載・整備事項を網羅した施術録を患者毎に作成しておくこと。

なお、同一患者にあっては、初検毎又は負傷部位毎に別葉とすることなく、同じ施術録に記載すること。また、施術明細を書ききれない場合は、別紙に記載して施術録に添付しておくこと。

2　地方社会保険事務局長及び都道府県知事との協定及び契約又は関係通知等により、保険者等に施術録の提示及び閲覧を求められた場合は、速やかに応じること。

3　施術録は、施術完結の日から五年間保管すること。

第七　一部負担金

施術所の窓口での事務の負担軽減を考慮し、患者が一部負担金を支払う場合の一〇円未満の金額については四捨五入の取扱いとすること。

また、施術所の窓口においては、一〇円未満の四捨五入を行う旨の掲示を行うことにより、被保険者等との間に無用の混乱のないようにすること。

なお、保険者が支給する療養費の額は、一〇円未満の四捨五入を行わない額であること。

別紙様式1

長　期　施　術　継　続　理　由　書
（症状・経過及び理由）
上記のとおりであります。 　　　年　　月　　日 　　　　　　　　　　　　　柔道整復師名　　　　　　印

資　　料

別紙様式2

施術情報提供紹介書

紹介先保険医療機関名
　担当医　　　科　　　　殿

平成　　年　　月　　日

紹介元柔道整復師
　所在地（住所）
　氏名　柔道整復師　　　　　　　（印）
　電話番号

患者氏名	性別　男・女
生年月日　明・大・昭・平　年　月　日（　歳）	職業（　　）

負傷名
負傷年月日　　　　　年　月　日
紹介目的
応急施術の内容
症　状
備　考

別添

　　施術録の記載・整備事項

1　施術録の記載項目

（1）受給資格の確認

　ア　保険等の種類

　　①　健康保険（政・組・日）　②　船員保険　③　国民健康保険（退）

　　④　共済組合　⑤　老人保健　⑥　その他

　イ　被保険者証等

　　①　記号・番号　②　氏名　③　住所・電話番号　④　資格取得年月日

　　⑤　有効期限　⑥　保険者・事業者名称及び所在地　⑦　保険者番号等

　ウ　公費負担

　　①　公費負担者番号　②　公費負担の受給者番号

　エ　施術を受ける者

①　氏名　②　性別　③　生年月日　④　続柄　⑤　住所

　オ　一部負担割合

　　　0割・1割・2割・3割等

　◎以上のことは被保険者証等から転記するほか、必要な事柄は患者から直接聞いて記載する。

　◎月初めに適宜、保険証を確認するなど、必要な措置を講ずること。

⑵　負傷年月日、時間、原因等

　　正しく聴取して必ず記載すること。

　①　いつ

　②　どこで

　③　どうして

⑶　負傷の状況、程度、症状等

　　近接部位の場合は、その旨表示又は図示すること。

⑷　負傷名

　　第6の2の⑴によること。

⑸　初検年月日、施術終了年月日

⑹　転帰欄には、治癒、中止、転医の別を記載すること。

⑺　施術回数

⑻　同意した医師の氏名と同意日

⑼　施術の内容、経過等

　　施術月日、施術の内容、経過等を具体的に順序よく記載すること。

⑽　施術明細

　①　初検月日、時間外等の表示、初回施術、初検料（加算＝休日・深夜・時間外）、往療料km（加算＝夜間・難路・暴風雨雪）、金属副子、その他

　②　再検料、往療料、後療料、罨法料、電療料、包帯交換、その他

　③　上記について施術後その都度、必要事項及び金額を記入すること。

　④　一部負担金、長期・多部位の定額料金等、窓口徴収の金額は正確に記入すること。

　⑤　施術所見を記入すること。

⑾　施術料金請求等

　　請求年月日、請求期間、請求金額、領収年月日

⑿　傷病手当金請求等

　　傷病手当金証明に関する控えとして、労務不能期間、施術回数、意見書交付年月日

2　施術録の整理保管等

⑴　施術録は、療養費請求の根拠となるものなので、正確に記入し、保険以外の施術録とは区別して整理し、施術完結の日から5年間保管すること。

⑵　施術録は、保険者等から施術内容について調査照会のあった場合は直ちに答えられるよう常時整備しておくこと。

資　　料

（様式参考例）

（表　面）

施　術　録 健康保険（政・組・日）・船員保険 国民健保・退職者・共済組合 老人保健・自衛官等・公費負担	一　部　負　担　割　合				老人保健	市町村番号	
	0割	1割	2割	3割		受給者番号	
自　費					公費負担医療	公費負担者番号	
						公費負担受給者番号	

被保険者証	記　　号		施術を受ける者	氏　　名	男 女	続柄
	番　　号			生年月日	年　　月　　日	

被保険者	氏　　名		男 女	事業所	所在地	
	生年月日	年　　月　　日			名　称	
	有効期限	平成　年　月　日				
	住　　所	〒 TEL		保険者	所在地	
	資格取得年月日	昭・平　　年　月　日			名　称	
					番　号	

負　傷　名	負傷年月日	初検年月日	施術終了年月日	日数	施術回数	転　　帰
	年　月　日	年　月　日	年　月　日			治癒・中止・転医
	年　月　日	年　月　日	年　月　日			治癒・中止・転医
	年　月　日	年　月　日	年　月　日			治癒・中止・転医
	年　月　日	年　月　日	年　月　日			治癒・中止・転医
	年　月　日	年　月　日	年　月　日			治癒・中止・転医

負傷原因程度経過等施術の種類その他	負傷の日時 負傷の場所 負傷時の状況 初検時の所見 同意医師氏名 同意年月日	受傷部位 ― 図解 ―	

1　柔道整復師の施術に係る療養費の算定基準の実施上の留意事項等について

負　　傷　　名	労　務　不　能　に　関　す　る　意　見		摘　　　　　　要
	意見書に記入した労務不能期間	意見書交付	
	自　年　　月　　日 至　年　　月　　日　　　　日間	年　月　　日	

この施術録は施術完結の日から5年間保管のこと

（裏　面）

月 日	初検料 時間外 休　日 深　夜 再検料 往療料	金　属　副　子 ┤大型 1,030円 中型　910円 小型　680円				一　部 負担金	整復・施療等の施術 経過所見
		整復料 固定料 施療料	後療料	冷電法料 温電法料	電療料		
／							
／							
／							
／							
／							
／							
／							
／							
／							
／							
／							
／							
／							
／							
／							
／							
／							
／							
／							
／							
／							
／							

資　　料

/								
/								
/								
/								
/								
/								
①　月	合計回数　　　回	合計金額　　　円	一部負担金額　　　円	請求期間	自　年　月　日　　　　　至　年　月　日	日間	請求金額　　　円
②　月	合計回数　　　回	合計金額　　　円	一部負担金額　　　円	請求期間	自　年　月　日　　　　　至　年　月　日	日間	請求金額　　　円
③　月	合計回数　　　回	合計金額　　　円	一部負担金額　　　円	請求期間	自　年　月　日　　　　　至　年　月　日	日間	請求金額　　　円
請　求　年　月　日	①　年　月　日	②　年　月　日	③　年　月　日
領　収　年　月　日	①　年　月　日	②　年　月　日	③　年　月　日

（記入上の注意）
I　被保険者への注意事項
　　1　標題は、被保険者が分べんしたときは、「分娩費」を、配偶者が分べんしたときは、「配偶者分娩費」を○印で囲み、死産のとき及び出生児を育てなかったときは、「育児手当金」を抹消してください。
　　2　⑧欄の分べんした場所は、分べんした病院、診療所又は助産所などの医療施設名を記入してください。なお、自宅分べんの場合はその旨を記入してください。
　　3　⑨欄は、被保険者（本人）の分娩費の請求であるときは、斜線で抹消してください。
　　4　⑩欄には、出生児が複数のときは、それぞれの氏名を記入してください。
　　5　⑬欄には、被保険者の資格を喪失した後の分べんであるときは、資格喪失年月日を、生産であったが間もなく死亡したときは「出生児は、○○時間生存した後死亡」などのことを記入してください。
　　6　⑭欄には、「配偶者分娩費」を請求するときに証明をうけてください。
　　7　⑮欄の「分娩費（配偶者分娩費）」「育児手当金」の文字で不要のものは抹消してください。
　　8　請求した給付の全額について受領を委任する場合であっても⑮欄に受領委任した金額を記入してください。
　　9　⑯欄は、被保険者（本人）が直接受領するときは、本人の希望する払渡機関名を、委任により代理人が受領する場合は、代理人の希望する払渡機関名を記入してください。
　　10　医師又は助産婦の証明が外国語で作成されているときは、日本語翻訳文（翻訳者の氏名、住所等を記載し押印したもの）を添付してください。
II　医師、助産婦又は市区町村長への注意事項
　　　　⑱欄は、該当する文字を○印で囲み、死産の場合は、妊娠第○月又は第○週であったかを記入してください。

2　行政刷新会議ワーキングチーム「事業仕分け」第2WG

行政刷新会議「事業仕分け」

第2WG 評価コメント

評価者のコメント

事業番号2－6 その他医療関係の適正化・効率化

＜レセプト審査の適正化対策、国保中央会・国保連に対する補助金（国保連・支払基金の統合）＞

●レセプト審査率だけでなく、問題発見の比率も見て手数料をみるべき。

●レセプト審査率が低すぎる。合理的な数字の裏づけがない。

●支払基金に厚生省OBは不要。

●競争させたいなら被用者保険の健康保険部分を分割・民営化・株式会社化すべき。

●統合した場合のコスト削減（人件費、土地、建物など）と、競争した場合の比較をしていない。査定率の違いは、国保の努力の範囲である。競争性をつくれるシステムになっていない。国保が独占状態になっている。

●国保連と支払基金が、競争原理に基づいて査定率・審査金額の改善が図られるとは思えない。

●国保連・支払基金が互いに競争するような制度にはなっていないため、競争で効率化はできない（競争するメリットがない）。したがって統合を検討すべきではないか。

●審査手数料も改善が必要だが、国保の制度そのものがピンチである。本丸を考える必要が大である。

●国保連による国保の負担金はやめるべき。この財源は国庫負担である。

●公的保険の審査は、支払基金に統合されるべき。紛争解決の場としても有効。支払基金のガバナンスは情報公開と外部理事・監査の導入で行う。

＜入院時の食費・居住費のあり方＞

●一般病床でも460円で構わない

●入院時の食費は安価である。小学校給食でさえ全国で360円程度の材料費が必要。病ではさらに調理コスト（人件費、高熱水費等）がかかっている。再調査が必要では。市場価格と違うのでは。

●入院時の食費・居住費については、コスト負担の考え方からも自己負担の検討が必要。

●入院時の食費については、医療保険外にした場合、栄養管理やカロリーコントロールができなくなる可能性もあり慎重にすべき。

資　　料

●負担は安い方がいいが食材費は質とバランスをとる必要がある。

＜柔道整復師の療養費に対する国庫負担＞
●柔道整復師の養成数を管理できる法制度にする必要がある。
●柔道整復師の療養費の保険給付は、２部位80％、３部位50％くらいでよい。
●柔道整復師の治療については、不正請求の疑念はぬぐえない。適正な保険給付に向けた改善を実施する必要がある。
●３部位請求に４部位同様、状況理由を報告させ、給付率を33％に引き下げるべき。同時に養成定員を減らすべき。
●柔道整復師の総数を抑制する手段を講じるべき。

WG の評価結果

その他医療関係の適正化・効率化
見直しを行う
（廃止　０名　自治体／民間　０名　見直しを行わない　０名
見直しを行う 15名
　　ア．レセプト審査率と手数料を連動　９名
　　イ．国保連・支払基金の統合 11名
　　ウ．柔道整復師の３部位請求に対する給付見直し 11名
　　エ．入院時の食費・居住費の見直し 12名
　　オ．その他　２名）

とりまとめコメント

15名の仕分け人全員が「見直しを行う」。

「ア．レセプト審査率と手数料を連動」は９名で、その他の意見の２名が「国保連・支払基金とも都道府県単位で解体の上再編」、「競争が働いていない」としており、事実上11名である。

「イ．国保連・支払基金の統合」は11名で、アと同様にその他の意見を含めて事実上13名である。

「ウ．柔道整復師の３部位請求に対する給付見直し」は11名、「エ．入院時の食費・居住費の見直し」は12名であった。

以上より、仕分けチームとしてはア～エの論点について、この結論に従って見直しをする。

3　平成21年度決算検査報告／会計検査院

柔道整復師の施術に係る療養費の支給について

（平成22年10月28日付け厚生労働大臣あて）

標記について、会計検査院法第36条の規定により、下記のとおり意見を表示する。

記

1　柔道整復師の施術に係る療養費等の概要

(1)　療養費の給付

　　貴省は、健康保険法（大正11年法律第70号）、国民健康保険法（昭和33年法律第192号）等の医療保険各法及び高齢者の医療の確保に関する法律（昭和57年法律第80号）に基づき、全国健康保険協会（以下「協会」という。）、市町村、後期高齢者医療広域連合等が行う保険給付に関して、これらの保険者に対する指導監督等を行うとともに、保険給付に要する費用の一部を負担している。

　　保険給付は、原則として各保険の被保険者等が、その傷病につき、保険医療機関で療養の給付を受けることによって行われている。ただし、健康保険法第87条の規定等に基づき、療養の給付等を行うことが困難であると保険者が認めるとき、又は被保険者等が保険医療機関以外の病院等から診療、手当等を受けた場合において、保険者がやむを得ないものと認めるときは、療養の給付等に代えて療養費を支給することができることとされている。その療養費の一つとして柔道整復師の施術に係る療養費（以下「柔道整復療養費」という。）がある。

(2)　柔道整復療養費

　　柔道整復療養費は、「柔道整復師の施術に係る療養費の算定基準」（昭和33年保険局長通知保発第64号。以下「算定基準」という。）に基づいて算定し、支給することとされている。

　　既往年度の柔道整復療養費の支給額については、貴省では、全保険者の統計がないため、推計値（被保険者等の自己負担分を含む。）が用いられている。平成19年度の推計値は3377億円となっており、13年度との対比で、柔道整復療養費の伸び率（17.9％）は国民医療費の伸び率（9.8％）を大きく上回っている状況となっている。

　　なお、療養費の支給は、被保険者等が療養に要した費用を支払った後に保険者に支給の申請を行い、保険者がその内容を自ら点検するなどした上で行うのが原則であるが、柔道整復療養費の支給については、地方厚生（支）局長及び都道府県知事と柔道整復師の団体との間の協定等に基づき、被保険者等が柔道整復療養費の受領を柔道整復師に委任する取扱い（以下「受領委任の取扱い」という。）が認められている。

資　　料

(3)　柔道整復師及び柔道整復の施術

　　柔道整復師とは、柔道整復師法（昭和45年法律第19号）に基づき厚生労働大臣の免許を受けて柔道整復を業とする者である。また、柔道整復とは、骨折、脱臼、打撲及び捻挫に対してその回復を図る施術であるとされている。そして、全国の柔道整復師及び柔道整復の業務を行う施術所の数は、20年末現在で、それぞれ43,946人及び34,839か所となっており、10年末の29,087人及び23,114か所と比べて、いずれも1.5倍と著しく増加している。

　　柔道整復療養費の支給対象となる負傷は、急性又は亜急性の外傷性の骨折、脱臼、打撲及び捻挫であり、内科的原因による疾患は含まれないとされており、また、単なる肩こり及び筋肉疲労に対する施術は柔道整復療養費の支給対象外であるとされている。そして、施術は、療養上必要な範囲及び限度で行うものとされ、とりわけ「長期又は濃厚な施術」とならないよう努めることとされている。

(4)　柔道整復療養費審査委員会

　　協会の都道府県支部（以下「協会支部」という。）は、全国健康保険協会管掌健康保険に係る柔道整復療養費支給申請書（以下「申請書」という。）を審査するため、柔道整復療養費審査委員会を設置している。また、都道府県は、国民健康保険及び後期高齢者医療に係る申請書について、当該保険者に代わり当該都道府県に所在する国民健康保険団体連合会（以下「国保連合会」という。）に審査を行わせるため、国保連合会に国民健康保険等柔道整復療養費審査委員会を設置させることができることとされている。ただし、協会支部と都道府県の協議により、協会支部の柔道整復療養費審査委員会で審査を行うことができることとされている（以下、柔道整復療養費審査委員会と国民健康保険等柔道整復療養費審査委員会の両者を合わせて「柔整審査会」という。）。

　　保険者（協会にあっては協会支部。以下同じ。）は、受領委任の取扱いに係る柔道整復療養費の支給を行う場合は、柔整審査会の審査を経ることとされている。そして、保険者は、柔道整復療養費の支給を決定する際には、適宜、当該被保険者等に施術の内容、回数等を照会して施術の事実確認に努めるとともに、柔整審査会の審査等を踏まえ、速やかに柔道整復療養費の支給の適否を判断し処理することとされている。

(5)　貴省における柔道整復療養費適正化の取組

　　貴省は、21年11月に行政刷新会議が行った事業仕分けにおいて、柔道整復療養費の適正化について指摘を受けたことなどから、22年5月に算定基準等の改正を行った。その主な内容は、次のとおりである。

ア　3部位目に対する施術料（後療料等）について、所定料金の100分の80に相当する額としていたものを100分の70に相当する額に引き下げ、4部位目以降に係る施術料（後療料等）は3部位目までの料金に含まれることとした。

イ　4部位目以上の請求から申請書に部位ごとに負傷原因を記載することとされていたものを、3部位目以上の請求から記載することとした。

ウ　打撲及び捻挫に係る施術料（後療料）を470円から500円に引き上げた。

3　平成21年度決算検査報告／会計検査院

2　本院の検査結果

(検査の観点及び着眼点)

　本院では、5年に、柔道整復療養費の支給について検査したところ、柔道整復師の施術の対象とならない傷病について請求されていたり、療養上必要な範囲及び限度を超えて行われた施術について請求されていたりなどしている事態が多数見受けられたことから、当時の厚生大臣に対して、算定基準等の改正を行うこと、審査体制の整備を図ることなどの是正改善の処置を要求した。この本院の要求に対しては、当時の厚生省において、算定基準等の改正を行ったり、全都道府県に柔整審査会を設置させたりするなどの改善が図られた。

　今回、前記のとおり、柔道整復療養費の伸びが国民医療費の伸びを上回っていること、施術所の数が著しく増加していることなどを踏まえ、合規性、有効性等の観点から、柔道整復療養費の支給対象とされた施術が療養上必要な範囲及び限度を超えて行われていないか、特に長期又は濃厚な施術となっていないか、また、保険者の点検等はどのように行われているかなどに着眼して検査した。

(検査の対象及び方法)

　本院は、16道府県[注1]の各後期高齢者医療広域連合を含む41保険者[注2]及び2協会支部[注3](以下、保険者及び協会支部を「保険者等」という。)において会計実地検査を行い、柔道整復療養費を支給した施術所のうち支給額が多い208施術所における20年4月から9月までの6か月間の柔道整復の施術を受けた被保険者等(以下「患者」という。)28,293人分の柔道整復療養費総額806,248,861円に係る申請書等を抽出して、これらを分析するなどして検査を行った。また、上記の43保険者等を含む28道府県の1,162保険者等における申請書の点検状況等及び被保険者等に対する柔道整復療養費の支給対象となる負傷の範囲の周知状況について、調書の提出を受けその内容を分析するなどして検査を行った。

　(注1)　16道府県　　北海道、大阪府、宮城、栃木、群馬、富山、愛知、岐阜、三重、和歌山、鳥取、広島、福岡、佐賀、熊本、沖縄各県

　(注2)　41保険者　　25市、16後期高齢者医療広域連合

　(注3)　2協会支部　愛知、和歌山両支部(平成20年9月以前は、愛知、和歌山両社会保険事務局)

(検査の結果)

　検査したところ、次のような事態が見受けられた。

(1)　申請書の検査結果

　患者28,293人に係る申請書の検査結果を施術の態様別に示すと、表1のとおりである。

資　　料

表1　態様別内訳

保険者等数	施術所数	患者数（人）						
		全　体	ア　頻度が高い施術	イ　3部位以上の施術	ウ　長期にわたる施術	エ　部位変更、再度施術等	ア～ウの一つ以上に該当	骨折又は脱臼に対する施術
43	208	28,293	8,141	18,210	10,894	9,153	21,009	141
患者数全体に対する割合（％）			28.7	64.3	38.5	(84.0)(注)	74.2	0.4

(注)　ウに占めるエの割合

ア　頻度が高い施術

　　患者1人に対する1か月当たりの平均施術回数は7.1回となっていて、1か月に10回以上施術を受けていた患者は8,141人で、全体の28.7％となっていた。

　　＜事例1＞

　　　A施術所（大阪府所在。検査の対象とした6か月間の患者総数115人）では、患者1人に対する1か月当たりの平均施術回数は16.2回となっており、1か月に10回以上施術を受けていた患者は77人で、全体の66.9％に上っていた。このうち、1か月に20回以上施術を受けていた患者は50人であり、最多の施術を受けていた患者は1か月に26回となっていた。

イ　3部位以上の施術

　　3部位以上の施術を受けていた患者は18,210人となっていて、全体の64.3％を占めていた。

ウ　長期にわたる施術

　　検査の対象とした6か月間の中で、3か月を超えて施術を受けていた患者は10,894人となっていて、全体の38.5％が長期にわたる施術を受けていた。

エ　部位変更、再度施術等

　　上記ウの長期にわたる施術を受けていた患者10,894人のうち、当初の部位が治癒した後に別の部位の施術を受けていたり、同一部位についていったん治癒した後に別の負傷原因により再度施術を受けていたりなどしていた患者は9,153人となっていて、84.0％を占めていた。

　　＜事例2＞

　　　B施術所（和歌山県所在。検査の対象とした6か月間の患者総数131人）では、3か月を超えて施術を受けていた患者88人全員が当初の部位が治癒した後に別の部位の施術を受けるなどしていた。このうち、患者Cに対する施術の状況を示すと、表2のとおりであり、4月に頸部捻挫が治癒し、5月に腰部捻挫の施術が開始され、同月に右肩関節捻挫及び左膝関節捻挫が治癒し、6月に右下腿部挫傷の施術が開始

3 平成21年度決算検査報告／会計検査院

され、さらに、頸部捻挫の施術が再開されているなど、7月以外はすべて施術部位が変更されていた。

表2 患者Cに対する施術の状況

施術月	負 傷 部 位 名						
4月	頸部捻挫 治癒	右肩関節捻挫	左膝関節捻挫				
5月		右肩関節捻挫 治癒	左膝関節捻挫 治癒	腰部捻挫			
6月	頸部捻挫			腰部捻挫	右下腿部挫傷		
7月	頸部捻挫			腰部捻挫	右下腿部挫傷 治癒		
8月	頸部捻挫			腰部捻挫 治癒		左肩関節捻挫	
9月	頸部捻挫 治癒					左肩関節捻挫	右肘関節捻挫

そして、上記のアからウの一つ以上に該当していた患者は、全体の患者28,293人のうち21,009人（74.2％）で、これらに係る柔道整復療養費は7億7501万余円、これに対する国の負担額は3億0925万余円となっていた。

また、医師の同意が必要とされる骨折又は脱臼に対する施術を受けていた患者は、141人（0.4％）に過ぎず、大半が医師の同意が必要とされない打撲又は捻挫に対する施術となっていた。

(2) 患者に対する聞き取り調査結果

上記のイの3部位以上の施術、ウの長期にわたる施術等を受けていた患者の中から、療養上必要な範囲及び限度を超えた施術が疑われる203施術所の940人を抽出して、前記の43保険者等に対して、直接面会又は電話等による聞き取り調査を行うよう依頼した。

その結果は、表3のとおり、施術所が申請書に記載した負傷部位と患者からの聞き取りによる負傷部位が異なっている患者が、回答のあった904人中597人（66.0％）、また、患者からの聞き取りによる負傷原因が日常生活に起因した肩こりなどで、外傷性の骨折、脱臼、打撲及び捻挫ではない患者が、回答のあった897人中455人（50.7％）と多数に上っていた。

資　　料

表 3　患者に対する聞き取り調査結果

区　　分	施術所数	調査患者数（人）	申請書に記載した負傷部位と聞き取りによる負傷部位が異なっている患者数(人)		聞き取りによる負傷原因が外傷性の骨折、脱臼、打撲及び捻挫ではない患者数(人)	
			回答数(A)	該当患者数(B)（(B)／(A)）	回答数(C)	該当患者数(D)（(D)／(C)）
16道府県	203	940	904	597（66.0%）	897	455（50.7%）

⑶　**保険者等における申請書の点検状況等の検査結果**

　　28道府県の1,162保険者等における申請書の点検状況についてみると、保険者等においては、各道府県に所在する国保連合会に審査等を委託していることなどから、自ら点検を行っていないものが439保険者（37.7%）、自ら点検を行っているものの、被保険者の資格等についてのみ点検を行い、施術内容の点検については行っていないものが467保険者等（40.1%）と多数見受けられ、両者の合計は906保険者等（77.9%）となっていた。

　　一方、貴省から柔整審査会に対して審査要領の参考例は示されているが、具体的な審査に関する指針等までは示されておらず、また、28道府県の柔整審査会においては、多くの場合施術が療養上必要な範囲及び限度で行われているかに重点を置いた審査が行われておらず、保険者等から支給決定の権限の委任までは受けられないこともあり、審査の結果が柔道整復療養費の支給の適否にまで反映されている事例は極めて少ない状況であった。

⑷　**被保険者等に対する周知状況**

　　柔道整復療養費の支給対象となる負傷の範囲を被保険者等に対して周知することが柔道整復療養費の支給の適正化を図る上で重要であることから、28道府県の1,162保険者等における柔道整復師の施術に関しての被保険者等に対する周知状況について検査した。その結果、柔道整復療養費の支給対象となる負傷の範囲が急性又は亜急性の外傷性の骨折、脱臼、打撲及び捻挫に限定されていて、内科的原因による疾患並びに単なる肩こり及び筋肉疲労に対する施術は柔道整復療養費の支給対象外であることを被保険者等に対して直接周知していたのは106保険者等（9.1%）と少ない状況であった。

（改善を必要とする事態）

　　前記のとおり、貴省では、22年 5 月に算定基準等の改正を行っているが、以上のように、頻度が高い施術、長期にわたる施術等の事例が多数見受けられたり、また、患者からの聞き取りによる負傷原因が外傷性の骨折、脱臼、打撲及び捻挫ではない患者に施術が行われていたりなどして請求内容に疑義があるのに、これらの施術に対して十分な点検及び審査が行われないまま柔道整復療養費が支給されている事態は適切とは認められず、改善の要があると認められる。

（発生原因）

このような事態が生じているのは、次のことなどによると認められる。

ア　算定基準等において、柔道整復療養費の支給対象となる負傷の範囲等が必ずしも明確に示されていないため、頻度が高い施術や長期にわたる施術等が多数行われる結果となっていること

イ　保険者等及び柔整審査会が行う点検及び審査に関する指針等が整備されていないなどのため、保険者及び柔整審査会において、多くの場合施術が療養上必要な範囲及び限度で行われているかに重点を置いた点検及び審査が行われていないこと

ウ　被保険者等に対して、内科的原因による疾患並びに単なる肩こり及び筋肉疲労に対する施術は柔道整復療養費の支給対象外であることが周知されていないこと

3　本院が表示する意見

我が国の医療保険制度は、高齢化の進行もあって国民医療費が増加の一途をたどっており、柔道整復療養費も今後多額の支給が見込まれる。

ついては、貴省において、柔道整復療養費の支給を適正なものとするよう、次のとおり意見を表示する。

ア　柔道整復療養費の支給対象となる負傷の範囲を例示するなどして、算定基準等がより明確になるよう検討を行うとともに、長期又は頻度が高い施術が必要な場合には、例えば、申請書にその理由を記載させるなどの方策を執ること

イ　保険者等及び柔整審査会に対して、点検及び審査に関する指針等を示すなどして、施術が療養上必要な範囲及び限度で行われているかに重点を置いた点検及び審査を行うよう指導するなどして体制を強化すること

ウ　保険者等に対して、内科的原因による疾患並びに単なる肩こり及び筋肉疲労に対する施術は柔道整復療養費の支給対象外であることを被保険者等に周知徹底するよう指導すること

◆判例索引◆

［大 審 院］

大判大正 5 年 2 月 5 日刑録22輯109頁 ………………………………………… 148

大民刑連判大正 5 年 5 月22日民集 5 巻386頁 ………………………………… 26

［最高裁判所］

最三判昭和30年 5 月24日刑集 9 巻 7 号1093頁 ……………………………… 148

最判昭和34年 7 月 8 日刑集13巻 7 号1132頁・判時196号31頁 ……………… 148

最判昭和35年 1 月27日刑集14巻 1 号33頁・判時212号 4 頁 ………………… 151

最判昭和56年11月17日判タ459号55頁 ……………………………………… 148

最判昭和57年 3 月30日判時1039号66頁・判タ468号76頁 ………………… 9, 54

最二判昭和59年 2 月24日判時1108号 3 頁・判タ520号78頁 ………………… 95

最一判平成 3 年 2 月15日刑集45巻 2 号32頁・判時1381号133頁・判タ763号187頁 …153, 154

最二判平成16年 4 月13日刑集58巻 4 号247頁 ……………………………… 14

最一判平成18年 3 月30日民集60巻 3 号1242頁 ……………………………… 27

最判平成24年10月11日判時2169号 3 頁 ……………………………………… 27

［高等裁判所］

大阪高判平成元年 5 月12日判タ705号202頁 ………………………………… 36

福岡高判平成 8 年10月23日判時1595号73頁 ………………………………… 100

福岡高宮崎支判平成 9 年 3 月12日交民集30巻 2 号307頁・判時1611号77頁 …… 8, 47, 102

名古屋高判平成17年 3 月17日自保ジャ1608号 2 頁 ………………………… 39

大阪高判平成22年 4 月27日自保ジャ1825号110頁 ………………………… 182

大阪高判平成30年 3 月20日自保ジャ2026号158頁 ………………………… 192

東京高判平成30年 7 月18日自保ジャ2032号174頁 ………………………… 161

［地方裁判所］

東京地判昭和47年 1 月25日判タ277号185頁 ………………………………… 8

長野地松本支判昭和47年 4 月 3 日下民23巻 1 ～ 4 号149頁・下民31巻 9 ～12号965頁・
判時682号56頁 ………………………………………………………………… 153

東京地判昭和57年 2 月 1 日判時1044号251頁・判タ458号277頁 ………… 54

神戸地判昭和58年12月20日判時1127号132頁・判タ526号233頁 ………… 151

広島地判昭和59年 8 月31日交民集17巻 4 号1153頁・判時1139号81頁 ……… 35, 58

大阪地判昭和60年 6 月28日交民集18巻 3 号927頁・判タ565号170頁 ……… 87

東京地判平成元年 3 月14日判時1301号21頁 ………………………………… 18

大阪地判平成元年 7 月10日判時1340号118頁・判タ725号199頁 ………… 151

判例索引

札幌地判平成 5 年 3 月19日自保ジャ判例レポート112号 No.7 ………………………… *100*
鹿児島地加治木支判平成 7 年 9 月19日交民集30巻 2 号314頁・判時1611号81頁 ……… *101*
山形地判平成13年 4 月17日交民集34巻 2 号519頁 ………………………………*103, 170*
山形地判平成13年 4 月17日交民集34巻 2 号527頁 …………………………………… *104*
東京地判平成14年 2 月22日判時1791号81頁…………………………………………… *178*
横浜地判平成14年10月25日交民集35巻 6 号1804頁………………………………………*49*
横浜地判平成14年10月28日交民集35巻 6 号1814頁………………………………………*48*
千葉地判平成15年10月27日交民集36巻 5 号1431頁 ……………………………… *38, 180*
東京地判平成16年 3 月29日自保ジャ1589号 2 頁………………………………………*181*
東京地判平成22年 5 月11日平成21年（ワ）第41331号損害賠償反訴請求事件
　／平成21年（ワ）第37182号損害賠償反訴請求事件 ……………………………… *51, 183*
東京地判平成23年 5 月31日交民集44巻 3 号716頁・自保ジャ1850号 1 頁 …… *37, 41, 74, 106*
東京地判平成25年 8 月 6 日交民集46巻 4 号1031頁・自保ジャ1905号17頁………… *74, 113*
横浜地判平成28年 1 月28日自保ジャ1976号147頁 ………………………………… *189*
大阪地判平成28年11月10日自保ジャ1992号122頁 ………………………………… *190*
鳥取地米子支判平成28年11月29日自保ジャ1988号154頁 …………………………………*40*
神戸地尼崎支判平成29年10月30日自保ジャ2026号164頁 ………………………… *192*
東京地判平成30年 1 月31日自保ジャ2032号179頁 ………………………………… *160*

◆事項索引◆

あ行

青本·····································26

赤い本·····································26

あん摩マッサージ指圧師、はり師、きゆ
う師等に関する法律第1条·········150

――第4条······························153

――第5条······························153

――第12条····························150

――第12条の2······················150

医業類似行為·························149

医師法第17条·························148

――第19条·······················11, 13

――第20条····························14

――第22条····························15

――第23条····························16

――第24条····························17

異状死体等の届出義務···············14

一部負担金·····························65

一括払い·······························34

医療費支払義務·······················17

医療法第1条の4······················16

――第1条の5··························4

――第6条の10·······················15

運動器リハビリテーション料········67

応招義務・診療義務··················11

か行

過剰・濃厚診療························73

過剰・濃厚施術························165

簡易傷害度(AIS)······················56

強制一部負担金制·····················89

協力義務·······························17

健康保険法······························6

健康保険法施行規則第53条··········64

――第65条····························76

健康保険法第1条·····················86

――第57条····························75

――第63条·························6, 63

――第74条·······················66, 88

――第76条····························65

――第82条····························65

――第87条·······················7, 165

健保基準·······························75

健保使用一括払い(健保一括)問題·······88

高額診料·······························73

高額施術·······························165

交通事故損害額算定基準(青本)·········26

公的医療保険····························5

後療法·································162

高齢者の医療の確保に関する法律·········6

国民健康保険法··························6

個人情報保護法························10

――第28条····························10

――第33条····························11

固定法·································162

さ行

事業仕分け·····························162

示談代行制度··························31

自動車損害賠償責任保険審議会答申······78

自動車損害賠償責任保険の保険金等及び
自動車損害賠償責任保険の共済金等の
支払基準(自賠責支払基準)·············72

自動車保険標準約款··················28

自動車保険普通保険約款第2条·········28

――第10条····························32

――第11条····························31

――第23条····························29

――第24条····························29

自賠責基準·····························75

事項索引

自賠責支払基準……………………………72
自賠責保険診療報酬基準案………………93
自賠責保険における治療関係費（柔道整
　　復の費用）の支払いの適正化…………167
自賠法関係診療に関する意見………56, 79
自賠法施行令第3条…………………………33
自賠法第3条…………………………………25
　　——第15条………………………………28
　　——第16条………………………………30
柔道整復師の施術に係る療養費の算定基
　　準の実施上の留意事項等について……153
柔道整復師法第2条………………150, 152
　　——第15条………………………………150
　　——第16条………………………………152
　　——第17条………………………………153
受領委任払い………………………………166
準委任契約……………………………………4
消炎鎮痛等処置………………………………68
条項の無効……………………………………23
消費者契約法…………………………………5
　　——第2条………………………………20
　　——第4条…………………………21, 22
　　——第10条………………………………23
昭和24年9月10日医発第752号…………12
昭和43年10月12日保険発第106号………76
職域保険………………………………………6
処方箋交付義務………………………………15
人身傷害保険一括払い（人傷一括）問題…91
診断書等交付義務……………………………13
診療義務………………………………………11
診療録記載・保存義務………………………16
診療報酬（医療費）支払義務………………17
整復法………………………………………161
誓約書…………………………………………47
説明義務………………………………………9
善管注意義務…………………………………9
相当因果関係…………………………………72
損害賠償基準…………………………………72

た行

断定的判断の提供……………………………22
地域保険………………………………………6
定率一部負担…………………………………66
東京地裁交通訴訟研究会……………………82
独占禁止法……………………………………58
　　——第8条………………………………94

な行

内閣衆質162第13号………………………149
日医の新基準…………………………………75
任意保険・自賠責保険一括払い……………34
念書……………………………………………39

は行

非債弁済………………………………………41
不実告知………………………………………21
不利益事実の不告知…………………………22
平成21年度決算検査報告…………………162
平成23年8月9日保高発0809第4号……84
平成30年3月5日保医発0305第1号
　　………………………………………67, 68
弁護士法第72条………………………………32
報告義務………………………………………9
保険医療機関及び保険医療養担当規則
　　第3条……………………………………64
　　——第9条………………………………17
保険基準説…………………………………172
保健指導義務…………………………………16
保険診療の理解のために【医科】…………68
保険法第2条…………………………………91
　　——第13条………………………………92
　　——第22条…………………………29, 30

ま行

民事交通事故訴訟損害賠償額算定基準
　　（赤い本）………………………………26
民法第415条…………………………………25

227

──第416条 ·························· 26

──第423条 ·························· 35

──第537条 ·························· 9

──第643条 ·························· 4

──第644条 ·························· 9

──第648条 ·························· 18

──第650条 ·························· 18

──第656条 ·························· 4

──第703条 ·························· 41

──第704条 ·························· 41

──第705条 ·························· 41

──第709条 ·························· 25

──第715条 ·························· 25

無診察治療等の禁止 ·············· 13

目安料金 ························· 167

ら行

労災基準 ························· 75

わ行

割合説 ··························· 172

欧文

AIS ···························· 56

◆著者紹介◆

江口　保夫（えぐち　やすお）
　昭和24年　　中央大学法学部卒業
　昭和27年　　弁護士登録
　　　　　　　東京弁護士会所属
　現在に至る

江口　美葆子（えぐち　みほこ）
　昭和23年　　明治大学法学部卒業
　昭和27年　　検事任官
　昭和30年　　同退官
　同　　年　　弁護士登録
　　　　　　　東京弁護士会所属
　現在に至る

古笛　恵子（こぶえ　けいこ）
　平成元年　　中央大学法学部卒業
　平成 5 年　　弁護士登録
　　　　　　　東京弁護士会所属
　現在に至る

交通事故における医療費・施術費問題〔第 3 版〕

著　　　者	江 口 保 夫	
	江 口 美 葆 子	
	古 笛 恵 子	
発 行 日	2019年 5 月24日	

発 行 所　　株式会社保険毎日新聞社
　　　　　　〒101-0032 東京都千代田区岩本町1-4-7
　　　　　　TEL 03-3865-1401／FAX 03-3865-1431
　　　　　　URL http://www.homai.co.jp/

発 行 人　　真 鍋 幸 充

印刷・製本　　山浦印刷株式会社

ISBN978-4-89293-415-5
©2019　Yasuo Eguchi, Keiko Kobue　Printed in Japan

本書の内容を無断で転記、転載することを禁じます。
乱丁・落丁本はお取り替えいたします。